COLEX READER | COLEX AUDIO

AF892551

COLEX

ACCESO GRATUITO DURANTE UN AÑO AL eBOOK Y/O AUDIOLIBRO **ADQUIRIDOS A TRAVÉS DE AMAZON**

Si ha adquirido este libro a través de **Amazon**, puede solicitar acceso gratuito a su versión digital durante **un año de forma gratuita**. Siga estos pasos:

¿Cómo solicitarlo?

1. Envíe un **correo electrónico a info@colex.es** con el asunto: **«Solicitud de eBook - [Título del libro]».**
2. **Adjunte la factura de compra** de Amazon como comprobante.
3. Indique en el cuerpo del correo:
   - Su **nombre completo.**
   - Su **dirección de correo electrónico.** (para activar su cuenta en **www.colex.es**, si aún no está registrada).
4. **Una vez verificada la compra, recibirá un código de activación** para canjear en www.colex.es

✓ Una vez se valide el código, aparecerá una ventana de confirmación y su eBook y/o audiolibro estará disponible **durante 1 año desde su activación** en la pestaña «Mis libros» en el menú de usuario.

— Para más información y acceso a su código, visite: www.colex.es —

* Los audiolibros están disponibles en las ediciones más recientes de nuestras obras. Se excluyen expresamente las colecciones «Códigos comentados», «Biblioteca digital» y los productos de www.vademecumlegal.es.

No se admitirá la devolución si el código promocional ha sido manipulado y/o utilizado.

ANÁLISIS JURÍDICO DEL ASOCIACIONISMO EN LA IGLESIA

Las cofradías y hermandades en la historia de la Iglesia

ANÁLISIS JURÍDICO DEL ASOCIACIONISMO EN LA IGLESIA

Las cofradías y hermandades en la historia de la Iglesia

José Antonio Parody Navarro
Facultad de Derecho
Universidad de Málaga

Proyecto subvencionado por la Asociación Pluralismo, Conciencia y Derecho (PLUCONDE)
Grupo de investigación P.A.I.D.I. SEJ 683

COLEX 2025

© Editorial Colex, S.L.
Calle Costa Rica, número 5, 3.º B (local comercial)
A Coruña, 15004, A Coruña (Galicia)
info@colex.es
www.colex.es

I.S.B.N.: 978-84-1194-987-3
Depósito legal: C 412-2025

SUMARIO

CAPITULO I
PRESUPUESTOS DEL FENÓMENO ASOCIATIVO

CAPÍTULO II
LAS ASOCIACIONES PRIVADAS

CAPÍTULO III
LAS ASOCIACIONES PÚBLICAS

CAPÍTULO IV
PERSONALIDAD JURÍDICA CIVIL DE LAS ASOCIACIONES DE LAICOS

CAPÍTULO V
LAS COFRADÍAS Y HERMANDADES EN LA HISTORIA DE LA IGLESIA. RÉGIMEN JURÍDICO

CAPÍTULO VI
LAS COFRADÍAS EN ESPAÑA

BIBLIOGRAFÍA

CAPITULO I

PRESUPUESTOS DEL FENÓMENO ASOCIATIVO

Al analizar el fenómeno asociativo en el ámbito canónico debemos ser conscientes de que es expresión de la naturaleza social de la persona, siendo ésta la razón profunda que justifica y exige la existencia de las asociaciones de los fieles desde un orden teológico[1]. Es por ello que antes de iniciar un estudio detenido de dicho fenómeno en la visión de un jurista, debamos acercarnos, si bien es cierto que de forma breve y esquemática, a los fundamentos de esa realidad asociativa en la Iglesia y, más concretamente, su doble vertiente social y natural. No debemos olvidar que desde el inicio del cristianismo es objetivo y fundamento de todas las comunidades cristianas la asociación entre los miembros para entre otros propósitos, quizás el principal, predicar el mensaje de salvación. Las primeras comunidades se asociaban de diferentes o diversas maneras, pero siempre centrándose en la adhesión a las enseñanzas de Jesucristo y en la práctica de su mensaje. Se congregaban regularmente para la adoración, la oración y la enseñanza. Estas reuniones se llevaban a cabo en lugares privados, ya que inicialmente carecían de espacios específicos para el culto, y no solo eran oportunidades para la adoración, sino también para el compañerismo y el fortalecimiento mutuo en la fe. De igual forma los primeros cristianos practicaban la comunión de bienes, compartiendo sus posesiones entre ellos según las necesidades de cada uno. Este énfasis en la comunidad y en el apoyo mutuo ayudaba a fortalecer los lazos entre los miembros y a garantizar que todos fueran atendidos adecuadamente. Se cuidaban, brindando ayuda emocional, espiritual y material a aquellos que lo precisaban. Esto incluía visitar a los enfermos, ayudar a los necesitados y ofrecer consuelo en tiempos de dificultad. Además, los líderes cristianos, como los apóstoles y los ancianos de la Iglesia, proporcionaban enseñanza y orientación espiritual a los miembros más jóve-

1 Exhortación Apostólica *Christifideles laici,* n.º 29.

nes o menos experimentados. Este proceso de discipulado contribuía, sin duda, en el fortalecimiento de la fe de los creyentes, así como a asegurar la transmisión fiel de las enseñanzas cristianas. En definitiva, las comunidades cristianas se involucraban en la difusión del evangelio y en el testimonio de su fe en Jesucristo tanto dentro como fuera de su contexto local. Incluso era práctica habitual el envío de líderes a otras regiones para facilitar apoyo a aquellos que predicaban el evangelio dando testimonio personal a los creyentes en sus propias comunidades y lugares de trabajo. En resumen, las primeras comunidades cristianas se asociaban mediante la práctica de los principios de fe cristiana, el compañerismo mutuo, el cuidado pastoral y la participación en la misión de la iglesia. Estas prácticas ayudaron a fortalecer la identidad comunitaria y a promover el crecimiento y su expansión en sus primeros siglos.

1.- El hombre un ser social

Como hemos indicado partimos de una realidad incuestionable. Una de las características típicas del ser humano es asociarse con otros hombres para conseguir fines u objetivos comunes mediante una actividad previamente acordada[2]. Esto no es solamente propio de la naturaleza social del hombre, sino que es su propia expresión. Incluso podríamos afirmar que es un acto cotidiano[3]. Por ejemplo, si pensamos en la unión cara al matrimonio, a formar una familia, en la política, en la propia vida religiosa, en definitiva, en tantísimas otras formas asociativas, todas nos indican que el hombre ha sido creado para vivir en comunidad. Las personas tienen una naturaleza innata que los impulsa a interactuar y relacionarse con otros miembros de su especie. Pensemos desde una perspectiva evolutiva como los seres humanos han evolucionado como especie social. La capacidad de colaborar, compartir recursos y formar grupos cooperativos ha sido crucial para la supervivencia y el éxito de nuestra especie a lo largo del tiempo. Nuestra biología, incluyendo el desarrollo del cerebro y del sistema nervioso, está adaptada para la interacción social. Por otro lado, según la mayoría de teorías psicológicas[4] tanto las necesidades sociales, como el sentido de pertenencia, la amistad y el amor, son tan fundamentales como las necesidades fisiológicas básicas caso, por ejemplo, del alimento. Las relaciones sociales y la interacción con otros son esenciales para nuestro bienestar psicológico y emocional. Por ello, no debemos olvidar que la cultura humana se basa en gran medida en esa interacción social. Aprendemos nuestras normas, valores y comportamien-

2 Martínez Sistach, L. «El derecho fundamental de la persona humana y del fiel a asociarse», en *Asociación Canónica de Fieles*, Simposio, Salamanca 1987.

3 Montan, A. *Le associazioni dei fedele nel códice di diritto canonico,* Roma, pp. 327-328

4 Maslow, A. *Motivación y personalidad*. Barcelona: Sagitario.1954. *El hombre autorrealizado: Hacia una psicología del Ser*. Kairos: Barcelona 1973, primera edición digital 2016.

tos a través de la socialización con otros miembros de nuestra sociedad. La mayoría de las instituciones sociales, la familia, la educación, la religión y la economía, están construidas en torno a la interacción entre personas y, en consecuencia, nuestra identidad y autoconcepto se forman en gran medida a través de nuestras interacciones sociales. Nos vemos a nosotros mismos en relación con los demás, y nuestras propias percepciones están influenciadas por cómo creemos que nos ven los demás. La retroalimentación social y la validación de nuestra identidad son importantes para nuestra autoestima y sentido de sí mismos. En definitiva, la cooperación social es fundamental para resolver problemas colectivos y alcanzar metas comunes. Baste señalar como desde tiempos prehistóricos, los seres humanos han trabajado juntos en grupos para cazar, recolectar alimentos, construir refugios y defenderse de amenazas externas, siendo esta capacidad de cooperación crucial para nuestro éxito como especie. En resumen, la afirmación de que el hombre es un ser social reconoce que la interacción y la conexión con otros son aspectos esenciales de la experiencia humana, y que nuestra naturaleza como especie está intrínsecamente ligada a nuestra capacidad para relacionarnos con los demás. Podemos por todo lo dicho afirmar que asociarse es una exigencia profunda e inseparable del ser humano[5] y, solo si se asocia y colabora con otros hombres el individuo alcanzará sus objetivos, sus fines; de otra manera no los alcanzará nunca pues, probablemente, no sabrá alcanzarlos. Su propia exigencia de existencia lo coloca en lo que en términos jurídicos se llama derecho de asociación[6], que ha sido reconocido desde antiguo por casi todas las culturas[7] y regulado como derecho positivo[8]. Y ese derecho de asociación alcanza fundamento en varios aspectos de la naturaleza humana que han sido adelantados en líneas anteriores, pero que nos permitimos sintetizar, destacando los siguientes:

- Naturaleza social del ser humano. Como mencionamos anteriormente, los seres humanos son criaturas sociales por naturaleza. Tenemos una tendencia innata a buscar la compañía de otros y a formar

---

5 NAVARRO, L. *Persone e soggetti nel diritto della Chiesa: Temi di diritto della persona*. p. 167 y ss.; NAVARRO, L *Diritto di Associazione e Associazionei di fedeli*, Milan 1991.

6 DÍAZ DÍAZ, A. *Derecho fundamental de asociaciones en la Iglesia*, Pamplona 1972, pp. 11-15.

7 Sobre la dificultad de introducir el derecho de asociación como derecho interno positivo, Tedeschi, *Preliminari a uno studio dell'associazionismo spontaneo nella Chiesa*. Milan 1974, p. 76 dice: «per la sua stessa natura, per la voluntà e l'autorità di chi l'ha istituita e per il fine supreme persegue, puó tranquilamente affermarsi che sufficientia in semet pisa habet', attribuendole percio le caracteristiche dell'independenza e delle completezza. Da ciò deriverebbe l'importante corollario della Potestas indirecta in temporalibus, poinche la Chiesa si troverebbe, nei confronti degli ordenamenti giuridici di tipo statuale, nella situazione di non poter concepire -ratio naturae- che alcuna altra terrena istituzione estende su di lei alcun tipo di potestas, pur dovendo- sempre per la sua stessa natura e funcione proorsi come quella che, rispetto all'ordine superiore del quale e espressione e sovraordinata alle altre».

8 Vease igualmenmte CAPELLO, *Summa iuris publici eclesiastici* V, Roma 1943.

relaciones con nuestros semejantes, y en consecuencia, la capacidad de asociarse y colaborar con otros para alcanzar objetivos comunes es una manifestación de esta naturaleza social.

- Libertad individual. El derecho de asociación se deriva del principio de libertad individual por el que todas las personas deben tener la libertad de asociarse con quienes elijan y para los fines que consideren apropiados. Esta libertad es esencial para el desarrollo personal y el ejercicio de otros derechos humanos o fundamentales
- Autonomía y autodeterminación. El derecho de asociación también está vinculado a la idea de autonomía y autodeterminación, lo que supone que las personas tienen el derecho de tomar decisiones sobre su vida y sus relaciones sociales, incluida la decisión de unirse o no a grupos u organizaciones; por lo que podemos afirmar que el respeto por la autonomía individual es un principio clave en la protección del derecho de asociación.
- Fortalecimiento de la sociedad. La asociación libre y voluntaria es fundamental para el funcionamiento de la sociedad pues dichas organizaciones desempeñan un papel importante en la promoción de los derechos humanos, la participación cívica y el desarrollo comunitario. Al proteger el derecho de asociación, se fortalece la capacidad de la sociedad para abordar problemas y promover el bienestar individual y colectivo.

En resumen, para acercarnos al fundamento natural del derecho de asociación debemos adentrarnos en la propia naturaleza social del ser humano, y entenderlo como una parte fundamental de la dignidad y la libertad humanas.

1.1.- Fundamento natural

Partiendo como punto de referencia del don de la vida natural, y lo ponemos como ejemplo perfecto de todas las demás manifestaciones de la vida, se debe concluir que este don es expresión del hombre. ¿Qué significa la presente aseveración? Desde una perspectiva filosófica, la afirmación sugiere que el hecho de estar vivos no es simplemente una condición pasiva que se nos impone, sino que implica una participación activa y consciente por parte del individuo. Esta participación incluye la capacidad de tomar decisiones, de crear significado y de dar forma a nuestras propias experiencias y relaciones con el mundo que nos rodea. En términos éticos, sugiere que el don de la vida implica una responsabilidad inherente por parte del individuo hacia sí mismo y hacia los demás. Esto conlleva reconocer el valor intrínseco de la vida y actuar de manera que se respete y se promueva ese valor en uno mismo y en los demás. Esta responsabilidad ética puede manifestarse a través de acciones que busquen el bienestar y el florecimiento humano, así como el respeto por la dignidad y los derechos de los demás. Por último, desde una perspectiva existencial, la afirmación sugiere que el don de la vida presenta al individuo con la oportunidad de enfrentar y dar sentido a su propia existencia. Cada persona se enfrenta a preguntas fundamentales sobre el objetivo y el significado de su vida, y tiene la capacidad de buscar respuestas y construir su propio sentido de identidad y propósito en el mundo.

Traído lo anterior al ámbito de nuestro trabajo, en el que pretendemos en un primer momento aproximarnos al derecho de asociación en la Iglesia deteniéndonos en el hombre como ser social, podemos afirmar que el fundamento natural y teológico del don de la vida no puede alcanzar la perfección si no es en comunión con los dones de Dios, con el resto de dones[9]. No solo nos referimos a la vida física, sino también a la vida espiritual, moral y social. Ninguno de estos dones se concibe si no es en comunidad. De este principio se hace depender la propia esencia del hombre su propia naturaleza, que hace que la propia vida se perfeccione, se refuerce, crezca, se incremente, etc.

Más aún, tal y como manifestó San Pablo, la belleza de los dones de Dios, de su obra, solo es posible entenderlos y sentirlos si se está en comunión con el resto de hermanos, y esta exigencia de comunión o vida común es una exigencia por voluntad de Dios.

Por tanto, todo ser humano debe manifestar y experimentar el misterio de Dios a cuya imagen y semejanza ha sido hecho. Este misterio se puede observar en todas las obras, en todas las actuaciones de los hombres, como por ejemplo en las relaciones del hombre y la mujer a fin de constituir la comunidad de vida que es el matrimonio.

El ser humano, ser individual a la imagen de Dios, es también por naturaleza ser social, y de este principio surgen todas las formas de comunión a través de las cuales la vida se desarrolla. Cuando nos referimos al ser humano como ser individual a la imagen de Dios, hacemos alusión a la idea de que cada persona posee una singularidad y dignidad intrínseca que refleja la divinidad. Este reconocimiento de la singularidad de cada individuo subraya la importancia del respeto por la autonomía y la dignidad humana en todas las interacciones sociales y políticas. Pero, además, la afirmación reconoce que, a pesar de esta individualidad, el ser humano también es intrínsecamente social. Como decíamos en líneas anteriores los seres humanos han evolucionado como criaturas sociales, dependientes unos de otros para sobrevivir, prosperar y encontrar significado en la vida. La interacción social no solo es una característica incidental de la humanidad, sino que está arraigada en nuestra naturaleza misma. Esta dimensión social de la humanidad se manifiesta en diversas formas de comunión y asociación. De la unidad y de la comunión depende el éxito del proyecto humano, pues esta misma comunión no logra su forma plena sino en la visión integral del hombre como ser sobrenatural.

9 MAMERTINO, V. *Diritto di associazione*. Tesis de doctorado en la Pontificia Universidad Lateranense. Città del Vaticano 2000.

Este fundamento natural va indisolublemente unido al teológico, pues no olvidemos que la noción del Espíritu Santo es uno de los principios, el informador, de toda forma de asociación. Así lo recoge Lucas cuando narra como Jesús mandó a los suyos de dos en dos[10]. Y nos preguntamos: ¿Por qué de dos en dos? «La manifiesta limitación aconseja al hombre a buscarse el apoyo de los demás. Las ventajas de la comunidad y los inconvenientes de la soledad aparecen dramáticamente subrayadas en el texto bíblico»[11], pues el hombre solo y aislado se siente totalmente incapacitado para conseguir la perfección. Constata en su propia experiencia unas indigencias que le inclinan hacia sus semejantes a unirse a ellos[12].

1.2.- Fundamento teológico

Como hemos señalado el derecho de asociación de los fieles encuentra su fundamento teológico en la noción del Espíritu Santo que anima a la Iglesia, que es ya una manifestación de forma asociada y no individual, y está al servicio de la voluntad de Dios, reconociendo en cada persona sus derechos como ser individual y como ser social[13]. Esta perspectiva teológica enfatiza que la asociación de los fieles no es simplemente una expresión de preferencias individuales o necesidades sociales, sino que está intrínsecamente relacionada con la acción divina en la vida de la comunidad de creyentes. La asociación de los fieles, por lo tanto, no es simplemente una opción o una conveniencia, sino que se deriva directamente de la naturaleza misma de la Iglesia como comunidad animada por el Espíritu Santo. En consecuencia, esta comprensión teológica del Derecho de Asociación de los fieles también reconoce la dignidad inherente de cada persona como ser individual y como ser social, pues en la tradición cristiana, se enseña que cada ser humano es creado a imagen y semejanza de Dios, lo que confiere a cada individuo una dignidad intrínseca y unos derechos inalienables. Esto incluye el derecho a asociarse con otros en comunión.

Estableciendo, por tanto, un equilibrio entre las realidades individual y social del hombre, la Iglesia encuentra el principio teológico que sostiene el derecho de asociación. La fuerza efectiva de la Iglesia está en la persona, por la que se encarna en el mundo y, a través de la cual da vitalidad a la acción misionera; es la persona que motivada por la acción del Espíritu Santo entra

10 Lc 10, 1.

11 MARTINEZ-SISTACH, L. *Las asociaciones de fieles*,Barcelona 2000, p. 18.

12 MARTINEZ-SISTACH, L. *Las asociaciones ...op. cit.*, p. 17, quien a su vez cita a Delos J. *Bien común*, Bilbao 1961, 7; Goenaga J. *Philosophia sociales*, Roma 1964, 40.

13 1Pt 2, 5-10 : «Christifideles ut singuli ad apostolatum exercendum in variis suae vitae condicionibus vocati sunt; manet tamen hominem natura sua socialem esse et Deo placuisse credentes in Christum in populum Dei» Cfr. 1Cor 12, 12 «et in unum corpus coadunare».

en comunión con los demás miembros de la Iglesia para buscar la salvación del mundo. En consecuencia, principio teológico de cualquier forma de asociación en la Iglesia es, por tanto, el Espíritu Santo que anima y promueve su finalidad y, precisamente al reconocer la acción del Espíritu Santo como el fundamento teológico de este derecho, se subraya la importancia de la libertad y la autonomía de las comunidades de fe en la búsqueda de su misión y vocación dentro de la Iglesia y en la sociedad[14].

Traído lo anterior al ámbito del derecho podemos afirmar que el derecho de asociación de los fieles es un derecho originario, fundado por el bautismo y en la consecuente participación a la misión de Cristo y de la Iglesia[15]. Pues efectivamente, el fundamento de la condición humana reside en el bautismo, elemento sobrenatural que trasciende la mera dimensión humana. Según la fe católica, el bautismo no es simplemente un acto realizado por la comunidad eclesial, sino que es un acto en el que Dios mismo está activo y concede su gracia de manera especial. Esta gracia divina otorgada en el bautismo es considerada como el principio sobrenatural que anima y guía la vida espiritual del individuo. Tal y como escribió Lombardía, la dignidad natural de la persona humana es un presupuesto de los efectos del bautismo, dado que el hombre es llamado al orden sobrenatural, mientras que su condición de ser social no se ignora, sino que se eleva a un plano superior a través de su incorporación en la iglesia-sociedad. Por tanto, continúa la necesidad de integrar las necesidades naturales y sobrenaturales de la condición jurídica de los bautizados en la Iglesia[16]. A la luz de esta consideración puede afirmarse que la condición de bautizado es una condición de libertad y responsabilidad que unida a la condición de dignidad de la persona humana hace que se tipifique como de origen divino o teológico[17].

14 MAMERTINO, V., *op. cit.,* pp. 11- 17.

15 CANANZI, P. Il *diritto di associazione dei fedeli visto con particulare riguardo alla «commendatio» degli aggregati laicali*, Roma 1996

16 LOMBARDÍA, P, *Lezioni di diritto canonico*, Milan 1984, p. 97: «La dignità naturale della persona umana è un presupposto di entrambi gli effetti del battesimo, posto che è l'uomo ad essere chiamato all'ordine soprannaturale, mentre la sua condizione di essere sociale non è disconosciuta, ma elevata a un piano superiore attraverso la sua incorporazione nella Chiesa-società. Ne deriva la necessità di integrare le esigenze naturali e quelle soprannaturali della condizione giuridica del battezzato nella Chiesa».

17 HERRAZ, J, «Parroquias universitarias y asociaciones de fieles», en *Liber amicorun Monseigneur Onclin,* Glemboux, 1976, p. 154 dice «El derecho de asociación es un derecho divino y no eclesiástico. Es Dios quien lo confiere —no la autoridad humana— dando a la persona la dignidad de hombre y cristiano».

2.- El derecho de asociación

En las páginas anteriores hemos establecido un punto de partida, a nuestro entender necesario, que nos va a permitir el análisis del fenómeno asociativo como expresión de la naturaleza social del hombre. Teniendo en cuenta todo lo dicho con anterioridad, se hace ahora necesario intentar establecer un concepto del derecho de asociación y, a pesar de todas las dificultades que encontraremos, vamos a procurar un acercamiento a dicho término en los ordenamientos canónico y civil.

2.1.- Aproximación al concepto

En la antigüedad todas las civilizaciones y culturas conocieron y practicaron el asociacionismo[18] respondiendo, como hemos dicho, a la tendencia natural de los hombres a aunar los esfuerzos para resolver problemas que son comunes. Son grupos de personas unidas para conseguir unos fines propios y prestarse mutua ayuda[19]. Quizás resulte interesante recordar que el concepto de asociación tiene raíces antiguas que se remontan a las civilizaciones de Mesopotamia, Egipto, y Grecia. Por ejemplo, en la antigua Grecia, se hablaba de «koinonías» en el sentido de comunión o participación en lo común. En estas culturas, se formaban asociaciones con diversos propósitos, como el comercio, la religión, la política y la defensa mutua. Por ejemplo, las «*sýnodoi*» o reuniones en las que los ciudadanos se asociaban para actividades comerciales o religiosas, desempeñando un papel importante en la vida política, económica, religiosa y cultural de las ciudades griegas, proporcionando un medio para la cooperación, la solidaridad y la protección entre sus miembros. Las *sýnodoi* eran utilizadas por los comerciantes y artesanos para regular el comercio, establecer estándares de calidad, fijar precios y proteger los intereses comerciales de sus «socios», proporcionando también un espacio para la cooperación y la resolución de disputas comerciales. En el contexto político, las *sýnodoi* eran empleadas para promover intereses políticos específicos, apoyar a determinados líderes o facciones políticas, o participar en actividades cívicas y administrativas dentro de la polis (ciudad-estado). Estas asociaciones también podían servir como espacios de debate político y deliberación democrática. Algunas *sýnodoi* tenían un carácter más social y se dedicaban a proporcionar ayuda y asistencia a sus miembros en momentos de necesidad, tales como enfermedad, pobreza o desastres naturales. Estas asociaciones podían ofrecer incluso apoyo financiero, alimenticio o emocional a sus miembros y a la comunidad en general. Por último, en el

18 Sobre los antecedentes históricos del derecho de asociación, MONTOYA G.A. *Características doctrinales de las Asociaciones Privadas de fieles laicos*. Dissertatio e Licentiam P.U.L. Roma 2000.

19 TRABUCCHI, *Istituzioni di diritto civile.* Roma p. 110.

ámbito religioso, podían estar dedicadas al culto de una deidad específica o a la organización de festivales religiosos. Los miembros de este tipo de asociaciones o reuniones participaban en rituales y ceremonias religiosas, contribuyendo, en su caso, con ofrendas y donaciones, así como colaboraban en la organización de eventos. En todo caso estaban organizadas con una estructura que incluía miembros, líderes y normas internas. De lo dicho es fácil comprender que las *sýnodoi* desempeñaron un papel crucial en la vida cotidiana de las ciudades griegas. Su legado perduró a lo largo de la historia y dejó una importante huella en la forma en que las comunidades helénicas se organizaban y colaboraban entre sí, sirviendo además como precursoras de otras formas de asociación y organización social en el mundo antiguo y que han influido en la evolución de la sociedad occidental hasta nuestros días.

Dicho lo anterior, sin embargo, considero que realmente el concepto de asociación tal y como hoy lo entendemos tiene su verdadero origen en Roma[20]. Allí surgen los llamados *collegia* que desempeñaron un papel crucial en la sociedad romana[21]. Su legado perduró durante siglos y dejó impronta en la estructura social y económica de la antigua Roma y, aunque algunos fueron suprimidos o controlados por las autoridades romanas debido a su potencial para la subversión política o social, muchas de estas asociaciones continuaron existiendo y adaptándose a lo largo del tiempo, influyendo en la evolución de la sociedad romana y en la historia posterior de Europa. En el derecho romano podíamos definirlas, en un sentido amplio, como una organización social estable de base voluntaria cuyos miembros cooperaban para satisfacer sus propios intereses colectivos y, en un sentido lato, existe una asociación cuando varios se organizan para cooperar y alcanzar fines comunes mediante una actividad previamente acordada[22]. Y, aunque no es el objeto de este estudio el análisis del derecho de asociación en el derecho romano, si es necesario señalar como en el Imperio y sobre todo en la República[23] hay, entre otras, dos cuestiones que merecen ser resaltadas; por un lado, el derecho a constituir asociaciones para reunirse y actuar dentro de la ley sin especial autorización previa y, en segundo lugar, la concesión legal otorgándole personalidad jurídica, es decir, personalidad diferente a la de

20 MAFESA, K. *Genesi formativa delle associazioni eclesiali con particolare referimento al fini constitutivi* (can 298 del CIC 83) Roma 2001 p. 8.

21 GARCÍA BODINI, M. *Los collegia romanos y su evolución durante la república tardía* https://repositorio.comillas.edu/jspui/bitstream/11531/29852/1/tfg%20-%20garcia%20bodini%2c%20miguel.pdf, p. 9 dice; «La fórmula de los collegia aparecería años antes de que cayese la monarquía y se instaurase una república en Roma. De hecho, existen numerosas fuentes que confirman que el propio rey Numa Pompilio, segundo rey de Roma entre 716 a.C. y 674 a.C., habría fundado numerosas asociaciones con este sistema»

22 FUCCILLO,. *Le nuove frontiere dell'ecclesiasticità degli enti*, Roma p. 28.

23 BONFANTE, Instituzioni di diritto romano, Roma 1933, p. 63, quien aporta varios términos., los más usados, para referirse al fenómeno asociativo.

cada uno de los miembros que la forman[24]. Con respecto a esto último, es preciso tener en cuenta que la primitiva iglesia contó con tal distinción, pues se reconoció entre el asociacionismo necesario, impuesto por la jerarquía, y el asociacionismo libre, que nacía de la iniciativa de los fieles[25].

En el ámbito canónico[26], la Iglesia encontró en la época judeo-greco-romano gran cantidad de modelos asociativos, tanto de carácter público como privados. La adaptación de estos modelos se refleja en la estructura y la organización de la Iglesia primitiva, así como en la legislación eclesiástica desarrollada para regular la vida comunitaria y las relaciones entre los fieles. Podríamos citar a modo de ejemplo, las normas sobre la administración de los sacramentos, la disciplina eclesiástica, la propiedad de los bienes y la resolución de conflictos que se establecieron en concordancia con los principios y prácticas legales de la época. Por tanto, podemos afirmar que, en el ámbito canónico, los modelos asociativos de la época judeo-greco-romana proporcionaron un marco importante para la organización y la vida comunitaria dentro de la Iglesia primitiva, tanto en su dimensión pública como privada. Pero no debemos olvidar que, junto a motivos comunes a cualquier otro tipo de sociedad, en la Iglesia se dan otros móviles propiamente cristianos. Concretamente durante los primeros siglos del cristianismo es cierto que los cristianos se asociaban de acuerdo a las leyes civiles, pero el objeto y fin lo constituían, fundamentalmente, acciones caritativas o funerarias[27]. En consecuencia, el fenómeno asociativo surge también en la Iglesia por la necesidad de la persona de desarrollar una determinada actividad para la consecución de fines y se desarrolla por medio de dos elementos fundamentales, el espiritual y el material. El conjunto de personas organizadas constituye el elemento material y la finalidad a alcanzar, así como los medios para conseguirlo representa el elemento espiritual.

Por último, y a modo de aclaración en la búsqueda de un concepto, queremos llamar la atención de que en esta época y en la posterior vida de la Iglesia, encontramos multitud de términos que se refieren al fenómeno asociativo. Así, por ejemplo: asociaciones, comunidades, grupos, movimientos,

---

24 ALBERTARIO, «Il concepto della persona guiuridica nel diritto romano», in *miscellánea Vermeersch*, Vol.II in Analecta Gregoriana, Vol X.

25 Sobre la historia del fenómeno asociativo GARCÍA, A, «Significacion del elemento asociativo en la historia del derecho de la Iglesia» en Beringer-Schmitz *Das Konsoziative element in der Kirche*, St. Ottilien 1989 p. 35.

26 GARCÍA, A, *op. cit.*, p. 28 dice «La unión entre los miembros de la Iglesia tiene, pues, unas motivaciones en buena parte nuevas, que viene a reforzar las que podían tener los miembros de las polis griega o la civitas romana». CREUSEN J, «Associations pieuses», en *Dictionnaire de Droit canonique*. Vol I, París 1935, col. 1272 ss.

27 Sobre estas primeras manifestaciones históricas, ONCLIN, W, «Principia generalia de fidelium associationibus» en *Apollinaris* 36, 1963 pp. 68-109.

obras, uniones, sociedades, etc.[28]. Sin embargo, cada una de éstas figura, a pesar de a veces haber sido utilizada como sinónimo de asociación, es lo cierto que presentan características diferenciadoras, por lo que en puridad los términos citados no se corresponden totalmente con la figura a la que intentamos aproximarnos[29].

2.2.- El derecho de asociación en la Iglesia

Por todo lo que venimos señalando es fácil constatar que el derecho a asociarse en la Iglesia no es una novedad, sino que como hemos visto es una constante desde sus inicios, si bien ha sufrido modificaciones en su regulación siendo probablemente una de la más llamativa la originada con la aprobación del vigente Código de Derecho Canónico. No solo porque encontramos en el titulo V del libro II una técnica jurídica más actualizada sino porque realmente la nueva legislación, siguiendo los designios del Concilio Vaticano II[30], ha elevado a la categoría de norma jurídica la especifica condición del fiel encontrando su fundamento en la propia persona humana y en el derecho del cristiano[31].

Pero ello como decimos no significa y, por tanto, no debe afirmarse que el derecho a asociarse en la Iglesia sea un fenómeno reciente, pues como venimos señalando, desde el principio los fieles encontraron motivos para reunirse y asociarse siendo la finalidad fundamentalmente la propagación, la piedad y la caridad (especialmente dedicadas al sepelio de los muertos) y así los movimientos que se crearon tomaban diversas formas asociativas tal y como hemos tenido ocasión de advertir en líneas anteriores (*confraternitas*, pías uniones, congregaciones, agregaciones, etc.) Esta variedad de formas llevó, como más tarde veremos, a una sistematización en el ámbito eclesiástico[32].

---

28 CONGAR, *Jalones para una teologia del laicado,* Barcelona 1965, 46, ofrece diversas definiciones de comunidad de fieles recogiendo conceptos de Iglesia en la patrística: «Confregatio fidelum, Societas fidelum, Collectio fidelium, Adunatio, Collegium, Unitas, Corpus, Communio, Universitas, Populus fidelum».

29 MARTÍNEZ SISTACH, L, *op. cit.*, p. 13 «Así pues según las exigencias de los tiempos y de los lugares, fundándose en las distintas actitudes o vocaciones de los individuos, la Iglesia admitió y alentó en el transcurso de la historia no solo una admirable variedad de institutos religiosos, sino también una armónica diversidad de agrupaciones y asociaciones que, proponiéndose fines determinados, querían entre todas abarcar el vasto campo apostólico».

30 PUNZI, N. *Gli enti nell' ordenamento canonico*, Padova 1983; SCHULZ W, «La posizione giuridica delle associazioni e la loro funzione nella Chiesa», in *Apollinaris* LIX (1986), pp. 116-130.

31 PRIMETSHOFER B, «Il principio del diritto di associazione nel diritto canónico», in *Concilium* 5 (1969) 8, pp. 112-123.

32 ONCLIN, «Principia generalia de fidelium associationibus», in *Apolinaris*, n.° 36, (1963).

En la Edad Media, el nombre más frecuente para designar a las asociaciones es el de «cofraternitas», que refleja de manera más adecuada la idea de fraternidad de los fieles. Estas «confraternitas» podían ser no solo de carácter religioso, sino laicales o mixtas. La participación de los laicos en las asociaciones de clérigos se expresaba por medio de las «*charla charitatis*» es decir, la participación en la oración[33].

Más tarde surgen las asociaciones gremiales. Las más antiguas que se conocen se remontan al siglo VII, pero hay noticias de pocas en toda Europa con anterioridad al año 1000. Antes de este año y como fenómeno aislado encontramos los estatutos de la asociación llamada *Iudicia civilitatis lodanicie,* redactados entre el año 895 y 940 y que se refieren a una asociación de seguros contra el robo[34].

Resulta curioso observar cómo en esa época existe un acuerdo total, según se recoge en el derecho canónico medieval, en el sentido de que las asociaciones no necesitaban para constituirse ni previa ni posterior autorización de la autoridad eclesiástica. En el Medievo las asociaciones gremiales, tal y como antes se ha indicado, en ocasiones tienen carácter estrictamente laical, es decir, las metas son laicas; mientras que en otras ocasiones sus objetivos son mixtos, es decir, con fines religiosos y profanos y, en consecuencia, están formadas tanto por laicos como religiosos[35]. La consecuencia jurídica de esta dualidad es que muchas de las asociaciones no son eclesiásticas sino civiles[36].

Las primeras normas de derecho universal relativas al derecho de asociación emanadas después del Concilio de Trento[37], fueron las Constituciones de Clemente VII, del 7 de diciembre de 1604. Sin embargo, la Constitución «Quaecumque», todavía constituyo una normativa un tanto parcial porque no se aplicó a todas las asociaciones que existían[38] sino que estaría más relacionado con la organización de congregaciones religiosas y órdenes, así como con la regulación de las actividades pastorales y de caridad dentro de la Iglesia.

---

33 García, A., *op. cit.*, p. 30.

34 *Ibid.,* p. 38.

35 Montoya, G.A., *op. cit.*, p. 15 dice: «En los periodos sucesivos de la historia siguen funcionando, aunque bastante rutinariamente, las antiguas cofradías, entre las que destacan las filiales de la Minerva de Roma, aprobada en 1539 por el Papa Pablo III y que fue fundada como respuesta a la negación eucarística por parte del protestantismo. Las de la Vera Cruz, las del Rosario, las de Piedad y Caridad para las obras asistenciales, las ordenes terceras, etc. El criterio que ha prevalecido en la época moderna, por influjo de las decisiones de Trento, sin duda, es el carácter fundacional o pio de las cofradías, pero que no adquieren más que por la autorización episcopal el carácter eclesiástico».

36 García, A., *op. cit.*, p. 31.

37 Onclin, G., *op. cit.*, p. 83, Mansi, Colecctia Concilio, vol. XV.

38 Navarro, L., *op. cit.*, p. 168.

No se puede negar que el siglo XVIII trajo consigo un periodo de crisis para todo tipo de asociaciones, tanto religiosas como seculares. La Iglesia Católica enfrentó desafíos y tensiones, tanto internas como externas, que afectaron a la libertad de asociación y otros derechos y libertades. La Ilustración y sus ideas de racionalismo y secularización llevaron a críticas y cuestionamientos sobre la autoridad de la Iglesia y sus instituciones. La incomprensión y falta de diálogo entre la propia Iglesia y los Estados, es decir, entre la Iglesia y el mundo secular de la cultura y el saber, representado por el iluminismo y su carácter antieclesicista o anticlerical, trajo consigo un periodo de malas relaciones, de exclusiones y reproches mutuos lo que condujo a la supresión de órdenes religiosas y a restricciones a la libertad de asociación de la Iglesia, Esta tensa relación continuó en la primera mitad del siglo XIX.

Probablemente el nuevo periodo de dialogo y acercamiento comienza con el Papa León XIII, quien se refiere al fenómeno asociativo en su encíclica «*Libertas praestantissimum*», en la que el Papa afirma, dada la naturaleza del hombre, que solo en compañía y ayuda de otros el hombre podrá conseguir cosas que por él solo sería incapaz. Posteriormente la Encíclica «*Rerum novarum*» reivindica abiertamente todo lo anterior.

A pesar de lo dicho, el Código Canónico Pio-benedictino de 1917 evita una declaración del derecho fundamental de los fieles para asociarse. Es cierto que antes de la promulgación del Código ya existía una tendencia clara a diferenciar las asociaciones públicas y privadas (*loca publica*, *loca privata*), si bien se aplicaba más como una distinción entre asociaciones laicas y asociaciones privadas, estribando la diferencia entre ellas en si la constitución había sido realizada por la autoridad eclesiástica o civil. Merece ser destacado que en los textos preparatorios del Código Pio-benedictino aparece dos veces la distinción entre público y privado. Sin embargo, el texto definitivo no las recogió, ni refiriéndose a las asociaciones ni a las personas jurídicas[39]. Como además puso de manifiesto Martin de Agar[40], el Código «carecía de algunos requisitos para el reconocimiento del derecho natural de asociación ya que por un lado no declaraba el derecho de los fieles a fundar asociaciones y, por otro, no defendía a esas asociaciones de fieles de posibles intromisiones de la autoridad». Realmente el Código de 1917[41] se limitaba a «ofrecer» ese derecho de asociación, pero ni lo explicitaba ni lo promocionaba[42].

39 GIULLIANI,. P, *La distizione fra associazioni pubbliche e associazioni private*. Roma 1986

40 MARTÍN DE AGAR, J.T. «Gerachia e associazioni» in *Apollinaris* 62 (1989) 52 «Le associazioni constituite direttamente dai fedeli non ebbero nel Codice alcun riconoscimente (c. 686) sebbene furondo riconosciute per via ammnistrativa».

41 «fideles laude digni sunt, si sua dent nomina associationibus ab Ecclesia erectis vel saltem commendatis (c. 684). Nulla in Ecclesia recognoscitur associatio quae legitima auctoritate ecclesiatica erecta vel saltem approbata non fuerit (c. 686 .1).

42 GARCÍA A., *op. cit*, p. 33 «ni las asociaciones ni las cofradías cobraron nuevo impulso con la legislación de 1917».

2.2.1. El fundamento del derecho de asociación en la Iglesia

Resulta evidente de cuanto venimos exponiendo que la actual regulación del derecho de asociación trae causa de un largo proceso evolutivo, que toma su impronta de la concepción de Iglesia como «sociedad perfecta». La nueva noción tras el Concilio Vaticano II ha significado «una superación de la eclesiología dominada y marcada de jerarquía y ha acentuado la participación activa de todos los bautizados en la única misión de todo el pueblo de Dios»[43]. Es decir, se produce un cambio radical en la posición de los fieles, dotando al ordenamiento de una visión de radical igualdad entre todos los bautizados[44]. La consecuencia jurídica de lo anterior será que el principio de sociabilidad en la Iglesia residirá en la unión de todos los bautizados al fin común del pueblo de Dios y no, tal y como se establecía desde el siglo XV, en la relación jerarquía-fieles.

En el Código de 1917 la Iglesia es vista y estructurada de una forma piramidal, y esta estructura provocaba que la jerarquía impidiera la presencia de los laicos especialmente en las organizaciones de propia iniciativa[45]. En consecuencia, en esta época las asociaciones e instituciones que nacen de la propia jerarquía eclesial son tratadas de forma jurídica, es decir, se les reconoce su propia dimensión e importancia, mientras que las de libre iniciativa de los laicos son prácticamente desconocidas para el Codex[46]. La intención del Código del 17 era la de regular los fenómenos asociativos creados por la jerarquía como instrumentos suyos para el fomento de la vida cristiana, de la caridad o del culto. Las asociaciones que, o bien no hubieran sido erigidas por la autoridad eclesiástica o constituidas en la iglesia en persona moral se consideraban inexistentes y su derecho no era reconocido[47]. En el propio Código no existía una regulación del fenómeno del laicado, probablemente porque no se tenía la concepción de que las actividades asociativas de los

---

43 Martínez Sistach, L., *op. cit.*, p. 12.

44 Lombardía, P, «Los derechos fundamentales del fiel», en *Concilium 48* (1969), p. 240 En la Iglesia» existe una igualdad radical que deriva de la condición de fiel, previa a cualquier desigualdad basada en el principio de variedad funcional». Gonzalez M.E., Libro II del CIC, Pueblo de Dios. I. Los fieles (Valencia 2005), p. 234: «Los principios eclesiológicos del Concilio abren nuevas posibilidades a la consideración jurídica de las asociaciones. Son los principios integrados en el de la communio de todos los fieles para realizar el fin de la Iglesias cada uno según su propia condición, con una responsabilidad propia y de acuerdo a sus propios carismas que la Iglesia reconoce. En este contexto, el principio de igualdad ilumina el derecho de asociación: su fundamento no se encuentra en la decisión de la autoridad sino en la libre facultad de todo fiel para asociarse».

45 Dombois, H. «Considerazioni di teología del diritto sulla struttura fondamentales della *"Lex Fundamentalis Ecclesiae"*» in *Concilium* 8 (1969), p. 64.

46 Nulla in Ecclesia recognoscitur associatio quae a legitima autoritate ecclesiastica erecta vel saltem approbata non fuerit (c. 684, CIC 1917).

47 Ejemplo véase el c. 684 CIC 17.

fieles pudieran dar lugar a asociaciones de entidad y calado suficientes para la propia Iglesia. Dicho esto, sería necesario recordar que en ese tiempo tampoco existían fenómenos asociativos lo suficientemente activos para reclamar una regulación jurídica especifica.

Sin embargo, poco a poco los fieles unidos en asociaciones van reivindicando una nueva regulación, produciéndose rápidamente algunos signos de cambio. Así la resolución de la Congregación del Concilio «Corrientesis» del 13 de noviembre de 1920[48] admite que, entre los bautizados y a través de un acuerdo de naturaleza privada, se puedan constituir asociaciones otorgándoseles naturaleza y efectos jurídicos, si bien nunca podrían estar al margen del ordenamiento canónico[49]. Sin ánimo de ser exhaustivos si nos gustaría citar algunos autores que desde la aprobación del Código proponen ya la distinción entre persona pública o privada. Maroto probablemente fue el primero que propuso la distinción entre persona moral pública y privada. El código distingue únicamente entre persona moral «collegiales» y «*non collegiales*», «*ex iuris praescripto*» e «*per formale decretum*»[50]. P. VIDAL[51] ratifica la teoría de Maroto manifestando que incluso en la moral personal se puede distinguir entre públicas y privadas... Decía concretamente:

> «Etiam in Ecclesia personae morales distingui possut in publicast et privatas. Et quidem cun omnes personae morales existant non ex privatorum fidelum voluntate, sed ultimo et formaliter per actum publicae autoritatis, possunt omnes aliquo vero sensu dici publicae. Sed stricto sensu illae solae dici possunt publicae, quae directe ordinantur ad bomun publicum totius Ecclesiae; private quae ordinantur ab bonum privatorum fidelium. Maxime publicae sunt...».

CAPELLO aplica la distinción de los público y privado a la persona colectiva, estableciendo la aprobación como criterio de erección. Así la asociación pri-

---

48 La resolución de la Sagrada Congregación es consecuencia de la intervención del Obispo argentino de Corrientes. En dicha resolución se afirmó que el derecho de asociación es un derecho natural y se marcó la diferencia entre las asociaciones instituidas y aprobadas por la autoridad eclesiastica y aquellas que estaban bajo el poder y dirección de los laicos, según sus propios estatutos. Se abrió la posibilidad de asociaciones piadosas constituidas por laicos y cuyo sometimiento al obispo era solo en lo referente a la disciplina de la fe y de las costumbres.

49 FELICIANI, G *Il diritto di associazione nella Chiesa: autorità, autonimia dei fedele e comunione ecclesiae*, p. 20.

50 MAROTO, Ph., *Institutiones iuris caninici ad normam novi codicis*, I Matriti-Romae-Barcinonae 1919, pp. 540-541. Considera Maroto que «IL Codice infatti non conosce persone morali di diritto naturale. Pertanto le persone morali, di cui trata el Codice sono tutte publiche. Se una contrapposizione nel diritto canonico si ha, non é fra persona moralis publica e persona moralis privata, bensi fra persona moralis sempre publica e persona colectiva, che può dirsi privata in quianto e originata da privati e non ha la concessione della personalitá morale d parte dell'autorità ecclesiastica».

51 WERNZ, X.- VIDAL, P, *Ius camonicum* II, Roma 1923, pp. 31-32, n.° 30.

vada será constituida con un mero acuerdo privado de voluntades[52]. GILLET incide en la distinción atendiendo a la finalidad de la persona por un lado y a la capacidad para alcanzar determinadas posiciones[53]. Conte a Coronata solo distingue la persona jurídica pública y privada únicamente «*ratione auctoritatis constituentis*» o «*ratione originis*». Dirá que es pública si la pública autoridad la constituye; será privada si es un acto de voluntad sin que intervenga la autoridad. Sin embargo, identifica erróneamente la persona jurídica privada con la persona colectiva[54]. PRETI en un curioso artículo señala la distinción entre persona jurídica «ipso iure» y persona jurídica «*per formale decretum*». La primera será la necesaria siempre en la vida de la Iglesia y en consecuencia es incompatible su creación con la iniciativa de los fieles. Será siempre constituida a iniciativa y poder de la jerarquía. La segunda se hace depender de la iniciativa de los files[55]. En base a esta distinción PRETI establece la diferencia entre persona jurídica pública y privada, siendo característico de la primera: a) su constitución directa por parte de la jerarquía, b) los fines que son los fines de la Iglesia, c) la potestad de imperio y d) el severo control y vigilancia. Son características de la persona jurídica privada, sin embargo: a) la iniciativa privada en cuanto a la constitución, b) fines más amplios, aunque siempre que no sean contrarios a la costumbre y moral eclesial, c) amplia libertad de acción y d) control eclesial muy limitado. Fedele, por último, niega la distinción entre público y privado en el derecho de la Iglesia y, consecuentemente niega la distinción entre persona jurídica pública y privada, pues él considera que solo existen en la Iglesia personas jurídicas de naturaleza pública[56].

Estos son solo algunos ejemplos de los más destacados autores y su posicionamiento ante este tema.

Como hemos señalado en líneas anteriores la intención del Código del 17 era ordenar y reglamentar los fenómenos asociativos creados por la jerarquía. Sin embargo, poco a poco los fieles unidos en asociaciones van reivindicando una nueva regulación, produciéndose algunos signos de cambio. En

52 CAPPELLO, F.M., *Summa iuris ecclesiastici*, Roma 1923, pp. 64-65 «Persona colectiva potest ese privata vel publica. Dicitur privata, quando mere privatorum voluntate consistit; dicitur publica cuando agnoscitur seu approbatur a competenti autoritate, vel ecclesia vel civil».

53 GILLET, P., *Le personalitè juridique en droit ecclésiastique specialmente chez les Decretistes et les Decretaliste et dans le Code de droit canonique.* Malines 19 27, p. 236.

54 CONTE, A CORONATA, M, *Institutiones iuris canonici*, I, Turín 1928, p. 147.

55 PRETI, L., «Il riconiscimento delle persone morali in diritto cannonico» in *Archivio di Diritto Ecclesiastico* 2 (1940), pp. 319-339.

56 FEDELE, P., *Discorso generale sull ordenamiento canonico*, Pavova 1941, p. 113; Fedele P. *Lo spiritu del diritto canonico*, Padova 1962, pp. 823-1013.

síntesis, el fenómeno asociativo tras la aprobación del código Pio-benedictino presentó como principal característica que las asociaciones de fieles podían solicitar el reconocimiento eclesiástico a través de un proceso formal. Este reconocimiento implicaba la aprobación por parte de la autoridad eclesiástica competente, que evaluaba si la asociación estaba en consonancia con la doctrina y la moral católicas, así como si sus actividades se alineaban con los objetivos de la Iglesia. En consecuencia, dichas asociaciones debían redactar estatutos que definieran claramente su propósito, estructura organizativa, normas de gobierno y procedimientos internos. Estos estatutos debían presentarse a la autoridad eclesiástica para su aprobación. Dicha autoridad también podía intervenir en la modificación de los estatutos si consideraba que eran contrarios a la fe o la moral católica. Por tanto, una vez reconocidas, las asociaciones de fieles estaban sujetas a la supervisión y dirección de la autoridad eclesiástica competente. Esta supervisión incluía el derecho a examinar las actividades de la asociación, a fin de garantizar su conformidad con los principios y enseñanzas de la Iglesia, pues estaban obligadas a promover la doctrina y a no contradecirla en sus actividades. Además, debían contribuir al bien común de la Iglesia y respetar las normas y directrices emitidas por la autoridad eclesiástica, quien se reservaba la facultad de disolver una asociación de fieles si consideraba que había desviado sus actividades de los fines religiosos para los cuales fue creada, o si había perdido su razón de ser. Esta medida se tomaba para salvaguardar, como hemos dicho, la integridad doctrinal y moral de la Iglesia.

Todo se modifica con el Concilio Vaticano II[57]. En su fase preparatoria[58] eran muchas las voces que solicitaban un estatuto jurídico del fiel[59]. Baste señalar la corriente existente denominada teólogos del laicado que reclamaban iniciativa y cierta autonomía a los laicos en la Iglesia[60]. El Concilio Vati-

57 El Schema Decreti De Fidelim Associationibus, de la redacción de 1963 fijó el derecho de asociación y sus características que le son esenciales. Si bien como manifiesta Díaz, A, *op. cit.*, p. 89 no faltaron algunas observaciones que atacaron en su raíz esta nueva concepción del derecho de asociación, pues consideraban tal derecho como una concesión de la Iglesia, de la jerarquía, y no como un verdadero derecho natural posición esta última que es la que posteriormente triunfaría como doctrina conciliar.

58 En la fase preparatoria del concilio el tema fue llevado a consultas a las universidades y facultades eclesiásticas, (Studia et vota Universitateum et facuoltatum ecclesiasticum et catholicarum, Pars. I, 1 Universitates et facultates in Urbe. TPV 1961, 58-59, 401-402), «consilio e vota» de los Obispos y prelados (Analyticus conspectus consiliorum et votorum quae ab Episcopis et Praelatis data sunt, Pasr I TPV 1961, 771-794) y a «proposita et monita» della S. Congregación del Concilio (TPV 1960, pp. 194-214).

59 Rodes, R. «Strutture nel mondo contemporáneo», in *Concilium* 8 (1970), p. 77:» El obispo como autoridad eclesiástica no debe ser considerado como vértice de una estructura monolítica ...».

60 García, A. *Significación del fenómeno asociativo* p. 34.

cano II[61] conforma el derecho de asociación de los fieles[62] como el derecho de asociación de todos los bautizados[63] reconociéndoles expresamente el derecho a crear y dirigir asociaciones[64] y a dotarles del propio nombre, «pues el apostolado asociado corresponde felizmente a las exigencias humanas y cristianas de los fieles»[65]. Decía el *Decreto Apostolican Actuositatem*[66]:

> «Guardando la relación debida con la autoridad eclesiástica, los laicos tienen derecho a fundar asociaciones, a dirigirlas y a afiliarse a las ya fundadas. Ha de evitarse, sin embargo, la dispersión de fuerzas que tiene lugar cuando se promueven, sin razón suficiente, nuevas asociaciones y actividades o cuando se mantienen inútilmente asociaciones y métodos anticuados; no siempre será oportuno que las formas que se han establecido en una nación se trasladen indiscriminadamente a otras»[67].

El decreto *Apostolicam Actuositatem* reitera la enseñanza de que todos los fieles, independientemente de su estado de vida, están llamados a la santidad. Reconoce que esta llamada también implica una invocación al apostolado, es decir, a la tarea de llevar el Evangelio al mundo. Alienta a los laicos a participar en diversas formas de apostolado seglar, es decir, en actividades destinadas

---

61 Para el estudio del debate concialiar, véase ZADI, D, *Il diritto di associazione dei Laici nel Concilio Vaticano II*, Roma 1971; GUILIANI, P, *La distinzione fra associacioni pubbliche e associacioni prívate dei defeli nel nuovo códice di diritto canonico*. Roma, 1985.p. 43-54.

62 HERRANZ, J. «Parroquias universitas y asociaciones de fieles», en *liber amicorum Monseigneur Onclin*, (Glemboux 1976), p. 154 dice: «El derecho, pues, de hacer apostolado y el derecho de asociación para realizarlo mejor, son derechos juris divini y no iuris ecclesistici. Es Dios quien los confiere y no la autoridad humana, dando a la persona la dignidad de hombre y de cristiano»

63 La Constitución Lumen Gentium, n.° 9, define a la Iglesia como el pueblo de Dios, de modo que los cristianos unidos asociativamente de modo natural están llamados a vivir en comunidad y a facilitar el logro de los propios fines de la persona.

64 RENZI, F. *La associazione laicali nel nuovo códice de Diritto Canonico* Roma 1999, quien en nota 47, p. 27 destaca la siguiente bibliografía Moreta P. I procedimentio amministrativi in AA.VV. *La normativa del nuovo Codice*, a cura di Cappellini E, 2.ª Ed. Brescia, 1925, p. 405 ss: BERTOLINO, R. «La tutela dei diritti nella comunità ecclesiale» in *Ius canonicum* XXIII (1983), pp. 546-577; MIRABELLI, C. «La protezione giuridica dei diritti fondamentali», in *I diritti fondamentali del cristiano nella Chiesa en ella società*, Atti del IV Congresso Internazionale di diritto canónico, Fribouurg 1989, pp. 397-418.

65 Decr. *Apostolicam actuositatem,* n.° 18-19.

66 Durante los trabajos de preparación del decreto conciliar el contenido del derecho de asociación sufrió importantes modificaciones. Inicialmente fue propuesto como si se tratara de la «libertas laicorum in associationibus organizandis et prasertim adhesione eis danda» según Schema Decreti «De apostolatu laicorum» 1963 n.° 13 in Acta Synodalia Sacrosancti Concilii Oecumenici Vaticani II, vol III, pars. IV, p. 674; Más tarde fue elaborado un texto más preciso «ius est laicis consociationes condere et moderari, condistique nomen dare» Schema 1965, n.° 19 textus emendatus in Acta Synodalia Sacrosancti Concilii Oecumenici Vaticani II, vol IV, pars. II, p. 341.

67 *Ibid*. n.19.

a difundir el Evangelio y a transformar la sociedad según los valores del Evangelio. Reconoce la diversidad de carismas y dones entre los laicos, y anima a todos a colaborar en la misión evangelizadora de la Iglesia. El decreto enfatiza el papel esencial de los laicos en la vida y la misión de la Iglesia. Reconoce que los laicos tienen una vocación específica y una responsabilidad única en el mundo, tanto en la Iglesia como en la sociedad civil. Destaca que los laicos son llamados a ser testigos de Cristo en todos los ámbitos de la vida, incluidos la familia, el trabajo, la política, la cultura y la economía. El decreto anima, por tanto, a los laicos a participar activamente en la vida de la Iglesia, tanto a nivel local como universal, reconociendo que tienen el derecho y el deber de participar en la vida litúrgica, sacramental y comunitaria de la Iglesia, así como en la toma de decisiones y en la promoción de la justicia y la caridad en el mundo. En consecuencia, *Apostolicam Actuositatem* hace hincapié en la importancia de la formación de los laicos para que puedan desempeñar eficazmente su papel en el apostolado. Insta a que se les proporcione una sólida formación doctrinal, espiritual y pastoral, para que puedan comprender y comunicar mejor la fe católica en el mundo contemporáneo.

En cuanto a las asociaciones sacerdotales, el *Decreto Presbyterorum Ordinis* da algunas recomendaciones a la jerarquía[68]. El decreto se centra principalmente en el papel y la misión de los sacerdotes en la Iglesia Católica, por lo que no aborda específicamente el derecho de asociación. Sin embargo, dentro del contexto del decreto y del Concilio Vaticano II en general, se reconoce la importancia de la colaboración entre sacerdotes y laicos en la vida y la misión de la Iglesia fomentando la participación activa de todos los miembros en la obra evangelizadora y en el servicio a los demás. Esto incluye la promoción de diversas formas de asociaciones y la colaboración entre sacerdotes y laicos en iniciativas pastorales y apostólicas.

Podemos afirmar, por tanto, que la principal declaración del Concilio, en relación al derecho de asociación, consistió en el reconocimiento de las asociaciones surgidas como consecuencia del derecho de los fieles como sujetos en el ordenamiento canónico[69]. Ese derecho de asociación conciliar presenta tres características fundamentales:

- Es un derecho de los fieles.

68 «Vanno anche tenute in grande considerazione e diligentemente promosse la associazioni che, in base a statuti riconosciuti dall'autorità ecclesiatica competente, ravvivano- grazie a un método di vita convenietemente ordinato e approvato, e all'aiuto fraterno- la santità dei sacerdote nell' esercizio del ministerio, e mirano in tal modo al servicio di tutto l'ordine dei presbiteri» (Decr. *Presbyterorum Ordinis,* n.8c).

69 Feliciani, G, *Le associazioni del fedeli nella normativa canonica* (Roma), p. 683. «Se non è dubbio che la associazioni dei fedeli interessino sotto diversi profili la missione globale della Chiesa, questo non impedisce che il diritto di associazione venga precisamente riferito alla funzione di governare quando il suo esercizio se traduca en forme di organizzazione spontanea della vita sociale del popolo di Dio. Tali forme, pur nascendo dalla autónoma iniciativa

- Es un derecho circunscrito en el ámbito del ordenamiento canónico, lo que algunos autores han llamado derecho in ecclesia[70].
- Es un derecho verdadero y propio.

En consecuencia, según el concilio las asociaciones pueden revestir diversas formas:

1.° Asociaciones libremente constituidas por laicos, que son además gobernadas y dirigidas por ellos.

2.° Asociaciones promovidas por la jerarquía.

3.° Asociaciones con misión canónica, en la que parte de esta misión se les confía a los laicos.

Más adelante veremos cómo esta división no triunfa plenamente, por lo que el Código de 1983 no la sigue. A partir del Concilio Vaticano II se produjo, por tanto, un nuevo modo de entender el fenómeno asociativo[71]. Como decíamos hace unas páginas, partiendo de la igualdad de todos los fieles producida en el bautismo, todos tienen la misma misión que es la del pueblo de Dios[72]. Ahora bien, como hemos indicado los propios textos conciliares establecen ciertas limitaciones a la hora de considerar que el derecho de asociación no es un derecho absoluto por cuanto la asociación debe tener unos fines siempre adecuados a la propia naturaleza y misión de la Iglesia.

Por último, debe destacarse como gran novedad del Concilio el introducir la persona privada y la posibilidad de que estas fueran erigidas y constituidas como entes eclesiásticos, es decir, se daba la oportunidad de constituir personas jurídicas sin necesidad de la erección por la autoridad[73]. Esta nueva regulación, como analizaremos en páginas posteriores, fue acogida de modo favorable por el Código del 83.

---

del fedeli, possono anche incidere sulle strutture ecclesiastiche soprattutto per quanto concerne la modalita con cui viene assicurata la cura delle anime...In ogni caso il fenómeno associativo nella Chiesa ha un significato che eccede il profilo meramente socio-giuridico in quanto puó constituiré un evento nel quale manifesta la potenza dello Spirito».

70 Díaz, A., *op. cit.*, p. 166.

71 Sabbarese, A., *I fedeli costituiti popolo di Dio,* p. 124.

72 Navarro, L., «El fundamento y contenido del derecho de asociación en la Iglesia», en *Das Konsoziative element in der Kirche*, p. 52 dice: «el fundamento del derecho de asociación en la iglesia es la naturaleza social del hombre y que en el ordenamiento canónico se ha producido un fenómeno de recepción del un derecho humano» es propio de la naturaleza de la Iglesia, como así lo quiso Cristo, que existan entre los miembros del Cuerpo vínculos de unión y solidaridad, estas son las características de una entidad societaria».

73 Gonzalez, M.E., *op. cit.*, p. 234: «Se establece así una importante distinción entre aquellos fenómenos en la Iglesia que proceden de la organización eclesial interna, en sus distintos autodesarrollos que competen a la jerarquía, de aquellos otros fenómenos que tiene su origen principalmente en la voluntad de los fieles en cuanto tales; no se confunden los fenómenos asociativos con aquellos propios de la organización eclesiástica, es decir, lo que es estructura eclesiástica queda claramente diferenciado de lo que es asociativo».

2.2.2. El derecho de asociación en el vigente Código de 1983

El actual Código, teniendo como presupuestos al anterior de 1917 y las enseñanzas del Concilio tal y como hemos adelantado, reconoce el derecho de asociación como uno de los modos en lo que los fieles participan, si bien, estableciendo solo disposiciones de carácter general.

Según M.E. GONZÁLEZ[74]:

> «Lo primero que observaron los peritos de los esquemas previos a la codificación definitiva, fue la necesidad de hacer un planteamiento novedoso respecto a la anterior legislación. Se asumió el criterio, partiendo de los documentos conciliares, de división entre dos grupos de asociaciones, las laicales o privadas y las llamadas eclesiásticas o públicas[75]. Es decir, no se sigue la clasificación en razón del fin de la asociación, sino que establece una clasificación de acuerdo con el régimen jurídico: públicas y privadas[76]. Al mismo tiempo el marco en el que se regulan las asociaciones es independiente, esto es, no están incluidas como lo estaban hasta el esquema de 1980 junto al régimen de los Institutos de Vida Consagrada y las Sociedades de Vida Apostólica, sino que se regulan de modo autónomo en la parte I del libro II».

En consecuencia, el nuevo código destaca por ofrecer a las asociaciones un verdadero tratamiento jurídico[77]. Sobresale, por un lado, el reconocimiento a la libertad de los fieles a fundar asociaciones sin exigir especiales requisitos y, por otro, la división entre asociaciones públicas y privadas, desapareciendo la distinción existente en el antiguo código entre Terceras órdenes seculares, pías uniones y confraternidades. Ahora se trata de distinguir entre las asociaciones públicas que se integran en la estructura de la Iglesia y se identifican con lo institucional siendo su acción realizada en nombre de la Iglesia; y las asociaciones privadas que nacen de la libre iniciativa de los fieles[78].

Siguiendo un iter cronológico en los esquemas de la codificación podemos observar como el derecho de asociación fue pasando por diversas regulaciones hasta llegar a la actual:

- Esquema de 1977. Como criterios de trabajo se proponía revisar las disposiciones sobre cómo las asociaciones de fieles debían ser reco-

---

74 GONZÁLEZ, M.E., *op. cit.*, p. 235.

75 El mismo autor señala que esta división ya se encontraba en uno de los esquemas, llamado «De fidelium Assotiationibus» que redactó la comisión De Disciplina cleri et populi chistiani en el periodo de preparación del Concilio.

76 Communicationis 17 (1985) 228.

77 DALLA TORRE. G, «Il popolo di Dio» in AA VV. La nuova legislazione canonica. Roma 1983, p. 146 dice: «Pertanto il legislatore ha dovuto impergnarsi a definire precisamente lo stato giuridico del fedele, specificandone i diritti e doveri secondo quanto stabilito dai principio direttivi per la revisione del Codice approvati al Sinodo dei Vescovi del 1967».

78 GIULLIANI, G. *La distinzione fra associazioni pubbliche e associazioni private*. (Roma 1986), p. 45.

nocidas y reguladas dentro de la Iglesia, incluyendo aspectos como la necesidad de estatutos claros, el proceso de reconocimiento eclesiástico, los fines y objetivos, asegurándose de que estuvieran en armonía con la doctrina y la moral católica, así como con los objetivos generales de la Iglesia en su misión evangelizadora. Se reforzaba la idea de la participación activa de los laicos en la vida y la misión de la Iglesia a través de asociaciones y movimientos eclesiales. Esto implicaba reconocer y fomentar el papel de los laicos en el apostolado y en la colaboración con los sacerdotes y religiosos. En base a estas y otras premisas el fenómeno asociativo se regulaba en la parte I del Título I, que trataba de forma genérica sobre las personas, y concretamente en relación a las asociaciones le dedicaba el capítulo III bajo el título «De Christifidelium Consociationibus», que en cuatro artículos reglaban tanto el fenómeno asociativo en general como las asociaciones públicas y las privadas. Las normas con carácter especial que afectaban a las asociaciones de fieles fueron ordenadas en la parte II, separándolas de la regulación genérica contenida en la parte I.

- Esquema de 1980. Supone una modificación sustancial de la regulación del fenómeno asociativo pues se ordenan todas las asociaciones de la Iglesia de forma conjunta, es decir, se incluyen junto a las asociaciones de laicos como las de Religiosos, Institutos de Vida Consagrada y las Sociedades de Vida Apostólica. Estaba estructurada en 33 cánones, dentro de tres secciones encuadradas en la Parte III del Libro II, y en síntesis era prácticamente idéntica a la vigente regulación.
- Esquema de 1981. La única novedad que presenta este esquema con respecto al anterior fue la posible dificultad que podría surgir al incluir las asociaciones de religiosos, los Institutos de Vida Consagrada y las Sociedades de Vida Apostólica junto al resto de sociedades. Se autorizó que la Comisión, y en particular su secretaria, estudiara en profundidad el tema y se procediera a modificar su ubicación si se considerara conveniente.
- Esquema de 1982. Presenta la novedad de que se separa la regulación de las Asociaciones de Fieles de la de los Institutos de Vida Consagrada y de las Sociedades de Vida Apostólica. La regulación del fenómeno asociativo se produce en el Libro II «De Populus Dei», Parte I del Libro II. Conformado por 32 cánones.
- El Código de 1983. Regula el fenómeno asociativo en los cánones 298 a 329, dentro del Libro II dedicado al Pueblo de Dios, Parte I, Titulo V. El capítulo primero trata sobre las normas comunes. El segundo sobre las asociaciones públicas de fieles. El tercero sobre las asociaciones privadas de fieles y, el cuarto, se refiere a las normas especiales. La estructura del Código en su conjunto es realmente una impor-

tante novedad. Todo lo relacionado con las asociaciones se incluye en el libro II relativo al pueblo de Dios lo que conlleva una novedosa consecuencia jurídica[79], pues todos los fieles, ya sean laicos, clérigos o religiosos tienen reconocido el derecho de asociación[80].

Puede parecer a primera vista, y causar cierta sorpresa, que el Código y que los codificadores no hayan establecido un concepto de asociación e incluso no se favorezca más el reconocimiento del derecho de asociación tras la preocupación que por este tema evidenció el Concilio. Sin embargo, consideramos que el legislador lo que pretendió fue realizar un enunciado de disposiciones normativas sin entrar a valorar caso a caso, ni examen particular de cada supuesto, pues esa técnica estaría lejos de un verdadero ordenamiento jurídico. El nuevo Código establece una normativa totalmente elástica a fin de no crear obstáculos innecesarios en la evolución del fenómeno asociativo[81]. Es cierto que el Código emplea siempre el término asociaciones para referirse al fenómeno asociativo, distinguiendo con claridad entre éstas y los Institutos religiosos y las Sociedades de vida consagrada. Sin embargo, esta distinción se ha demostrado ineficaz por la gran cantidad de asociaciones de fieles que utilizan nombres inadecuado o que ayudan a la confusión[82]. Sirva a modo de ejemplo gran parte de los nuevos movimientos religiosos, las comunidades emergentes, las cofradías y hermandades, las órdenes terceras, las uniones pías, etc. En consecuencia y aun repitiendo que el Código no da una definición[83] de asociación, sino que se refiere de forma genérica al derecho de los fieles de unirse en comunión y colaboración dentro de la Iglesia para el cumplimiento de su misión evangelizadora y el crecimiento en la fe, podemos llegar a ella, tomando como partida la que ofrece MARTÍNEZ SISTACH: «Una agrupación permanente de personas que se unen para conseguir unas finalidades determinadas, mediante una organización reconocida por el derecho»[84].

De dicha definición destacamos las siguientes características:

1.º Es una agrupación permanente. Es decir, unión de fieles con espíritu de estabilidad. Como bien señaló el autor antes indicado «ello no significa perpetuidad. La estabilidad surge de la naturaleza de los fines u objetivos

79 MARTINEZ, SISTACH L., *op. cit.*, p. 37.

80 PAGE, R. «La reconnaissance des associations de fideles», en *Studia canonica* n.º 19 (1985), p. 330.

81 Juan Pablo II Litt. Enc. RH, n.º 5.

82 Probablemente la regulación anterior del Código Pio- benedictino propiciara tan variado panorama.

83 GIULIANI, P, *op. cit.*, p. 24, ofrece la siguiente definición: «Legitimazione dei fedeli a costituire e dirigere, per loro libera autodeterminazione e senza necessità di intervento dell'autorità ecclesiastica, associazioni «in ecclesia» e di aderire a quelle liberamente costituite».

84 MARTINEZ SISTACH, L., *op. cit.*, p. 37.

sociales que pretende conseguir la asociación y que trasciende la misma permanencia de los miembros de aquella»[85].

2.º Está formada por personas, bien físicas o por otras asociaciones, pues el propio canon 313 permite que las asociaciones estén constituidas a su vez por otras asociaciones o que se constituyan federaciones o confederaciones[86].

3.º Presenta fines determinados. Como ya veíamos al analizar la naturaleza del fenómeno asociativo, la razón de ser de la «comunidad» es la de conseguir fines comunes que, de otra forma, es decir, individualmente serian de imposible consecución o muy difícil alcanzarlos por separado. Como igualmente indicamos en su momento los fines u objetivos en todo caso deben de ser acordes a la misión de la Iglesia[87]. A este respecto recordar nuevamente que las asociaciones de laicos son un instrumento de santidad, participan en un fin apostólico de la Iglesia, presentan como característica propia la relación fraternal con las demás formas de apostolado y, todo ello con un compromiso con la doctrina de la Iglesia, siempre al servicio de la dignidad del hombre[88].

4.º Y, además, cuenta con una organización, es decir, la existencia de un vínculo entre los miembros, a fin de cooperar para la obtención de los objetivos, que caracteriza al derecho de asociación y lo distingue del de reunión.

Por tanto, y según lo que venimos manifestando, podemos analizar ahora las características comunes a toda asociación en su relación con la jerarquía[89]:

- Respecto a la constitución de la asociación: no es un acto de la jerarquía, sino un derecho de los fieles, lo que significa que es un acto de autonomía privada o ejercicio voluntario de un derecho, con las consecuencias jurídicas que de ello dimana[90], si bien el acto se realiza en la Iglesia y dentro de la llamada comunión[91].

---

85 *Idem,* pp. 38-39.

86 «Una asociación pública e igualmente una confederación de asociaciones públicas queda constituida en persona jurídica en virtud del mismo decreto…». (c. 313).

87 Respecto a los criterios de eclesialidad véase entre otros a: Martinez Sistach, L., *op. cit*, pp. 33-34; Martín de Agar J.T, «Brevi cenni sulle fondamenta dei rapporti tra gerarchia e associazioni» in *Apollinaris* 62 (1989) 49; Gonzalez M.E., *op. cit.*, pp. 235-236.

88 Exh. Apost. Christifedeles laici, n.º 29-30.

89 López Segovia C., «La debita relatio, consecuencias jurídicas de una interpretación literal en el derecho canónico de asociación» en *Anuario de Derecho canónico* 2 [Abril 2013], pp. 129-161, 3.

90 Dombois, *op. cit.*, in Concilium 8 (1969)

91 *Decreto conciliar Unitatis redintegratio*, en el n.º 2 establece que Jesucristo quiere que por medio de los apóstoles y sus sucesores crezca su pueblo y se perfecciones la comunión de éste en la unidad. En cuanto a la interpretación de la comunión eclesial véase la nota segunda explicativa de la *Lumen gentium.*

- Gobierno de la asociación: establece el canon 304[92] que toda asociación, pública o privada debe tener sus propios estatutos en los que se determine su fin u objetivo social, su sede, el gobierno, etc. El 309 recoge que las asociaciones legítimamente establecidas tienen potestad conforme a las normas de derecho y a sus estatutos de dar normas peculiares que se refieran a la asociación, de celebrar reuniones, y de designar a los presidentes, oficiales, dependientes y a los administradores de los bienes. Por tanto, el legislador ha establecido como elemento necesario en la determinación del gobierno de la asociación la libertad de los fieles, como no podía ser de otro modo, si bien gran parte de la doctrina entiende que el origen de esta potestad de gobierno en las asociaciones se encuentra en el ejercicio natural del fiel de crear asociaciones privadas y no públicas. En las asociaciones privadas los cargos directivos son completamente libres de designar, es decir, de elegir, nombrar, remover, etc. siempre con la limitación de lo establecido en sus propios estatutos. Así se entendería la diferencia con las públicas en las que reguladas en el canon 317[93] establece que si bien la forma y tipo de nombramiento de los órganos de gobierno (presidente) es de tipo estatutario, según lo establecido en el canon 312[94], en las asociaciones públicas hay que

92 «Todas las asociaciones privadas de fieles, tanto públicas como privadas, cualquiera que sea su nombre o título, deben tener sus estatutos propios, en los que se determine el fin u objetivo social de la asociación, su sede, gobierno y las condiciones que se requieren para formar parte de ellas, y se señale también su modo de actuar, teniendo en cuenta la necesidad o conveniencia del tiempo y lugar», c. 304, 1.

93 «1.- A no ser que se disponga otra cosa en los estatutos, corresponde a la autoridad eclesiástica de la que se trata en el c. 312.1 confirmar al presidente de un a asociación pública elegido por la misma o instituir al que haya sido presentado o nombrarlo por derecho propio, pero compete a la autoridad eclesiástica nombrar al capellán o asistente eclesiástico, después d oír, cuando sea conveniente, a los oficiales mayores de la asociación.
2.-...
3. En las asociaciones que no sean clericales, los laicos pueden desempeñar la función de presidente y no debe encomendarse esta función al capellán o asistente eclesiástico, a no ser que los estatutos determinen otra cosa.
4.- En las asociaciones públicas de fieles que se ordenan directamente al ejercicio del apostolado, no deben ser presidentes los que desempeñan cargos de dirección en partidos políticos». C. 317.

94 «1.- Es autoridad competente para erigir asociaciones públicas: 1.° La Santa sede, para las asociaciones universales e internacionales. 2.° La conferencia Episcopal, dentro de su territorio, para las asociaciones nacionales, es decir, que por la misma erección miran a ejercer su actividad en toda la nación. 3.° El obispo diocesano, dentro de su propio territorio, pero no el administrador diocesano, para las asociaciones diocesanas, se exceptúan, sin embargo, aquellas asociaciones cuyo derecho de erección está reservado, por privilegio apostólico a otras personas.
2.- Para la erección válida de una asociación o de una sección de la misma en una diócesis, se requiere el consentimiento del obispo diocesano, dado por escrito aún en el caso de que esa erección se haga por privilegio apostólico, sin embargo, el consentimiento

procurar que la autoridad eclesial competente participe de alguna forma en el nombramiento de los cargos.

- Derecho a la elección del nombre de la asociación. Si venimos manteniendo que el fiel puede ejercitar su derecho reconocido para crear asociaciones, lógicamente más aún para dotarlas de un nombre. El señalado c. 304 establece que serán los miembros de la asociación los que elijan el nombre de la misma, si bien añade que en dicha elección se deberán tener en cuenta los usos y costumbres del lugar y la mentalidad del tiempo en el que se constituya. Otro de los requisitos/ recomendación exigida es que el nombre ayude a identificar el fin que se persigue. Por último, se prohíbe expresamente que las asociaciones se denominen católicas sin consentimiento y autorización expresa de la autoridad eclesiástica[95].
- Estatutos[96]. Si bien existe la libertad de la que hablamos, la intervención de la autoridad eclesiástica competente se requiere en la práctica totalidad de los casos, aunque de muy diferente manera. En algunas ocasiones esa intervención será necesaria para la constitución y erección (c. 312). En otras, la mayoría de las asociaciones privadas, solo por conocimiento de los indicados estatutos (c. 321) o para alcanzar la personalidad jurídica correspondiente (c. 322) si bien la aprobación de los estatutos por parte de la autoridad eclesiástica no modifica la naturaleza privada de la asociación. Según lo dispuesto en el c. 94[97]

---

escrito del obispo diocesano para erigir una casa de un instituto religioso vale también para erigir, en la misma casa o en la Iglesia aneja una asociación que sea propia de este instituto». C. 312.

95 «Ninguna asociación puede llamarse «católica» sin el consentimiento de la autoridad competente conforme a la norma del c. 312» c. 300.

96 «1.- Estatutos, en sentido propio, son las normas que se establecen a tenor del derecho en las corporaciones o en las fundaciones, por las que se determinan su fin, constitución, régimen y forma de actuar.
2.- Los estatutos de una corporación obligan solo a las personas que son miembros legítimos de ellas, los estatutos de una fundación a las personas que cuidan de su gobierno.
3.- Las prescripciones de los estatutos que han sido establecidas y promulgadas en virtud de la potestad legislativa se rigen por las normas de los cánones acerca de las leyes». c. 94.

97 Benlloch, A, *Código de Derecho Canónico*: Ed. bilingüe, fuentes y comentarios de todos los cánones (Valencia 1993) al comentar el c. 94 dice: «El canon nos da el sentido jurídico del estatuto. Sintetizando su contenido podemos expresarlo en los siguientes apartados: 1.º) Naturaleza: es el cuerpo la estructura, la morfología legal. 2.ª) Sujeto pasivo; una corporación, asociación, gremio, sociedad, institución y también una fundación, de una fundación pía, de una universitas renum sean personas jurídicas o no. 3.º) Conditio sine qua non para su validez: la legalidad, fidelidad, rectitud, exactitud con la Ley superior bien porque está en conformidad con la Ley subordinante o bien, aunque no lo esté tiene la aprobación del legislativo competente. 4.º) En la hipótesis anterior se aplicará, en su régimen, el principio del genus ab specie derogatur y la Ley superior intervendrá como supletoria y complementaria en los casos de ausencia de norma especificas estatutarias., 5.º)

los estatutos contienen las normas internas que rigen la vida de la asociación. Ahora bien, ¿es posible qué en los estatutos en virtud de la libertad del asociado, de la que tanto hemos hablado, se contengan disposiciones contrarias al derecho de la Iglesia? La respuesta, evidentemente, no puede ser otra que negativa, precisamente en base a la llamada «comunio» que debe existir e informar la actuación de los fieles. ¿Existe un contenido mínimo que deben recoger los estatutos de las asociaciones? Es evidente que sí, pues la simple lectura del c. 94, complementado con el c. 304, señalan los siguientes: naturaleza jurídica, nombre y otras circunstancias; fin u objetivo social: constitución; sede; régimen de gobierno; forma de actuar (ante los miembros, ante la autoridad, en supuestos de disolución o modificación de estatutos, etc.).

De este contenido mínimo nos ocuparemos de forma más pormenorizada al analizar de manera independiente las asociaciones privadas y públicas en los capítulos venideros.

Contenidos, Se determinarán en el mismo a) el fin o fines fundamentales de la misma b) su constitución, naturaleza c) régimen. Estructura de régimen, d) forma y modo de actuación en las diversas partes de su constitución y en las diversas partes de régimen, 6.°) Sujeto pasivo. Constituyen solo los miembros activos (de régimen) y pasivos (regidos) de la asociación y corporación cada uno con los derechos y obligaciones que le corresponde por estatuto. 7.°) Naturaleza legislativa o administrativa...».

CAPÍTULO II

LAS ASOCIACIONES PRIVADAS

1.- Regulación[98]

La Asociaciones privadas de fieles son reguladas específicamente en el vigente Código de Derecho Canónico de 1983 en los cánones 321 a 326, si bien con las prescripciones establecidas en el capítulo I del título V, relativa a las normas comunes a las asociaciones de fieles y en el capítulo IV sobre las normas especiales.

Partiendo de la definición de asociación a la que aludíamos en páginas anteriores, podemos decir que una asociación privada es un conjunto de personas que se unen libremente a través de un acuerdo privado con el fin de conseguir unos determinados fines. Especifica el c. 299 que esos fines han de ser eclesiales o cuanto menos consecuentes con el fin de la Iglesia, pero bien entendido que esto no significa que surjan a iniciativa o de la iniciativa de la jerarquía. Queremos llamar la atención, en primer lugar, sobre el uso del término asociación privada, pues han existido y todavía existen autores que no sin razón consideran inadecuado la terminología utilizada, ya que estiman que una verdadera asociación privada sería contraria a la propia naturaleza de la Iglesia[99]. Mas, nosotros creemos que en realidad se trata de

---

98 Debemos señalar que existe una clasificación de las asociaciones en función a tres criterios: 1.°. su erección, distinguiendo entre privadas y públicas (c. 299 y 301); 2.° - en relación a sus miembros, distinguiendo entre clericales, laicales o mixtas (c. 298) y 3.°.- en función al ámbito de su actividad que realizan, siendo universales, nacionales o diocesanas (c. 312). Nosotros nos centramos en la primera distinción, esto es entre públicas y privadas.

99 Felliciani, G. *La associazioni dei fedeli nella normativa canonica*, p. 683, quien manifiesta que el problema más relevante en la distinción entre asociación pública y privada es que la nueva regulación «relega la maggior parte delle associazioni nella sfera privata, favo-

una cuestión más de forma (lo inadecuado probablemente de la utilización de los términos público y privado) que de fondo[100], por cuanto es evidente que existe tratamiento jurídico distinto en función de uno u otro tipo de asociación[101], y además como señala Martínez Sistach[102] «al incluir explícitamente las asociaciones privadas de fieles en el ordenamiento canónico, el Código ha sido coherente con lo propugnado por el decreto conciliar Apostolicam Actuositatem respecto de esta naturaleza de asociaciones».

Dicho lo anterior y antes de entrar en las características específicas de las asociaciones de fieles sí nos gustaría analizar someramente alguna de las notas que le son propias.

1.ª La asociación privada está constituida por un acuerdo privado entre los fieles, es decir, el acto constitutivo es la libre iniciativa y vinculación de todos sus miembros[103]. Es más, la asociación existe desde el mismo momento en que es creada por los fieles y no necesita de acto alguno de la jerarquía para su existencia, si bien para su reconocimiento como eclesial deberá pasar un mínimo control del que ya nos ocuparemos posteriormente.

2.ª La asociación privada posee un grado de autonomía importante, pues determina sus propios estatutos, elige libremente sus órganos de gobiernos, administra con independencia y autonomía sus bienes y solo puede ser suprimidas por causas gravísimas. Respecto a su

recendo una mentalita ecclesiale distinta che pretende di declassare all'ambito privado il sacerdocio comune dei fedeli, senza rediersi conto un'associazione veramente privata sarebbe contraria alla naturadella Chiesa a alla sua pozicione nei riguardi della Chiesa».

100 Manzanares, J., *op. cit.*, p. 115: «No aplicamos a nuestro caso (ordenamiento) las correlativas categorías del derecho civil al hablar de público y privado, como si las asociaciones privadas correspondieran a meros intereses privados y las públicas a intereses de la comunidad. Se trata de una distinción ya problemática en el campo del derecho civil y que, en derecho canónico, hay que relativizar, puesto que en parte estamos más allá de las categorías de derecho público y derecho privado, porque aquí todo es púbico si se quiere, en cuanto que todo es implantación de la societas chrisrtiana y, consiguientemente todo esta dominado por la utilitas Ecclesiae».

101 Fuentes, J., *comentario al canon 321*, AAVV, Comentario exegético..., *op. cit.*, p. 507.

102 Martinez Sistach, L., *op. cit.*, p. 101

103 Las discusiones en el seno de la comisión redactora del Código fueron importantes, pues por algunos se solicitó la vuelta a la regulación del Código del 17. Se planteo la discusión de la siguiente manera: «nulla in iure ecclesiastico recognoscitur consotiatio, quae a competenti ecclesiastica autoritate non fuerit erecta vel salten aprobata», es decir, la erección y aprobación formaban parte del acto constitutivo con lo que las asociaciones privadas ya no estaría fundadas únicamente por la voluntad de los fieles. La Comisión respondió «est quidem ius naturale nullum requirens actum ex parte auctoritatis», es decir que el derecho de asociación es un derecho natural y no se requiere un acto de la autoridad para crear una asociación.

relación con la jerarquía no está sometida a la misma, sino que se basará la relación en los principios del repetido canon 321[104].

3.ª Las asociaciones privadas de fieles, aunque no reciban la misión canónica, forman parte de la Iglesia y de ahí la exigencia de que, si bien no sea necesaria la autorización de la jerarquía para su existencia, si es cuando menos necesario su conocimiento e incluso la realización de la labor de vigilancia que impone el canon 323[105]. La autoridad eclesiástica realiza una revisión de los estatutos concediendo el «reconocimiento eclesial»[106] es decir, una especie de idoneidad, pero que en ningún caso supone la pérdida de la calificación de privada[107].

En definitiva, las asociaciones privadas son creadas por fieles mediante un acuerdo voluntario, sin necesidad de aprobación jerárquica para existir, pero requieren cierto control para ser reconocidas oficialmente por la iglesia. Tienen autonomía para establecer sus reglas, elegir líderes y administrar sus bienes, y solo pueden ser disueltas en casos graves; y aunque no tienen una misión canónica, forman parte de la Iglesia, y la autoridad eclesiástica puede revisar sus estatutos y otorgar un reconocimiento oficial, sin perder su condición de privadas.

2.- Elementos específicos de las asociaciones privadas de fieles

Para iniciar el análisis de las características propias de las asociaciones de fieles tomamos como punto de partida el repetido canon 299 que establece que los fieles pueden fundar asociaciones con fines «eclesiales», es decir, los previstos en el canon 298, que recoge y establece la importancia y el propósito de las asociaciones de fieles en la Iglesia Católica[108]. En particular, resalta la capacidad de los fieles para asociarse entre sí con el fin de

104 «Los fieles dirigen y administran las asociaciones privadas, de acuerdo con las prescripciones de sus estatutos».

105 «Aunque las asociaciones privadas de fieles tengan autonomía conforme a la norma del c. 321, están sometidas a la vigilancia de la autoridad eclesiástica según el c. 305 y asimismo al régimen de dicha autoridad».

106 S. Congregazione del Concilio, Corrientes 13 nov 1920 n. II, 3; Ochoa X, *Leges Ecclesiae*, I, n.° 139, col. 336.

107 Communicationes, a 1983 p. 83 can 674.

108 El análisis de las características inherentes a las asociaciones de fieles en la Iglesia Católica parte del canon 299, el cual establece un marco fundamental para comprender su naturaleza y propósito. Según este canon, los fieles tienen la facultad de establecer asociaciones con fines «eclesiales», es decir, aquellos contemplados en el canon 298. Este último canon es crucial ya que delinea la importancia y el propósito de las asociaciones de fieles dentro de la Iglesia Católica.

promover objetivos espirituales, caritativos, culturales o sociales de acuerdo con las leyes de la Iglesia. Reconoce que las asociaciones de fieles son una expresión vital de la participación activa de los laicos en la vida y la misión de la Iglesia, permitiéndoles colaborar de manera efectiva en la obra evangelizadora y en la construcción del Reino de Dios en el mundo. Además, el canon subraya la importancia de que estas asociaciones operen de acuerdo con los principios de la fe católica y bajo la supervisión de la jerarquía eclesiástica competente, si bien estas asociaciones continuarán siendo privadas, aunque hayan sido alabadas o recomendadas por la Iglesia; en otras palabras, el canon reconoce que mantienen su autonomía en términos de organización y funcionamiento interno, incluso si la Iglesia las elogia o recomienda, es decir, aunque las asociaciones de fieles estén en sintonía con la enseñanza de la Iglesia y estén sujetas a su supervisión, conservan su carácter privado y no se convierten en instituciones públicas. Esta distinción es importante porque permite que estas asociaciones de fieles mantengan su flexibilidad y capacidad de adaptación a las necesidades específicas de su apostolado, al tiempo que aseguran su alineación con la enseñanza y la autoridad de la Iglesia. Así, aunque son reconocidas y respaldadas por ella, siguen siendo entidades independientes con sus propias estructuras y objetivos, siempre que estos estén en armonía con la fe y sean supervisados por la autoridad eclesiástica correspondiente.

En relación a los fines, según dispone el canon 304, deben fijarse en los estatutos de la asociación junto con el resto de condiciones que rijan la vida futura de la misma. Por tanto, el primer elemento en que detenernos serán los estatutos de las asociaciones privadas.

2.1.- Estatutos

Según lo dispuesto en el canon 94 los estatutos contienen las normas internas que rigen la vida de la asociación:

> «1.- Estatutos, en sentido propio, son las normas que se establecen a tenor del derecho en las corporaciones o en las fundaciones, por las que se determinan su fin, constitución, régimen y forma de actuar.
>
> 2.- Los estatutos de una corporación obligan solo a las personas que son miembros legítimos de ellas, los estatutos de una fundación a las personas que cuidan de su gobierno.
>
> 3.- Las prescripciones de los estatutos que han sido establecidas y promulgadas en virtud de la potestad legislativa se rigen por las normas de los cánones acerca de las leyes».

Quisiéramos llamar la atención de que por primera vez en el vigente C.I.C. se trata de forma específica, al contrario de lo que se regulaba en el Código anterior de 1917, de la materia estatutaria. Decía Cabreros de Anta que «entre los caracteres que enaltecen al Código de Derecho canónico (de 1917) y lo distinguen de los Códigos civiles modernos, uno de los más relevantes es su amplitud, dignidad y sabiduría de las Normas generales que en el libro I se contienen (...) Trátase, con extensión no acostumbrada en otros Códigos, de todas las principales formas que puede revestir la norma jurídica (...) Sólo hallamos en esta variedad de normas jurídicas un vacío, que es la ausencia total de cánones reguladores de la materia estatutaria» Según llama la atención el señalado autor en ningún canon del Código anterior se fija norma alguna relativa a los estatutos que pueda considerarse como auténtica reglamentación de los mismos[109]. Por ello y, aunque el objetivo del presente estudio no es el análisis de la regulación de los estatutos en el derecho canónico, si consideramos de interés y utilidad acercarnos a una noción de dicho concepto a partir de su evolución.

Según se recoge en el *Dictionnaire de Droit Canonique* se define como norma estatutaria «la regulación para hacer cumplir una determinada disciplina o forma de vivir y comportarse, en determinadas empresas, organismos o comunidades»[110]. Explica el citado profesor Cabreros que el término estatuto tiene su origen en el derecho romano, concretamente en la utilización de la palabra latina *statuere*, es decir, toda manifestación de voluntad imperativa ordenada al gobierno de la actividad social, lo que significaba que el originario derecho canónico utilizaba, dentro del concepto estatuto, tanto a leyes como cánones, sin distinción entre ellos y sin tampoco establecer diferencia alguna entre generales o particulares u otras formas o peculiaridades[111]. Parece desprenderse de lo dicho que el termino estatuto era utilizado en un primer momento como el equivalente a lo que hoy conocemos como Constitución o estatuto marco.

En una segunda acepción el citado profesor analizando la evolución histórica del significado de estatutos considera que este término pasa a referirse a normas particulares y, esa concepción de ley particular es la que se desprende (aunque no de forma exclusiva) del contenido del canon 22 del CIC del 17. «El estatuto expresa una correlación inversa respecto al derecho común (...) aquello que sale del derecho común».

109 Cabreros de Anta, M, «Los estatutos en el Código de Derecho Canónico» en *Revista española de Derecho canónico,* vol. III 1951, pp. 615-641.

110 Dictionnaire Droit de Canonique et des sciences en connexion ou avec le droit canon Le Dictionnaire de Mgr André et de l'Abbé Condis revu, corrigé, considérablement augmenté et actualisé par le chanoine J. Wagne, Paris, Hippolyte Walzer, libraire-éditeur 7, rue de mézières, 7 1901.

111 Suarez, De legibus lib V, cap. I n. 7, conimbricae 1612 no admite diferencia real entre ley y estatuto.

Por último, según CABREROS el derecho moderno ha dotado y concretado al término de un carácter específico diferenciándolo de otros. Así establece como nota característica y diferenciadora de un estatuto que sus disposiciones integran un cuerpo legal suficientemente amplio y organizado, a fin de que puedan regular toda la vida interna o externa de una entidad colectiva o, cuanto menos, alguna de sus funciones principales[112].

Pues bien, partiendo de estas notas características o definición primaria, podemos afirmar que los estatutos definen la estructura organizativa, el propósito, las responsabilidades y los procedimientos de la sociedad y sirven para dar la estabilidad necesaria a la asociación pues trascienden a los propios socios ya que son documentos que establecen las reglas y regulaciones fundamentales. Y como tales normas a veces es necesario entregarlos a la autoridad eclesial para obtener el reconocimiento, lo que garantiza que los estatutos estén en consonancia con las leyes y normativas de la Iglesia y que sean adecuados para el propósito y la función de la sociedad. Dicho reconocimiento puede tener varias formas y consecuencias[113]. Así es posible que solo se obtenga un certificado de revisión, o bien una alabanza o recomendación, o incluso, un decreto formal de aprobación. La distinción entre estatuto confirmado y no confirmado tiene influencia tanto en la estabilidad ya anunciada de la asociación como en los trámites para su futura revocación, modificación, etc. También es necesario recordar que la aprobación forma parte de los requisitos exigidos para que una asociación adquiera personalidad jurídica.

Otra importante consecuencia que deriva de la aprobación de los estatutos por la autoridad es que a partir de ese momento tienen fuerza no solo para los asociados sino para la propia jerarquía e incluso para el resto de asociaciones.

112 «De la noción que de los estatutos acabamos de dibujar dedúcese su origen, que es múltiple. Los estatutos pueden nacer de una concesión o imposición directa del superior; por convenio o acuerdo de los miembros del organismo que ha de regirse por lo estatutos; por legítima costumbre; por prescripción y por posesión (...). Por la relación que guardan con el derecho común los estatutos pueden ser iuxta, praeter o contra iuris» Cabreros de Anta M, *op. cit* p. 619.

113 Entre otros cfr. MANZANARES, J. «Las asociaciones privadas de fieles. Su regulación jurídica» en AA.VV. *Asociaciones canónicas de fieles*, Salamanca 1987, pp. 121-122; Cfr. Correco E, *Aspetti della ricezione del Vaticano II nel Codice di diritto canonico*, en Albergo G.- Jossua J.P. (eds) Il Vaticano e la Chiesa, Brescia 1985, p. 361; Cfr. Dalla Torre G., *Considerazioni preliminari sui laici in Diritto canonico*, Módena 1983, pp. 117-118; Cfr. Schulz W., *op. cit*, p. 123.

2.1.1. El reconocimiento o la aprobación de los estatutos por parte de la autoridad eclesial

a) La primera cuestión que nos surge es intentar responder a la pregunta de qué se entiende por reconocimiento de la autoridad.

De cuanto venimos manifestando es evidente que el reconocimiento no debe entenderse como aprobación, pero las cosas no son tan sencillas. El Código, al respecto, distingue claramente entre los términos «recognoscantur» y «probata» utilizando el primero para las asociaciones privadas sin personalidad jurídica y el segundo para las que adquieren personalidad jurídica[114].

El término «recognoscantur» significa el conocimiento o reconocimiento de una asociación que se tiene porque han sido presentados ante la autoridad copia de los estatutos para que esta manifieste su conocimiento y conformidad. Como decíamos antes no significa una aprobación sino un conocimiento de los mismos comprobando que no van contra la moral, doctrina y costumbres de la Iglesia, es decir, que existe comunión.

Concreta MARTÍNEZ SISTACH[115] que para el reconocimiento de los estatutos por parte de la autoridad eclesiástica.

> «se han de tener presente el conjunto de los siguientes criterios:
> 1.° La doctrina de la Iglesia y la integridad de las costumbres

---

114 Cfr. MARTÍNEZ SISTACH, L., *op. cit.*, p. 106: «Para interpretar debidamente el significado jurídico de aquella intervención jurídico conviene conocer la mente del legislador. En el esquema novissimum no figuraba el apartado tercero del c. 299 promulgado. Según aquel esquema para que una asociación pudiera ser considerada como privada, no se exigía ninguna intervención de la autoridad eclesiástica respecto de sus estatutos. Pero los miembros de la comisión para la reforma del Código propusieron enmiendas. Dos de ellas se refieren a nuestra cuestión. Una enmienda pedía añadir al esquema un nuevo canon con este contenido * No se reconoce en el derecho eclesiástico ninguna asociación que no sea erigida o al menos aprobada por la autoridad eclesiástica competente*. La razón que se aducía era que de lo contrario la autoridad eclesiástica no podía ejercer la vigilancia respecto de dicha asociación y, en su caso disolverla. Se proponía pues que al menos la asociación fuera aprobada por la autoridad. Y la secretaria de la comisión admitió la enmienda, afirmando que se recogía en la respuesta que daba a la otra enmienda presentada y relativa al c. 674, en que se acordó redactar el nuevo párrafo que coincide con el tercero del c. 299 promulgado. No obstante, la enmienda fue aceptada solo en parte, porque en el texto del nuevo párrafo incorporado al esquema no se emplea el termino approbantur, sino el de recognoscantur Esta actitud de la secretaria de la comisión es coherente con la doctrina conciliar acerca del derecho de asociación de los fieles. Porque la enmienda antes trascrita coincidía con la regulación que establecía el código de 1917 respecto de las asociaciones eclesiales. Basta recordar que el c. 686, 1.° de aquel Código reconocía en el Iglesia solo las asociaciones erigidas o aprobadas por la autoridad eclesiástica».

115 *Idem,* p. 108.

2.º Las prescripciones del derecho común y particular vigente

3.º La utilidad, evitando también la dispersión de fuerzas en el sentido que para unos mismos fines y en un mismo lugar se multipliquen las asociaciones

4.º La necesaria o conveniente manera de actuar de la asociación según el lugar y el tiempo

5.º El bien común de la Iglesia».

Por otra parte, el término «probata» alude a la aprobación necesaria por parte de la autoridad eclesiástica que se exige para las asociaciones públicas y las privadas con personalidad jurídica. Incidiremos en el tema al hablar de la personalidad jurídica de las asociaciones privadas.

La Conferencia Episcopal Española[116] ha venido igualmente a aclarar la distinción entre los términos en el sentido indicado, ya que la aprobación, según se dice, supone un respaldo superior de la autoridad eclesiástica, que es diferente al mero reconocimiento. En resumen, debemos concluir indicando que la Iglesia no inscribirá en sus registros ninguna asociación si sus estatutos no han sido revisados y, en consecuencia, la inscripción (evidentemente la canónica, no la civil) se hará depender del reconocimiento o de la aprobación de la autoridad eclesial, según los casos, con independencia de la existencia de otras formas de asociacionismo privado que no se ajustan a las establecidas en el Código de 1983 y de las que nos ocuparemos más adelante. Sirva a modo de ejemplo las siguientes fases en la forma de proceder ante la autoridad eclesial:

1.º Solicitud de reconocimiento o aprobación. En este paso inicial, la asociación presenta formalmente ante la autoridad eclesiástica los documentos que detallan su estructura organizativa, propósito, objetivos y normas de funcionamiento. Es esencial que la solicitud incluya una copia completa y clara de los estatutos, así como cualquier otra documentación requerida por la autoridad competente. La carta de presentación adjunta a la solicitud puede proporcionar información adicional sobre la historia, el contexto y la identidad espiritual de la asociación. Esto puede ayudar a la autoridad eclesiástica a comprender mejor la naturaleza y los objetivos de la asociación.

2.º Evaluación por parte de la Autoridad Eclesiástica. Durante la evaluación, la autoridad eclesiástica revisa minuciosamente los estatutos presentados para verificar su conformidad con la enseñanza y la doctrina de la Iglesia Católica. Esto implica examinar cada disposición de los estatutos para garantizar que estén en armonía con la fe y la moral. Además, se evalúa si los objetivos y actividades propuestas por la asociación están en línea con la misión evangelizadora y pastoral de la Iglesia. Se presta atención especial a cualquier aspecto que pueda tener implicaciones doctrinales, morales o legales.

116 CEE instrucción n.º 24.

3.° Diálogo y ajustes. Si durante la evaluación surgen preocupaciones o áreas de discrepancia, se inicia un proceso de diálogo entre la asociación y la autoridad eclesiástica para discutir y resolver los problemas identificados. Durante este proceso, la asociación puede ser invitada a realizar ajustes o modificaciones en los estatutos para abordar las preocupaciones planteadas por la autoridad eclesiástica. El objetivo es alcanzar una versión final de los estatutos que refleje plenamente los principios y valores de la fe católica.

4.° Reconocimiento final. Una vez que en su caso se han realizado los ajustes necesarios y se ha llegado a un acuerdo entre la asociación y la autoridad eclesiástica, o directamente se consideraron adecuados, los estatutos son oficialmente reconocidos. Esto puede implicar la emisión de un decreto o documento oficial por parte de la autoridad competente que certifique el reconocimiento/aprobación de los estatutos de la asociación, que confirma la legitimidad canónica de la misma y su capacidad para operar dentro de la Iglesia Católica de acuerdo con los principios y normas establecidos por la autoridad eclesiástica, incluso las asociaciones pueden ser alabadas o recomendadas por la propia jerarquía eclesial. Detengámonos un instante en esta posibilidad.

b) Las asociaciones privadas alabadas o recomendadas[117].

Esta calificación, consideramos que no es propiamente jurídica, sino que se refiere a que las asociaciones así calificadas adquieren un mayor grado de compromiso con la misión, lo que hace justificar la alabanza por parte de la autoridad. El Decr. Apostolican actuositatem[118] así lo recoge: «Hay que apreciar debidamente todas las asociaciones del apostolado, pero aquellas que la jerarquía ha alabado, recomendado o declarado (...) han de apreciarlas sobremanera los sacerdotes, religiosos y los laicos, y han de promoverlas cada cual en su modo».

c) Aprobación o recomendación de los Estatutos en función de su ámbito territorial

Por último, hemos hablado de la aprobación o recomendación de los estatutos, pero ¿quién debe aprobar o revisar los estatutos de la asociación para su erección en función de su ámbito territorial? La respuesta se encuentra en lo dispuesto en el c. 312 que establece que será competente:

- Para las asociaciones universales o internacionales, la Santa Sede
- Para las asociaciones nacionales, es decir las que por la misma erección miran a ejercer en todo el territorio nacional, la Conferencia Episcopal correspondiente.

117 «...Las asociaciones se llaman privadas, aunque hayan sido alabadas o recomendadas por la autoridad eclesiástica» c. 299, 2.°

118 Dec. Apostolican actuositatem n.° 21.

- Para las asociaciones diocesanas, el Obispo diocesano. Se exceptúan las asociaciones cuyo derecho de erección está reservado por privilegio apostólico a otras personas.

Además de lo dicho, cuando una asociación sea propia de un instituto religioso la autorización para erigir la casa del instituto aprovecha a la asociación, es decir, el consentimiento escrito del Obispo Diocesano para erigir una casa de un instituto religioso vale también para erigir en la misma casa o dependencias anejas a una asociación propia de ese instituto.

2.1.2. Modificación de estatutos

Es evidente que en virtud del principio de autonomía que se concede a los fieles y de las necesidades que se van produciendo en la vida de una asociación ésta puede, y en la mayoría de los casos se produce, modificar sus estatutos para adaptarlos a nuevas realidades.

Si como hemos visto se ha exigido bien una aprobación o un simple reconocimiento de los estatutos por parte de la autoridad según se tratase de asociación privada con o sin personalidad, es evidente que esos mismos requisitos se exigirán para la modificación de los mismos. Es decir, la asociación privada sin personalidad tendrá que enviar la modificación a la autoridad para su reconocimiento, mientras que si tiene adquirida personalidad jurídica necesitará la aprobación por parte de la jerarquía.

¿Quién es el competente para reconocer o aprobar estas modificaciones? Como venimos indicando en el Derecho Canónico, el competente para reconocer y aprobar las modificaciones de los estatutos puede variar según la naturaleza y la estructura de la asociación en cuestión.

La respuesta a la pregunta parece ser simple, pues se aplica los establecido en el citado c. 312, es decir: para las asociaciones universales o internacionales, la Santa Sede, para las asociaciones nacionales la Conferencia Episcopal correspondiente y para las asociaciones diocesanas, el Obispo diocesano, exceptuando como se ha dicho, las asociaciones cuyo derecho de erección está reservado por privilegio apostólico a otras personas. Será lo habitual éste último caso ya que el obispo diocesano tiene jurisdicción sobre las asociaciones privadas de fieles dentro de su diócesis, salvo que específicamente se reserve a otra autoridad. Por lo tanto, cualquier cambio en los estatutos, que definen la estructura y el funcionamiento de la asociación, debe ser aprobado por él para asegurar que estén en conformidad con el Derecho Canónico y no contradigan la doctrina o la moral católica.

En definitiva, las modificaciones de los estatutos de una asociación deben ser aprobadas por la autoridad competente, a saber, obispo diocesano, Conferencia Episcopal o Santa Sede.

Resuelto lo anterior debemos de volver a una pregunta que ya formulábamos páginas atrás y que trata sobre si existe un contenido mínimo que deben de cumplir todas las asociaciones y recoger sus estatutos. Respondíamos que sí, pues la simple lectura del c. 94 complementado con el 304, establece elementos mínimos que suelen estar presentes en los estatutos de las asociaciones privadas de fieles, si bien la relación no es exhaustiva, cerrada ni excluyente:

- Nombre y naturaleza de la asociación, ya que debe quedar claramente establecido el nombre de la asociación y su naturaleza como una entidad privada de fieles dentro de la Iglesia Católica.
- Fines y objetivos, pues los estatutos deben definir los propósitos y objetivos de la asociación, es decir, lo que busca lograr y las actividades que llevará a cabo para alcanzar esos objetivos.
- Deben especificarse los requisitos y procedimientos para ser miembro de la asociación, así como los derechos y responsabilidades de los miembros.
- Gobierno y estructura, incluyendo cómo se eligen los líderes o representantes, cómo se toman las decisiones y cómo se administran los recursos.
- Normas relativas a la relación con la autoridad eclesiástica incluyendo disposiciones que aseguren que las actividades y decisiones de la asociación estén en conformidad con la doctrina y la moral.
- Se deben establecer los procedimientos para la disolución y liquidación de la asociación en caso de que sea necesario.

2.2.- Naturaleza jurídica

Es necesario advertir en relación a la problemática público-privado y, concretamente al significado de ambos términos, que a su definición obedece la regulación por el Código de algunos Institutos; y, además, las dos categorías deben ser entendidas como una relación transversal, en el sentido de que en toda la regulación canónica están presente lo público y lo privado. Es decir, en derecho canónico el término privado no se opone a eclesial, sino que indica solamente la función diferente de los fieles respecto a la jerarquía[119].

Así las cosas, podemos entender cuando nos referimos a lo público que nos referimos a la necesaria misión participativa de la jerarquía eclesiástica, mientras que la participación de cada fiel en forma individual y asociada viene considerada como privada[120].

119 Bonnet, P.A, «La didtinzione tra pubblico e privatoin ámbito associazionistico e il problema della riqualificazione delle associazione constituite anteriormente al códice del 1983». *Periodica* 92 (2003), p. 577.

120 Maternini, M.F. «Le associazioni ecclesiasli tra pubblico e privato», in *Le associazioni della Chiesa.* Atti del XXIX Congreso Nazionale di Diritto Canonico. Trieste 1998. Ed. Editrice Vaticana, Cittá del Vaticano, 1999, pp. 57-58.

Por otro lado, es evidente que todos los estatutos de una asociación lo primero que deben hacer es determinar la naturaleza jurídica de dicha asociación. Es determinante la opción que se acoja, ya que si hablamos de una asociación pública de fieles, como hemos señalado con anterioridad, implica una relación más estrecha con la autoridad eclesiástica y una mayor supervisión por parte de ella, pues tiene deberes específicos hacia la Iglesia y debe operar de acuerdo con sus enseñanzas y directrices, por lo que su estatus público conllevará una mayor visibilidad y responsabilidad; mientras que si nos referimos a las asociaciones privadas su naturaleza jurídica se caracteriza por su autonomía relativa y una capacidad de acción independiente, distinguiendo además en este mismo supuesto si goza de personalidad jurídica o no, pues será determinante la opción que se elija, ya que dependiendo de ella se exigirá bien el simple reconocimiento de los estatutos por parte de la autoridad canónica (asociación privada sin personalidad jurídica) o la aprobación de los mismos por la autoridad (asociación privada con personalidad). Como decíamos hace unas líneas la aprobación forma parte del proceso de formación de una asociación privada jurídica pasando de privada a pública o reconociéndosele personalidad.

Según lo dicho resulta evidente que el ordenamiento canónico exige para la constitución de la asociación la expresión en los estatutos de la determinación jurídica de la asociación que se crea. Pero también exige el cumplimiento de un nuevo requisito para ser reconocida, que no es otro como ya hemos señalado, que la revisión o aprobación, según el caso, de dichos estatutos. Por tanto, podríamos pensar que el ordenamiento canónico no reconoce, en principio, ninguna asociación privada si sus estatutos no han sido revisados previamente por la autoridad canónica, sin que esto suponga que la autoridad sea la fuente de los mismos, que seguirá siendo siempre la autonomía o voluntad privada de los asociados.

Sin embargo, es posible la existencia de otras formas de asociacionismo privado[121] que no se ajustan a las establecidas en el Código de 1983[122]. Son, entre otras, las asociaciones a las que le falta la revisión de sus estatutos o las que carecen de los requisitos «mínimos que todo estatuto debe recoger» tal y como hemos mencionado (organización, estructura, fines, etc.)[123]. Estas asociaciones, qué si bien propiamente no son admitidas como tales en la Iglesia, sin embargo, si se encuentran sujetas al régimen y vigilancia de la

121 Ya en el Código de 1917 los comentaristas admitían asociaciones que no se configuraban con la tipificación de los cánones. ALONSO LOBO, A., *Comentarios al Código de Derecho Canónico*, Madrid 1963, t.2, pp. 13-15.

122 No cabe duda de la legítima existencia de estas asociaciones consecuencia del canon 215.

123 Conferencia Episcopal Italiana (CEI), *Istruzione in materia administrativa de 1 de Abril de 1992*, n.° 110, en Notiziario delle CEI, 1992; Conferencia Episcopal francesa «Les associations canoniques nationales. Refléxions doctrinales», n.° 4 en *Bulletin Officiel de la Conférence de Evêques de France* 11 de febrero de 1992 p. 546.

Iglesia como si se tratasen de «fieles individualmente considerados»[124]. En consecuencia, como afirma Navarro:

> «la asociación ya existente goza de un derecho de reconocimiento[125] y la autoridad tiene el deber de reconocerla[126]. Esta agnitio de la asociación no consiste en otra cosa sino en certificar su eclesialidad. A tal fin el CIC ha dispuesto que se lleve a cabo la recognitio statutorum[127], acto en el que se controlan si los estatutos se ajustan a lo establecido en derecho[128] y si en ellos hay algo contrario a la fe, a la costumbre y a la disciplina eclesiástica[129]; se verifica si los fines propuestos son lícitos y están comprendidos en el marco fijado en el c. 298, 1.° y se determina si los medios previstos son, en principio, adecuados para los fines y actividades sociales[130]. Este acto de autoridad es una concreción del deber de la jerarquía para vigilar en el ejercicio de la autonomía que el ordenamiento reconoce a los entes, se desarrollen al bien común de la Iglesia»[131].

Por otro lado, decíamos con anterioridad que el c. 312 establece quien debe aprobar o revisar los estatutos de la asociación para su erección en función de su ámbito territorial, esto es para las asociaciones universales o internacionales, es competente la Santa Sede; para las asociaciones nacionales, es decir las que por la misma erección miran a ejercer en todo el territorio nacional, la Conferencia Episcopal correspondiente; y para las asociaciones diocesanas, el Obispo diocesano. Se exceptúan las asociaciones cuyo derecho de erección está reservado por privilegio apostólico a otras personas. Además de lo dicho, cuando una asociación sea propia de un instituto religioso la autorización para erigir la casa del instituto aprovecha a la asociación, es decir, el consentimiento escrito del Obispo Diocesano para

124 NAVARRO, L., *Comentario al c. 299* en AA.VV. Comentario exegético al Código de Derecho Canónico Vol II, Pamplona, 1996, p. 429.

125 FELICIANI, G., *op. cit.*, 692; Valdrini P., «Les personnes juridiques et les communautés associatives» en AA.VV. *Droit cannoniques*, Paris 1989, p. 140; Gutierrez J.L. *Comentario al c. 299* en CIC Pamplona.

126 Pettinato S. «Les assoziacioni dei fedeli», en AA.VV. *Il Codice del Vaticano II. Il fedeli laico*, Bologna, 1989, p. 260.

127 Communicationes 15 (1983), p. 83.

128 Conferencia Episcopal Española *Instrucciones sobre asociaciones canónicas de ámbito nacional*, 24 de Abril de 1986, n.° 33, en BCEe 10 (1986).

129 CEf, *op. cit.*, n.° 8; Cfr. Felliciani G, *op. cit.*, p. 693.

130 Communicationes 15 (1983), p. 83.

131 PRADOS, L., *La intervención de la autoridad sobre la autonomía estatutaria*, en Aymans W.- Geringer K.T.- Schmitz H. (eds) Das Konsoziative Element in der Kirche. Akten des VI internationalen Kongresses für Kanonisches Recht, München, 14-19 setember 1987, St. Ottilien 1989, p. 471.

erigir una casa de un instituto religioso vale también para erigir en la misma casa o dependencias anejas a una asociación propia de ese instituto[132].

Por último, y en relación con la naturaleza jurídica de la asociación debemos señalar que, junto a lo establecido en sus propios estatutos, la asociación se regirá igualmente por las normas de derecho canónico, tanto las establecidas en el Código como las de derecho particular, es decir, las leyes y regulaciones establecidas por la Iglesia Católica, tanto a nivel universal (en el Código de Derecho Canónico) como las normas adicionales establecidas por las diócesis u otras autoridades eclesiásticas (derecho particular)[133].

2.3.- Fines u objeto social

De forma genérica podríamos afirmar que las asociaciones privadas de fieles, dentro del ámbito de la Iglesia Católica, pueden tener una variedad de objetivos y fines, que generalmente están relacionados con la promoción de la fe, la caridad, la educación religiosa, el servicio comunitario y la ayuda a los necesitados. Algunos de los fines comunes de estas asociaciones pueden incluir la promoción de la vida espiritual, pues muchas asociaciones privadas de fieles se centran en fortalecer la vida espiritual de sus miembros a través de la oración, la reflexión, la celebración de los sacramentos y el estudio de la doctrina católica. Otras asociaciones tienen como objetivo difundir el mensaje del Evangelio y llevar a cabo actividades misioneras para alcanzar a aquellos que no conocen o no practican la fe católica. Muchas están comprometidas con el servicio a los necesitados, brindando ayuda material, asistencia médica, educación y apoyo emocional a personas en situaciones de vulnerabilidad. Existen asociaciones que se dedican a la formación religiosa y moral de sus miembros, así como a la educación de niños, jóvenes y adultos en la fe católica y otras incluyen entre sus fines la promoción de la justicia social y los derechos humanos desde una perspectiva cristiana, siendo común ofrecer el apoyo a la Iglesia Católica y colaborar en la realización de las misiones pastorales y evangelizadoras.

Para concretar los fines de las asociaciones debemos acudir a lo establecido en el Código de Derecho Canónico, c. 298, apartado 1.°, en donde se nos dice que existen en la Iglesia asociaciones distintas de los institutos de vida consagrada y de las sociedades de vida apostólica, en la que los fieles, clérigos o laicos, o clérigos junto con laicos, trabajando unidos, buscan

a) fomentar una vida más perfecta,

b) promover el culto público

c) o la doctrina cristiana,

---

132 c. 313, apartado 2.

133 Martínez Sistach, L., *op. cit.*, p. 45.

d) o realizar otras actividades de apostolado,

e) iniciativas para la evangelización,

f) ejercicios de obra de piedad o de caridad

g) y la animación con espíritu cristiano del orden temporal.

Esta relación de fines recogidas en el nuevo Código es mucho más amplia que la aparecía en el Código Pio-Benedictino[134]. La primera afirmación que debemos realizar es que son fines orientativos y, por ello, se deja a los fieles la iniciativa a crear asociaciones con otras finalidades, si bien, como veremos a continuación, siempre consecuentes a la naturaleza eclesial.

¿Por qué esta afirmación? En primer lugar, y en relación al elenco de fines, recordemos que ya en los textos del Concilio se incidía en la importancia de las asociaciones de laicos, de su variedad y de la variedad de finalidades[135]. Solo estarán limitados a que estos fines sean de naturaleza eclesial. Es por tanto lógico pensar en multitud de razones que lleven a los fieles a asociarse, siendo este c. 298 una enumeración no exhaustiva. Dice Fuentes: «Las asociaciones de laicos pueden perseguir cualquier fin que pueda pretender un bautizado y sea coherente con su vocación de fiel».

El propio Papa Juan Pablo II[136] animaba y valoraba positivamente la variedad de las asociaciones de laicos incidiendo en que su fin debe ser acorde con el objetivo de incrementar la vida cristiana y la cooperación con la misión de la Iglesia. En diversas ocasiones, expresó su aprecio por la variedad de estas asociaciones y alentó a los fieles laicos a participar activamente en ellas. Sin embargo, este apoyo no era indiscriminado; el Papa subrayó la importancia de que los objetivos de estas asociaciones estuvieran en sintonía con los principios y enseñanzas de la fe católica, y que su labor estuviera dirigida a fortalecer la vida espiritual de sus miembros y a contribuir de manera efectiva a la misión evangelizadora de la Iglesia. En su exhortación «Christifideles Laici» (Los fieles laicos)[137], Juan Pablo II abordó específicamente el papel de los laicos en la Iglesia y en el mundo, destacando su llamada a

134 Véase Canon. 685 del Código de 1917.

135 Decreto conciliar Christus Dominus, n.° 17: «Promuévanse y favorézcanse también las asociaciones que directa o indirectamente buscan el fin sobrenatural, esto conseguir una vida más perfecta para anunciar a todos el evangelio de Cristo, para promover la doctrina cristiana y el incremento del culto público para buscar los fines sociales o para realizar obras de piedad o caridad». El decreto Apostolicam actuositatem n. 19»Las asociaciones del apostolado son muy variadas: unas se proponen el fin general apostólico de la Iglesia: otras buscan de un modo especial los fines de la evangelización y de la santificación; otras persiguen la inspiración cristiana del orden social, otras dan testimonio de Cristo, especialmente por las obras de misericordia y caridad».

136 Juan Pablo II, audiencia general de 23 de febrero de 1994.

137 Exhortación apostólica post-sinodal Christifideles laici, de S.S. Juan Pablo II sobre vocación y misión de los laicos en la iglesia y en el mundo.

ser testigos de Cristo en medio de la sociedad. En este documento, el Papa enfatizó la importancia de las asociaciones de fieles como vehículos para la participación activa de los laicos en la vida de la Iglesia y en la promoción del Reino de Dios en la sociedad. Además, el Papa Juan Pablo II instó a que estas asociaciones no actuaran de manera aislada, sino que colaboraran estrechamente con los pastores y autoridades eclesiásticas, reconociendo así la naturaleza jerárquica de la Iglesia. En definitiva, destacaba esta cooperación mutua entre los laicos y el clero como fundamental para garantizar la armonía y la unidad en la acción evangelizadora de la Iglesia.

En segundo lugar, y en base a lo dicho, debe ser analizada la importancia de la concordancia entre los fines de las asociaciones y la misión de la Iglesia pues en el contexto de las asociaciones de laicos dentro de la Iglesia Católica surge la pregunta crucial sobre la relación entre los fines perseguidos por estas asociaciones y la misión de aquella. La afirmación de que es un requisito imprescindible que el fin sea acorde con la misión implica que los objetivos de estas asociaciones deben estar alineados, como ya hemos dicho, con los principios y enseñanzas de la fe católica, aunque puedan abarcar una amplia gama de áreas y preocupaciones sociales. Es esencial comprender que la misión de la Iglesia no se limita exclusivamente a cuestiones espirituales o religiosas, sino que también abarca dimensiones sociales, éticas y morales y, en este sentido, las asociaciones de laicos tienen la responsabilidad de contribuir al cumplimiento de esta misión en todas sus facetas, promoviendo valores fundamentales como la justicia, la solidaridad y el respeto a la dignidad humana. En consecuencia, la afirmación de que los fines de estas asociaciones no deben ser extraños a la misión de la Iglesia implica que tienen cabida objetivos que, aunque puedan ser considerados «civiles», están intrínsecamente relacionados con los valores y principios enseñados por la Iglesia. Esto incluye la defensa de los derechos humanos, la promoción de la igualdad, el desarrollo humano integral, la protección de la vida desde la concepción hasta la muerte natural, y la promoción de una moral basada en el Evangelio. Por lo tanto, las asociaciones de laicos pueden y deben comprometerse activamente en la defensa y promoción de estos fines, ya que son parte integral de la misión de la Iglesia en el mundo. Al hacerlo, no solo contribuyen al bienestar y la dignidad de las personas, sino que también testimonian el amor y la preocupación de la Iglesia por la humanidad y por el bien común. En resumen, es requisito imprescindible que el fin sea acorde con la misión, entendiendo por tal afirmación los fines al menos no extraños a la misma.

En tercer lugar, debemos llamar la atención sobre el hecho de que del elenco de fines recogidos en el canon 298 no todos son propios de las asociaciones privadas de fieles. Concretamente, cuando se elude a:

- la transmisión de la doctrina cristiana en nombre de la Iglesia,
- promover el culto público

- o perseguir otros fines reservados por su misma naturaleza a la autoridad eclesiástica.

Se está haciendo referencia a fines propios de las asociaciones públicas de fieles, tal y como dispone el c. 299[138], en relación al 301, apartado 1 que establece que «corresponde a la autoridad eclesiástica competente el erigir asociaciones de fieles que se propongan trasmitir la doctrina cristina en nombre de la Iglesia o promover el culto público o que persigan otros fines reservados por su misma naturaleza a la autoridad eclesiástica».

En cuarto y último lugar, y en relación a lo manifestado en líneas anteriores, nos debemos detener en el papel de las asociaciones en la inspiración cristiana del orden temporal[139] ya que, como estructuras organizativas conformadas por fieles laicos comprometidos con su fe, desempeñan un papel fundamental en la tarea de infundir un espíritu cristiano en el orden temporal de la sociedad. Aunque este propósito no esté explícitamente determinado como uno de los fines de las asociaciones privadas, es lógico que sea así, dadas las responsabilidades y funciones que se atribuyen tanto a los laicos como a los pastores de la Iglesia. Es importante destacar que éstos, es decir, el clero, no tienen como misión directa intervenir en la construcción de la vida social. Esta labor corresponde a los fieles laicos, quienes, según la enseñanza de la Iglesia, actúan con su propia iniciativa en medio de la sociedad. Esta distinción de roles responde a una comprensión profunda de la dignidad y la autonomía del laico en el mundo temporal. La actuación del laico en la sociedad secular presupone dos condiciones fundamentales. En primer lugar, el laico debe actuar con autonomía, es decir, debe ejercer su responsabilidad y participación en la vida social de manera libre y responsable, tomando decisiones informadas por su conciencia y su fe. Esta autonomía implica una capacidad de discernimiento y acción que permite al laico influir positivamente en su entorno social. En segundo lugar, la actuación del laico en la sociedad requiere una comunión con la Iglesia, es decir, una conexión y colaboración activa con la comunidad eclesial y su enseñanza. Esta comunión asegura que las acciones del laico estén en armonía con los principios y valores del Evangelio, y que contribuyan al bien común y al desarrollo integral de la persona y la sociedad. Por lo tanto, las asociaciones de laicos, al facilitar la participación activa de los fieles laicos en la vida social, cumplen con una característica específica de infundir un espíritu cristiano en el orden temporal, proporcionando espacios donde se puedan unir esfuerzos y recursos para promover valores evangélicos en diversas esferas de la sociedad, como la justicia, la solidaridad, la paz y la promoción de la dignidad humana.

---

138 «Los fieles tienen la facultad, mediante un acuerdo privado entre ellos, de constituir asociaciones para los fines de los que trata el c. 298.2.° sin perjuicio de lo que dispone el c. 301, 1» (c. 299).

139 «Los fieles laicos han de tener en gran estima las asociaciones que se constituyan para los fines espirituales enumerados en el c. 298, sobre todo aquellas que tratan de informar de espíritu cristiano el orden temporal y fomentar así una más íntima unión entre fe y la vida» (c. 327).

2.4.- Relación con la jerarquía

Nos referimos en este punto específicamente a la vigilancia, visita y control establecidos en el c. 305 del Código[140].

De la lectura de este canon resulta que el mismo es:

- común a todas las asociaciones públicas y privadas,
- se reconocen el derecho-deber de vigilancia y de visita,
- las asociaciones se encuentran bajo el régimen de la autoridad.

Decimos que el primer rasgo característico del c. 305 es que es común a todas las asociaciones tanto públicas como privadas y, dentro de estas a su vez tanto a las que tienen personalidad jurídica como a las que carecen de ella. Existen autores que respecto a estas últimas niegan la aplicación del c. 305, y a tal fin afirman que únicamente están sujetos a la visita episcopal ordinaria las personas, instituciones católicas, cosas y lugares sagrados que se encuentren dentro de la diócesis[141]. Y según manifiestan este no es el caso de las asociaciones privadas sin personalidad jurídica. Sin embargo, la opinión dominante y que nosotros compartimos es entender que el c. 305 es de aplicación plena a todas las asociaciones, tanto públicas como privadas sin distinción, pues basta decir que el citado canon se encuentra en las normas comunes a todas las asociaciones y además es labor de la jerarquía velar por la integridad de la fe y las costumbres aplicable a todos los fieles y a todas las asociaciones[142].

En cuanto al deber de vigilancia y control este aparece claramente en el c. 323 cuando se afirma que las asociaciones privadas de fieles están sometidas a la vigilancia de la autoridad competente según lo dispuesto en el c. 305. La vigilancia, como decimos, supone en síntesis que la jerarquía debe estar atenta a la conservación de la fe y las costumbres. Y un modo adecuado para realizar ese control es el derecho de visita. Al respecto debemos indicar que las Conferencias Episcopales carecen de la función de vigilancia que es úni-

140 «Todas las asociaciones de fieles están bajo la vigilancia de la autoridad eclesiástica competente a la que corresponde cuidar de que en ellas se conserve la integridad de la fe y de las costumbres, y evitar que se introduzcan abusos en la disciplina eclesiástica; por tanto, a ella compete el deber y el derecho de visitarlas a tenor del derecho y de los estatutos, y están también bajo el régimen de esa autoridad, de acuerdo con las prescripciones de los cánones que siguen».

141 Canon 397, 1 del Código 1983.

142 González, M.E., *op. cit.*, nota a pie de página 423 p. 243 dice:» En los esquemas previos al Código se decía que las asociaciones privadas debían estar sometidas al gobierno y a la vigilancia de la Autoridad –eadem ratione eodemque modo quo eidem subiiciuntur fideles singuli- .El mismo criterio que rige las relaciones que se dan entre los fieles entre si, como individuos, con la autoridad eclesiástica, debería ser el criterio para las relaciones entre la autoridad y las asociaciones con personalidad privada. ... Este criterio es clave interpretativa adecuada». Cfr. Molano E., La autonomía privada, Pamplona 1974, P. 278

camente propia de la Santa sede para los supuestos en que se ejercite ante cualquier asociación y específicamente ante las asociaciones universales o internacionales o, los Obispos diocesanos sobre las asociaciones diocesanas o que se encuentren o desarrollen su labor en su diócesis.

Se concreta esta vigilancia entre otros en los siguientes aspectos:

- Posibilidad de que la asociación sea recomendada o alabada[143].
- Posibilidad de autorizar que la asociación se «apellide» católica[144].
- Elección o confirmación del consejero espiritual[145].
- Control de los dirigentes de las asociaciones, incluso en ocasiones siendo necesario el *placet* o confirmación de los elegidos para poder ejercer su función.
- Control de los bienes de la asociación, con la salvedad de que los bienes de las asociaciones privadas no son eclesiásticos, pero si sometidos a control.

En cuanto al sometimiento al régimen de autoridad debemos repetir que las asociaciones privadas, en su diversidad de formas y propósitos, son parte integral de la sociedad civil y desempeñan un papel significativo en la promoción del bien común y la realización de diversos fines. Pero es crucial comprender el equilibrio entre la autonomía que poseen estas asociaciones y el sometimiento al régimen de autoridad. El c. 323, 3 establece que las asociaciones deben ser respetuosas con los fines para los cuales fueron creadas. Y ello implica que, si bien gozan de autonomía según el c. 321, también están sujetas al régimen de autoridad eclesiástica. Es decir, aunque las asociaciones privadas tengan autonomía conforme a la norma del citado canon están sometidas al régimen de la autoridad eclesiástica, siempre como hemos dicho en el sentido de intervención mínima. Esta autoridad tiene el derecho y el deber de velar por la unidad, promover el bien común y prevenir la dispersión dentro de estas asociaciones, debiendo ejercer su papel de supervisión de manera prudente y mesurada, sin menoscabar la autonomía legítima de las asociaciones privadas. Esta intervención mínima se fundamenta en el reconocimiento de que las asociaciones privadas tienen un papel vital en la vida de la Iglesia y en la sociedad en general. El respeto a los fines por los cuales fueron creadas implica que la autoridad eclesiástica debe garantizar que sus actividades estén alineadas con los principios y valores de la fe, contribuyendo así al bien común y a la misión de la Iglesia, buscando evitar desviaciones o conflictos que puedan surgir dentro de las asociaciones y asegurar que sigan siendo instrumentos efectivos para la realización de los fines religiosos y sociales para los que fueron establecidas.

143 c. 298, 2 y 299, 2.

144 c. 316.

145 c. 324.

2.5.- El gobierno de las asociaciones

El c. 324 del Código de Derecho Canónico establece un marco legal para el proceso de elección de presidentes y oficiales en las asociaciones privadas de fieles. Esta disposición destaca el principio de autonomía de estas asociaciones en la designación de sus líderes y el funcionamiento interno. Ello quiere decir, que en el nombramiento la autoridad eclesiástica se tiene que mantener al margen ya que no tiene competencia alguna, debiendo realizarse la elección de acuerdo con lo dispuesto en sus estatutos. La libertad de elección es fundamental para el funcionamiento eficaz de la asociación privada, ya que permite a los miembros seleccionar a líderes que representen mejor sus intereses y objetivos. No obstante, y aunque el repetido c. 324 no lo exige, es habitual que, en base a la necesaria comunión con la jerarquía, las asociaciones notifiquen a la autoridad eclesiástica los nombres de las personas elegidas para ocupar cargos de liderazgo. Esta comunicación no implica una intervención directa de la jerarquía en el proceso de elección, sino que sirve, tal y como hemos adelantado, como expresión de comunión y colaboración entre la asociación y la Iglesia. En este sentido la Instrucción de la Conferencia Episcopal Española en relación a las asociaciones de su competencia, que solicita que para información y como expresión de comunión, los nombres de sus dirigentes se deberán notificar a la secretaria general de la Conferencia cada vez que sean renovados.

Por último, señalar que los estatutos de las asociaciones privadas de fieles juegan un papel fundamental en el gobierno y funcionamiento interno de estas organizaciones. Según el señalado c. 324, el procedimiento de elección, los requisitos para ocupar cargos, las causas de remoción y otros aspectos relacionados con el gobierno deben ser precisamente regulados en los estatutos. Esta disposición garantiza que las asociaciones tengan un marco claro y coherente para la toma de decisiones y la gestión de sus actividades, y que la autoridad eclesiástica solo intervenga cuando sea necesario y de acuerdo con lo establecido en la propia norma estatutaria. Por tanto, en las asociaciones privadas se actuará en este tema con independencia absoluta de la jerarquía, quien solo podría intervenir si en los propios estatutos se previera o a solicitud expresa de la asociación. De ahí la necesidad de que en los estatutos deba regularse con precisión todo lo referente a la elección y gobierno de la asociación, proceso de elección, requisitos para ostentar los cargos, causas de remoción, etc. En todo caso el derecho común actuará como supletorio de ese derecho estatutario.

2.6.- La administración de los bienes[146]

El legislador regula la cuestión de los bienes de las asociaciones con una norma establecida en el c. 325:

> «Las asociaciones privadas de fieles administran libremente los bienes que posean según las prescripciones de sus estatutos, quedando a salvo el derecho de la autoridad eclesiástica competente de vigilar de manera que los bienes se empleen para los fines de la asociación. Conforme a la norma del c. 1301, está bajo la autoridad del Ordinario del Lugar lo que se refiere a la administración y gasto de los bienes que hayan recibido en donación o legado para causas pías».

De la lectura del citado canon podemos deducir la primera y fundamental conclusión que consiste en que los bienes de una asociación privada, aunque tenga personalidad jurídica no son bienes eclesiásticos, sino propios de la asociación. En consecuencia, la asociación privada administra libremente sus bienes de acuerdo a lo establecido en sus propios estatutos (otra vez aparecen los estatutos como el verdadero derecho regidor de la vida de la asociación). Por tanto, la autonomía en la administración de bienes por parte de las asociaciones privadas de fieles es un principio que les otorga la capacidad de gestionar sus recursos de manera independiente, siempre dentro de los límites establecidos por sus estatutos y en armonía con sus propios objetivos y valores. Podríamos incluso señalar o destacar determinadas características propias que se desprenden de la lectura del c. 325, como son el llamado derecho de administración, los estatutos como marco regulatorio, la gestión eficiente y alineada con objetivos y valores y, la responsabilidad y trasparencia.

Derecho de administración. Las asociaciones privadas de fieles tienen el derecho inherente de administrar los bienes que poseen. Este derecho es reconocido tanto en el derecho canónico como en las leyes civiles, lo que les confiere una amplia libertad para tomar decisiones relacionadas con la gestión financiera y patrimonial de la asociación.

Estatutos como marco regulatorio. Los estatutos de una asociación privada de fieles constituyen el marco regulatorio que guía su funcionamiento,

---

146 Véase al respecto Manzanares, J., *Las asociaciones canónicas de fieles. Su regulación jurídica*. En AA.VV. Asociación canónica de fieles, Salamanca 1987; Aznar F., *Los bienes temporales de las asociaciones de fieles en el ordenamiento canónico*, en AA.VV, Asociaciones Canónicas de Fieles *op. cit*143-213.; Aznar, F., *Los bienes temporales de la Iglesia*, 2.ª ed. Salamanca 1993; Lombardía P., *Personas jurídicas públicas y privadas*, en La persona giuridica collegiale in diritto romano e canónico, Città del Vaticano, 1990, pp. 137-152; López, M, *La personalidad jurídico civil de las asociaciones canónicas privadas*, en REDC 44 (1987) 383-410; Martínez, A., *La persona jurídica privada en el ordenamiento canónico*. Carthaginensia 6 (1990) 317-340; Martínez, A., *Calificación y régimen de los bienes de la persona jurídica privada en el ordenamiento canónico*, en Das *op. cit*., pp. 571-581; Navarro, R, *Las asociaciones sin personalidad en el derecho canónico*, en Das ...*op. cit*., pp. 547-556.

incluyendo la administración de sus bienes. Estos estatutos suelen ser elaborados por los miembros fundadores de la asociación y aprobados por la autoridad eclesiástica competente, asegurando que las normas establecidas estén en consonancia con la doctrina y la enseñanza de la Iglesia.

Gestión eficiente y alineada con objetivos y valores. La autonomía en la administración de bienes permite a las asociaciones privadas de fieles gestionar sus recursos de manera eficiente, adaptándose a las necesidades específicas de su misión y proyectos. Además, esta autonomía les brinda la flexibilidad necesaria para alinear sus decisiones financieras con sus objetivos pastorales, caritativos, educativos u otros valores fundamentales que guían su labor.

Responsabilidad y transparencia. Aunque disfrutan de autonomía, las asociaciones privadas de fieles también tienen la responsabilidad de administrar sus bienes de manera responsable y transparente. Esto implica mantener registros claros y precisos, así como rendir cuentas a los miembros y a las autoridades eclesiásticas correspondientes sobre el uso de los recursos.

Dicho lo anterior, se debe realizar una nueva precisión y es que solo las asociaciones privadas con personalidad jurídica pueden ser titulares de bienes. Esto significa que la asociación debe haber cumplido con los requisitos legales y canónicos para ser reconocida como una entidad jurídica independiente, con capacidad para poseer, adquirir y administrar bienes en su propio nombre. Cuando no hayan adquirido esa personalidad jurídica los bienes serán propiedad de los miembros o asociados a título particular[147]. En consecuencia, los bienes se consideran como propiedad privada de los miembros que los hayan aportado o adquirido en nombre propio. Por tanto, las asociaciones privadas que hayan alcanzado personalidad jurídica además de lo dispuesto en sus propios estatutos estarán obligadas a la regulación establecida en el Código de Derecho canónico, al título I del libro V, cánones 1259 a 1289 relativos al derecho patrimonial y en especial a la forma de adquirir y administrar los bienes[148].

Por último, de la lectura del repetido c. 325 se desprenden dos limitaciones a esa autonomía casi absoluta de la que gozan las asociaciones privadas:

- Se establece la vigilancia por parte de la autoridad competente para que los bienes de la asociación sean utilizados de acuerdo a los fines de sus estatutos. Ahora bien, esta vigilancia de la que se habla para las asociaciones privadas es muy diferente de la establecida en el c. 1276 para las asociaciones públicas, pues este canon obliga al ordi-

147 En este sentido el canon 310 reconoce la posibilidad de que los fieles adquieran para sí bienes y obligaciones y evidentemente ser responsables de sus compromisos.

148 Los cánones recogidos en este título solo afectarán a las asociaciones privadas cuando expresamente así se indique (canon 1257).

nario a vigilar la vida y funcionamiento de la asociación, y en especial lo relativo a la administración de bienes que son considerados eclesiásticos.

- En cuanto a los bienes donados para causas pías por particulares quedan específicamente bajo la vigilancia del ordinario del lugar para su administración y gasto[149]. ¿Quién debe realizar esa labor de vigilancia? Parece evidente que debe ser la misma autoridad que procedió a reconocer, revisar o aprobar (para las asociaciones privadas con personalidad jurídica) los estatutos.

Una última precisión que es consecuencia lógica de la autonomía con la que funcionan las asociaciones privadas es que deben siempre actuar con respeto a la normativa del Estado en el que desarrollan su ámbito de actuación, pues, aunque tienen libertad para tomar decisiones internas, esta libertad no les exime de cumplir con las leyes del Estado en el que operan. De hecho, el respeto a la normativa estatal es una manifestación de su compromiso con la legalidad y la integridad en todas sus actividades[150].

2.7.- La extinción y supresión de la asociación

El Código de 1983 reconoce en el c. 120 que las asociaciones tienen carácter perpetuo[151], pero admite la posibilidad de la extinción o supresión, siendo el c. 326[152] el que establece el procedimiento para extinguir o suprimir una asociación privada. En el análisis de dichos preceptos lo primero que debemos es intentar precisar los términos extinción y supresión.

149 «El ordinario del lugar es el ejecutor de todas las pías voluntades, tanto mortis causa como inter vivos. En virtud de este derecho el Ordinario del Lugar puede y debe vigilar, también mediante visita, que se cumplan las pías voluntades, y los demás ejecutores deben rendirle cuentas, una vez cumplida su función». (canon 1301).

150 Respeto a la normativa estatal significa que deben cumplir con las disposiciones legales y administrativas establecidas por las autoridades gubernamentales en áreas como el registro legal, el cumplimiento fiscal, la contratación laboral y cualquier otra normativa aplicable.

151 «Toda persona jurídica es, por su naturaleza, perpetua; sin embargo, se extingue si es legítimamente suprimida por la autoridad competente; o si ha cesado su actividad por espacio de cien años; la persona jurídica privada se extingue además cuando la propia asociación queda disuelta conforme a sus propios estatutos, o si a juicio de la autoridad competente la misma fundación ha dejado de existir según sus estatutos...».

152 «La asociación privada de files se extingue conforme a la norma de sus estatutos, puede ser suprimida por la autoridad competente, si su actividad es en daño grave de la doctrina o de la disciplina eclesiástica, o causa escándalo a los fieles. El destino de los bienes de una asociación que se haya extinguido debe determinarse de acuerdo con la norma de sus propios estatutos, quedando a salvo los derechos adquiridos y la voluntad de los donantes».

El término «extinción» tiene sus raíces en el latín «extinctio», que deriva del verbo «extinguere», compuesto por «ex» (fuera de, completamente) y «stinguere» (apagar, extinguir). Por lo tanto, etimológicamente, «extinción» se refiere al acto de apagar completamente algo o hacer que algo deje de existir. El término «extinguere» en latín tenía una amplia gama de significados, que incluían apagar el fuego, destruir, borrar, eliminar o suprimir algo. Este verbo también se utilizaba metafóricamente para describir la extinción de derechos, privilegios, deudas, entre otros aspectos. A lo largo de la historia, el término «extinción» ha mantenido su significado fundamental de cesación completa o desaparición de algo. En el contexto moderno, se aplica a una variedad de situaciones, desde la extinción de especies en la biología hasta la extinción de derechos legales o la disolución de organizaciones. Por lo tanto, etimológicamente, «extinción» evoca la idea de un proceso completo de desaparición o cese de existencia.

El término «suprimir» proviene del latín «supprimere», que a su vez se compone de «sub» (debajo, hacia abajo) y «primere» (presionar). Por lo tanto, etimológicamente, «suprimir» implica ejercer presión hacia abajo, oprimir o aplastar algo. En el latín clásico, «supprimere» se utilizaba en el contexto de ejercer presión para aplastar o sofocar algo físicamente. Por ejemplo, se utilizaba para referirse al acto de apagar o sofocar. Sin embargo, también se usaba en un sentido más figurado para indicar la acción de reprimir, ocultar o eliminar algo, ya sea físico o abstracto. A lo largo del tiempo, el significado de «suprimir» se ha ampliado para abarcar una variedad de contextos y situaciones. En el sentido moderno, «suprimir» se refiere a la acción de eliminar, anular, cancelar o hacer cesar algo de manera abrupta o definitiva. Puede aplicarse a la eliminación de palabras, ideas, actividades, derechos, leyes, entre otros elementos. En consecuencia y aplicado lo anterior al ámbito de nuestro estudio, por extinción entendemos terminológicamente la acción por la que se hace que cesen o termine del todo ciertas cosas que desaparecen gradualmente, mientras que supresión es la acción de hacer cesar o desaparecer. Es decir, la extinción se refiere al procedimiento establecido en los propios estatutos para que por la voluntad de los miembros la asociación desaparezca, mientras que la supresión hace depender esa desaparición a la voluntad de la autoridad competente.

El primero de los supuestos, es decir la extinción, es el procedimiento normal en el caso de las asociaciones privadas de fieles. En función de su propia naturaleza será voluntad de los asociados la que determinará el acuerdo de extinción y los estatutos los que determinarán el procedimiento a seguir. En consecuencia, la extinción de la asociación se puede producir por voluntad de los miembros de acuerdo a lo establecido en los estatutos y, en el caso de asociación privada con personalidad jurídica si su actividad ha cesado por espacio superior a cien años. El acuerdo de extinción debe revestir las formalidades que exijan los estatutos, si bien el acuerdo por el que se constituyó la asociación fuera meramente privado, será suficiente que el acuerdo de extinción tenga igual consideración, es decir, sea igualmente privado.

En cuanto a la supresión por parte de la autoridad competente, el c. 326 establece que solo podrá producirse si:

- Se está produciendo un daño grave en la doctrina o disciplina de la Iglesia
- Sea causa de escándalo de los fieles

Esta norma en realidad es un consecuencia lógica de lo establecido al regular los fines de la asociación, pues si se produce un daño en la doctrina o en la disciplina que a su vez produce escándalo en los fieles evidentemente no se está cumpliendo el requisito esencial de comunión entre los fines de la asociación y los de la Iglesia, comunión cuanto menos mínima, y cualquier quiebra grave, como exige el canon, supone que la asociación ya no realiza los fines para los que fue creada y que recogieron sus estatutos debidamente reconocidos o aprobados.

En base a lo dicho podríamos sintetizar afirmando que la extinción de una asociación privada de fieles ocurre cuando la entidad deja de existir legalmente. Esto puede suceder por varias razones, como el acuerdo de los asociados, la conclusión de sus actividades según lo establecido en sus estatutos, la fusión con otra asociación, la falta de miembros activos o la imposibilidad de cumplir con sus objetivos entre otros. La extinción implica el cese de todas las actividades de la asociación, la distribución de sus bienes de acuerdo con sus estatutos y las disposiciones legales pertinentes, así como la cancelación de su registro legal y la liquidación de cualquier deuda pendiente. Por otro lado, la supresión de una asociación privada de fieles implica la acción de la autoridad eclesiástica competente para disolver oficialmente la entidad y revocar su reconocimiento canónico. Esta medida se toma en casos excepcionales, por ejemplo, cuando la asociación ha incurrido en graves desviaciones doctrinales, ha promovido actividades contrarias a la fe católica o ha sido utilizada para fines ilícitos. La supresión de una asociación privada de fieles implica la eliminación de su estatus canónico, la disolución de sus estructuras organizativas y la prohibición de que sus miembros continúen utilizando su nombre o símbolos en el contexto eclesiástico. En algunos casos, la supresión de una asociación privada de fieles puede ir acompañada de medidas disciplinarias contra sus líderes o miembros responsables de las irregularidades que llevaron a la decisión de supresión.

Por último, señalar que el Código recoge la posibilidad de recurso contra el acuerdo de supresión. Este recurso parece lógico que produzca efectos suspensivos[153].

153 Respecto a los recursos administrativos, cánones 1732-1739, Libro VII, Parte V, Sección I

3.- Personalidad jurídica de las asociaciones privadas de fieles

La personalidad jurídica es la capacidad que tienen las personas y entidades para adquirir derechos y contraer obligaciones, actuar en el ámbito jurídico y ser sujetos de derechos y deberes ante la ley. En el caso de las asociaciones privadas de fieles, la personalidad jurídica les confiere reconocimiento legal como entidades independientes y les permite actuar en nombre propio en el ámbito civil y eclesiástico. Como venimos manifestando desde el inicio de este capítulo, las asociaciones privadas de fieles pueden tener personalidad jurídica o no tenerla.

Podríamos sintetizar la clasificación en los siguientes términos:

a) **Asociaciones sin personalidad jurídica**. Como hemos reiterado en nuestro trabajo tienen su origen en la voluntad de los asociados, necesitando únicamente el reconocimiento eclesial para la revisión de estatutos, que no para su aprobación, que en ningún caso se exige. Si bien estas asociaciones no son sujetos de derechos y obligaciones como tales asociaciones, si lo son sus asociados que conjuntamente pueden adquirir bienes y contraer obligaciones. Son las asociaciones que tiene máxima libertad de acción, máxima independencia. Aunque desempeñan un papel importante en la vida de la Iglesia y en la sociedad, las asociaciones de fieles sin personalidad jurídica desde el punto de vista práctico enfrentan algunas limitaciones como por ejemplo al carecer de personalidad jurídica, tienen una capacidad legal limitada para celebrar contratos, poseer bienes y actuar en nombre propio, y esto puede dificultar su funcionamiento y su capacidad para llevar a cabo ciertas iniciativas. Por otro lado, la falta de reconocimiento legal puede hacer que estas asociaciones sean más vulnerables a disputas legales, reclamos y demandas, por lo que se pueden enfrentar a dificultades para proteger sus intereses y derechos en situaciones legales complejas. Y, además, la falta de personalidad jurídica puede generar dificultades administrativas en áreas como la gestión de fondos, la contratación de personal y la adquisición de bienes entre otras, lo que puede limitar su capacidad para llevar a cabo sus actividades de manera eficiente y efectiva.

Incidiendo en una posible clasificación, y dentro de las asociaciones de fieles sin personalidad podemos a su vez distinguir, aunque un tanto artificialmente y siempre para mejor entenderlas, entre:

- Asociaciones meramente privadas, sin que sus estatutos hayan sido siquiera revisados por la autoridad;
- Asociaciones privadas no recomendadas que son aquella en la que la autoridad tomó conciencia de su existencia a través del mecanismo de revisión de sus estatutos;

- Asociaciones recomendadas o alabadas. Se trata de asociaciones que sin llegar a ser reconocidas como con personalidad jurídica fomentan la participación de los files en los fines eclesiales hasta el extremo de merecer una distinción por parte de la autoridad

Por último, indicar tal y como ya señaló López Alarcón[154] «que el no reconocimiento de una asociación no significa que sea extraña para la Iglesia mientras no sea peligrosa o ilícita o sea condenada. Tiene naturaleza canónica por razón del fin, de la condición bautismal de los asociados y del ejercicio de un derecho canónico de asociación».

b) Asociaciones con personalidad jurídica. Para que las asociaciones de fieles puedan adquirir la personalidad jurídica sus estatutos tienen que ser aprobados por la autoridad eclesiástica competente mediante decreto. Es decir, se requiere una actuación directa sobre los estatutos, además de comprobar que la asociación cumple los requisitos del c. 114, 3, relativo a los fines útiles de la Iglesia y la necesidad para la que se constituye[155]. A pesar de lo que pudiera en principio parecer la aprobación de los estatutos por la autoridad eclesial no supone una modificación del carácter privado de la asociación. Así de tajante se muestra el c. 322 cuando in fine dice: «... pero la aprobación de sus estatutos no modifica la naturaleza privada de la asociación». Por otro lado, y como quiera que la aprobación de los estatutos es uno de los requisitos para la adquisición de personalidad, dicha aprobación no puede en ningún caso resultar arbitraria, sino que tal y como hemos dicho y establece el c. 114, una vez los indicados estatutos fundacionales cumplan con los requisitos «mínimos» allí contemplados (finalidad y viabilidad) deberán ser aprobados a fin de garantizar el derecho de asociación que el ordenamiento canónico protege y valora. Como ya hemos repetido, la autoridad competente para aprobar los estatutos y conceder personalidad jurídica a las asociaciones viene establecida en el tan repetido c. 312:

- Para las asociaciones universales o internacionales, la Santa Sede.

---

154 López Alarcón M. «La personalidad jurídica civil de las asociaciones canónicas privadas». *Revista Española de Derecho Canónico.*

155 «Se constituyen personas jurídicas, o por la misma percepción del derecho o por especial concesión de la autoridad competente dada mediante decreto, los conjuntos de personas (corporaciones) o de cosas (fundaciones) ordenados a un fin congruente con la misión de la Iglesia que trasciende del fin de los individuos.
2.° Los fines a los que hace referencia el apartado 1.° se entienden que son aquellos que corresponden a obras de piedad, apostolado o caridad, tanto espiritual como temporal.
3.° La autoridad competente de la Iglesia no confiera personalidad jurídica sino a aquellas fundaciones que persigan un fin verdaderamente útil y que ponderadas todas las circunstancias dispongan de medios que se prevé que pueden ser suficientes para alcanzar el fin que se proponen».

- Para las asociaciones nacionales, es decir las que por la misma erección miran a ejercer en todo el territorio nacional, la Conferencia Episcopal correspondiente.
- Para las asociaciones diocesanas, el Obispo diocesano. Se exceptúan las asociaciones cuyo derecho de erección está reservado por privilegio apostólico a otras personas.

Para finalizar indicar que a nuestro entender no existe problema en la presencia de federaciones o de confederaciones de asociaciones privadas, tanto con personalidad jurídica como sin ella, del mismo modo que expresamente aparecen previstas para las asociaciones públicas en el c 313. Recordemos que las confederaciones de asociaciones privadas de fieles son agrupaciones de varias asociaciones de fieles que se unen para promover un objetivo común dentro de la Iglesia y pueden tener diferentes estructuras y niveles de organización, pero generalmente comparten ciertas características ya que las asociaciones que forman parte de una confederación suelen tener objetivos o propósitos similares en términos de servicio religioso, apostolado, caridad u otras actividades espirituales. Además, la confederación sirve como un medio para coordinar y colaborar en la realización de actividades entre las asociaciones miembro. Esto puede incluir la planificación de eventos, la elaboración de programas de formación, la distribución de recursos, etc. En tercer lugar, la confederación puede representar a las asociaciones que la forman ante la jerarquía de la Iglesia u otras instancias pertinentes. Esto puede ser especialmente útil en asuntos de interés común o para abogar por políticas que afecten a las asociaciones de fieles; y, por último, las confederaciones suelen proporcionar apoyo mutuo entre las asociaciones miembro, ya sea en términos de recursos materiales, asesoramiento espiritual, formación, etc.

CAPÍTULO III

LAS ASOCIACIONES PÚBLICAS

1.- Regulación. Naturaleza y personalidad jurídica

Tras el estudio de las asociaciones privadas nos detenemos ahora en el análisis de las asociaciones públicas de fieles. Debe sernos especialmente útil a la hora de identificar a las asociaciones públicas el examen de la persona jurídica pública en la Iglesia, ya que nos servirá evidentemente para establecer los fundamentos que nos ayudaran a reconocer y determinar a las asociaciones públicas de fieles como personas jurídicas.

Lo primero que debemos es acudir a lo dispuesto en el c. 116 que en su apartado 1.° establece los requisitos exigidos por el derecho para que una persona jurídica pueda ser calificada como pública. Evidentemente esto es de aplicación también a las asociaciones públicas de fieles y en razón a ello el posterior contenido de los cánones 301, 312 y 313. El indicado c. 116 destaca los tres elementos que son propios y definen a la persona jurídica pública y la distingue de la privada. A saber:

– Necesidad de intervención de la autoridad eclesiástica (jerarquía)[156].

– Cumplimiento de una «misión». Se trata de cumplir la misión encomendada no a nombre propio sino en nombre de la Iglesia, por tanto,

---

156 FIOL CHIMELIS, M.ª P. «Naturaleza y configuración pública o privada de las asociaciones de fieles». *REDC* 48 (1991) «La dimensión pública de la Iglesia no se reduce a la autoridad eclesiástica aunque ésta tiene una función determinante y determinada en toda la institución eclesial en cuanto portadora con carácter público de la vida de la Iglesia. Esto significa que la representación pública de la Iglesia está ligada a un acto de la jerarquía que constituye la determinación jurídica, diferente de la acción en su nombre. Por estas razones, según el c. 313, la autoridad eclesiástica confiere misio para que la actuación de la asociación sea oficialmente nomine eclesiae, es decir, con un grado de publicidad tal que la Iglesia queda implicada en sus actuaciones».

con dependencia de ella y, en consecuencia, produciendo efectos jurídicos de carácter público[157].

- Búsqueda del bien público. Las personas jurídicas públicas son constituidas para el bien público y no para intereses privados. El bien público del que trata el c. 116, 1 es la edificación de la Iglesia.

En base al contenido del citado canon, tal y como viene destacando la doctrina de forma casi unánime, basta simplemente su lectura para comprobar la reserva absoluta que se realiza en favor de la autoridad eclesial a la hora de erigir asociaciones de fieles que tengan por objeto trasmitir la doctrina cristiana, promover el culto público u otros fines reservados exclusivamente por su propia naturaleza a la autoridad. Además, en el apartado segundo del repetido c. 116 se prescribe la posibilidad de que dicha autoridad pueda erigir asociaciones que busquen otros fines siempre que se prevea que la iniciativa privada no sea suficiente[158]. Por último, y con rotundidad, el aparado tercero establece que las asociaciones de fieles erigidas por la autoridad eclesiástica competente se llaman asociaciones públicas[159]. Por tanto, el elemento que define a las asociaciones públicas de fieles es precisamente la participación de la autoridad eclesiástica, hasta el extremo que será necesaria su intervención para poder ser erigidas, o lo que es lo mismo determinará su propia naturaleza jurídica[160]. Ahora bien, esto no supone que se excluya la intervención de los fieles o se les reste importancia en el acto de constitución de la

157 Bueno, S. *La noción de persona jurídica en Derecho Canónico*, Herder, Barcelona 1985, p. 226. El cumplimiento de la misión en nombre de la Iglesia significa «un cierto encargo por parte de la autoridad a una persona jurídica para que cumpla una misión que expresa y concretamente le confía, y en cuanto cualquier exceso de una persona jurídica pública fuera de la misión concreta confiada extrae del ámbito del nombre de la iglesia la actuación excedida».

158 La jerarquía eclesiástica, por tanto, tiene la libertad de erigir asociaciones públicas con fines específicos o para suplir necesidades espirituales no cubiertas por iniciativas privada.

159 La participación de la autoridad viene definida en el Código de Derecho Canónico, en su canon 301 §1, establece que solo la autoridad eclesiástica competente tiene el poder de erigir asociaciones de fieles, determinando así su carácter público. El §2 permite a esta autoridad erigir asociaciones que busquen otros fines espirituales no cubiertos adecuadamente por iniciativas privadas. Por definición, las asociaciones públicas de fieles son aquellas erigidas por esta autoridad, lo que subraya su naturaleza jerárquica. Aunque el canon 301 §1 no especifica cuál es esta autoridad competente, el canon 312 §1 proporciona detalles territoriales sobre quién puede erigir estas asociaciones.

160 Fiol Chimelis, M.ª P., *op. cit.*, p. 501 «Los elementos esenciales de toda asociación pública:
1. Erigida por la autoridad eclesiástica.
2. Constituida en persona jurídica pública en virtud del mismo decreto de erección.
3. Que recibe misión para actuar nomine eclesiae.
a) Dentro de los límites de los fines que la asociación se propone alcanzar según los estatutos aprobados por la autoridad correspondiente.
b) En función del bien público de la Iglesia.
4. La acción nomime eclesiae le permite una cooperación cualificada en el ministerio de la Iglesia de manera que la representa en sus actuaciones.

asociación pública, sino todo lo contrario. Las asociaciones públicas de fieles no dejan de ser, en primer lugar, precisamente uniones de fieles que deciden reunirse para alcanzar un fin común. Aunque ese fin, en el caso de las asociaciones públicas, por su propia naturaleza está reservado a la autoridad eclesiástica[161]. De ahí que como exponíamos en líneas anteriores se observa la necesidad de una actuación conjunta entre autoridad eclesiástica y fieles.

Nota característica de la naturaleza jurídica de estas asociaciones es, en consecuencia, que actúan en nombre de la Iglesia lo que significa que lo hacen como Iglesia y con la Iglesia[162]. Actuar en nombre de la Iglesia es una función que trasciende la simple representación, ya que se fundamenta en la naturaleza pública de las asociaciones que son reconocidas y reguladas mediante la determinación canónica[163]. Este acto implica que dichas asociaciones, aunque operen de manera autónoma, están intrínsecamente vinculadas a la dimensión pública e institucional de la Iglesia. Una vez que una asociación es reconocida canónicamente, se inserta en la dimensión pública e institucional de la Iglesia y sus acciones y actividades son vistas como una extensión de la misión de la Iglesia en el mundo[164]. Sin embargo, esta inserción se da de una manera que respeta la distinción entre la autoridad eclesiástica y la autonomía operativa de la asociación.

Teniendo en cuenta todo lo anteriormente expuesto podemos establecer una primera aproximación a la definición de las asociaciones públicas de fieles. Son asociaciones erigidas por la autoridad eclesiástica que tiene entre sus fines los previstos en el CIC. Ahora bien, desde este instante debe hacerse notar que como hemos analizado en capitulo anterior, existen asociaciones privadas que también han sido erigidas por la autoridad eclesiás-

---

5. La representatividad de la Iglesia no se identifica con la representación de la autoridad eclesiástica sino de la Iglesia comunitas fidelium.
6. La representatividad de la Iglesia así entendida concierne a los diferentes miembros del pueblo de Dios a partir del bautismo y de la pertenencia legítima a la asociación».

161 Actuar en nombre de la Iglesia es una consecuencia de la naturaleza pública de la asociación que comporta la determinación canónica. La asociación pública queda insertada así en la dimensión pública e institucional de la Iglesia, aunque de una manera diferente a la autoridad eclesiástica.

162 Manzanares, J. «Las asociaciones canónicas de fieles. Su regulación jurídica». en *Simposio sobre Asociaciones canónicas de files.* Salamanca 1987 pp. 119-120 «Como Iglesia, es decir, como parte de la Iglesia no porque sea componente de su estructura oficial y necesaria por su propia naturaleza, sino porque la autoridad ha decidido unirla más a su propio ministerio, asumiendo respecto a ella una especial responsabilidad. Con la Iglesia que se siente representada en ella, dentro de sus fines, y que se expresa por una mayor vinculación con la jerarquía en cuanto personificadora de toda la comunidad».

163 Bonnet, A.A., *De Chistifidelium consociationum lineamentorum, iuxta schema del Populo dei Codicis recogniti anni 1979, adumbratione*». Periodica 71 (1982), p. 594.

164 Manzanares, J. op, cit., p. 120 «Y el resultado final es una actuación de la Iglesia, cabeza y miembros, es decir, del pueblo unido a sus pastores».

tica (como es el caso de las asociaciones privadas con personalidad jurídica) y que no deben ser confundidas con las asociaciones públicas. Por tanto, la conclusión no debe ser otra que todas las asociaciones públicas necesitan la aprobación de la autoridad eclesiástica para ser erigidas, mientras que las privadas no, aunque en algunos supuestos se les pueda también exigir. Además del citado requisito se exige que la asociación pública reciba la misión en nombre de la Iglesia según dispone el c. 313. La concurrencia de ambos requisitos, erección por la jerarquía y «misio canonica» nos permite afirmar que las asociaciones públicas deben mantener una relación más estrecha con la autoridad eclesiástica en comparación con las asociaciones privadas. Esta colaboración refleja la naturaleza participativa y comunitaria de la Iglesia, donde tanto los fieles como la jerarquía desempeñan roles cruciales en el fomento y la promoción de la vida espiritual y apostólica dentro de la comunidad cristiana. Y en este sentido se hace necesario destacar el papel de los grupos de fieles en las asociaciones públicas pues como señala el c. 298. 1, éstas se definen entre otras características como un conjunto de personas que trabajan juntos para lograr diversos objetivos eclesiales, es decir, implica el ejercicio del derecho de asociación por parte de algunos fieles, un derecho que no puede ser reemplazado por la jerarquía. Este derecho es la razón principal de la existencia legal de cualquier asociación[165]. Es fundamental entender que estas asociaciones, aunque públicas, siguen siendo esencialmente asociaciones de fieles, sujetas al derecho de asociación de los miembros de la Iglesia.

En definitiva, si bien es cierto que las asociaciones públicas de fieles son creadas por la autoridad eclesiástica y se rigen por un conjunto de normas establecidas por dicha autoridad operando conforme a sus estatutos, la realidad es que la formación de asociaciones públicas implica un proceso complejo en el cual tanto los fieles interesados en establecer la asociación como la jerarquía eclesiástica participan activamente. Poseen personalidad jurídica pública y están abiertas a la inclusión de nuevos miembros con el fin de alcanzar sus objetivos específicos. Es evidente que, como hemos afirmado en párrafo anterior, estas asociaciones mantienen una relación más estrecha con la autoridad eclesiástica en comparación con las asociaciones privadas[166]. Por último, debemos señalar tal y como ya destacábamos cuando analizábamos las asociaciones privadas, que el c. 313 permite, e incluso alienta, la confederación de asociaciones públicas que se ofrece como una

165 ERRÁZURIZ MACKENNA, C.J. *La costituzione delle associazioni dei fedeli in diritto canonico* en Das konsoziative Element in der Kirche / coord. por VI Internationalen Kongresses für Kanönisches Recht, 1989, pp. 479-488.

166 MANZANARES, J., *op. cit.*, p. 120 «El hecho asociativo manifiesta que no solo se mueven dentro de la misión de la Iglesia, sino también con la confianza de la Iglesia. Con ello no se niega la eclesialidad de las asociaciones privadas, sino que se tiene en cuanta inmediatamente un cierto modo de relacionarse con la comunidad que se expresa en una relación más estrecha con la jerarquía. Una concreción ulterior deberá darla el derecho estatutario».

estructura flexible y robusta para la colaboración entre diversas entidades, permitiendo una mayor coordinación en la consecución de sus objetivos comunes. Como ya decíamos en el supuesto de las asociaciones privadas, la posibilidad de que una confederación de asociaciones tenga efectos jurídicos implica un reconocimiento oficial de su capacidad y fortalece su posición dentro del marco legal y eclesiástico. Además, la concesión de personalidad jurídica propia a las confederaciones de asociaciones les otorga una mayor autonomía y capacidad para gestionar sus asuntos internos, y esto puede facilitar la toma de decisiones y la implementación de políticas, promoviendo una mayor eficiencia y eficacia en su funcionamiento. El citado c. 313 dispone que la confederación de asociaciones públicas recibe la misión en la medida que lo necesite para los fines que se propone alcanzar en nombre de la Iglesia.

2.- Los estatutos como pilar fundamental de una asociación pública[167]

Recordamos que el c. 304 del vigente código, como hemos indicado ya al analizar las asociaciones privadas, establece la obligación de que las asociaciones, tengan sus propios estatutos[168]. No obstante lo dicho en aquel

167 En cuanto a un análisis específico del término nos remitimos a lo ya indicado en páginas anteriores, concretamente cuando estudiábamos los estatutos de las asociaciones privadas. No obstante, y para mayor facilidad del lector en esta nota repetimos algunas cuestiones planteadas. «Según se recoge en el Dictionnaire de Droit Canonique se define como norma estatutaria «la regulación para hacer cumplir una determinada disciplina o forma de vivir y comportarse, en determinadas empresas, organismos o comunidades». Explica el citado Cabreros que el término estatuto tiene su origen en el derecho romano, concretamente en la utilización de la palabra latina statuere, es decir, toda manifestación de voluntad imperativa ordenada al gobierno de la actividad social, lo que significaba que el originario derecho canónico utilizaba dentro del concepto estatuto tanto a leyes como cánones, sin distinción entre ellos y sin tampoco establecer diferencia alguna entre generales o particulares u otras formas o peculiaridades. Parece desprenderse de lo dicho que el termino estatuto era utilizado en un primer momento como el equivalente a lo que hoy conocemos como Constitución o estatuto marco. En una segunda acepción el citado profesor analizando la evolución histórica del significado de estatutos considera que este término pasa a referirse a normas particulares y, esa concepción de ley particular es la que se desprende (aunque no de forma exclusiva) del contenido del canon 22 del CIC del 17. «El estatuto expresa una correlación inversa respecto al derecho común (...) aquello que sale del derecho común» Por último, según Cabreros el derecho moderno ha dotado y concretado al término de un carácter específico diferenciándolo de otros. Así establece como nota característica y diferenciadora de un estatuto que sus disposiciones integran un cuerpo legal suficientemente amplio y organizado, a fin de que puedan regular toda la vida interna o externa de una entidad colectiva o, cuanto menos, alguna de sus funciones principales.

168 C 304. 1. Todas las asociaciones de fieles, tanto públicas como privadas, cualquiera que sea su nombre o título, deben tener sus estatutos propios, en los que se determine el fin u objetivo social de la asociación, su sede, el gobierno y las condiciones que se requieren

apartado, conviene ahora recordar algunas cuestiones que serán claves en nuestro análisis de las asociaciones públicas. Según se dice en el repetido c. 304 existirá un contenido mínimo que se concreta en que deberán recoger el fin y objeto social de la asociación, la sede, el gobierno, las condiciones para la admisión de los miembros y el modo de actuar teniendo en cuenta el tiempo y el lugar, es decir según esto último deberá respetarse la normativa y costumbres civiles a fin de poder obtener el reconocimiento. Por tanto, los estatutos, como pilares fundamentales de una entidad, establecen las reglas y directrices que rigen su funcionamiento y orientan su actividad hacia la consecución de sus objetivos institucionales. Estas normativas, dotadas de fuerza legal, no solo obligan a los administradores y miembros de la entidad a su estricto cumplimiento, sino que también dibujan los procesos de toma de decisiones y la gestión de los recursos económicos en post de los fines perseguidos. Los estatutos, en síntesis, constituyen el ADN de la entidad estableciendo su esencia y propósito mediante la definición de su estructura interna, los derechos y obligaciones de quienes la integran, así como los objetivos que persigue. Estos documentos no solo brindan un marco legal que legitima y respalda las acciones y resoluciones adoptadas dentro de la entidad, sino que también aseguran la cohesión y estabilidad de su funcionamiento al proporcionar una guía clara y coherente para la gestión de sus actividades y recursos. En esencia, los estatutos son el fundamento sobre el cual se erige la identidad y el funcionamiento legal de la entidad, asegurando su validez jurídica y su integridad operativa[169].

Acompañando a los estatutos, los reglamentos complementarios detallan aspectos específicos de la vida y operatividad de la entidad, tales como los procedimientos administrativos, la gestión de recursos, las normas de convivencia, entre otros, sirviendo como herramientas ejecutivas para garantizar una participación efectiva y corresponsable en su gobierno. Si bien no poseen el mismo rango normativo que los estatutos, su importancia radica en su capacidad para operativizar y concretar las disposiciones establecidas en aquellos, facilitando la aplicación práctica de las normas y garantizando un funcionamiento ordenado y eficiente de la entidad. En efecto, los reglamentos en su función complementaria respecto a los estatutos, descienden a un nivel más detallado y práctico de la vida institucional, abordando aspectos específicos

---

para formar parte de ellas, y se señale también su modo de actuar, teniendo en cuenta la necesidad o conveniencia del tiempo y del lugar. 2. Escogerán un título o nombre que responda a la mentalidad del tiempo y del lugar, inspirado preferentemente en el fin que persiguen.

169 Pérez Barjuán, R. «Los estatutos y normativa de las asociaciones internacionales privadas de fieles: algunas cuestiones prácticas» *Revista Española de Derecho Canónico*. 1-6/2015, volumen 72, n.° 178. Páginas 215-234. «en cuanto «instrumento dúctil que se adapta a las necesidades y finalidades específicas», los estatutos son normas que regulan y organizan de modo estable la vida de una asociación, permitiéndole encontrar su propio camino en la vida y en el Derecho de la Iglesia.

(los más comunes son los relativos a procesos administrativos, la administración de recursos, las pautas de convivencia, etc.) y aunque su fuerza normativa, como hemos indicado, no alcanza la misma jerarquía que la de los estatutos, su relevancia estriba en su capacidad para concretar las disposiciones establecidas en estos últimos. Esta capacidad de traducir los principios y directrices en acciones concretas facilita la implementación efectiva de las normas, promoviendo así un funcionamiento fluido y eficaz de la entidad.

En resumen, no debemos olvidar que, en el seno de una entidad, los estatutos y reglamentos proporcionan un marco normativo que guía y regula todas las actividades y decisiones que se toman. Al establecer reglas claras y coherentes, estos documentos garantizan un funcionamiento ordenado y eficiente de la entidad, promoviendo la estabilidad y la cohesión entre sus miembros. Además, al definir los derechos y responsabilidades de cada individuo dentro de la organización, los estatutos y reglamentos fomentan un ambiente de transparencia, equidad y responsabilidad, fortaleciendo así la confianza y el compromiso de los miembros hacia los objetivos comunes. Y, aunque los estatutos y reglamentos están diseñados para regular las operaciones internas de una asociación y son vinculantes solo para sus miembros, su importancia se extiende más allá de los límites internos de la organización. Si normalmente cuando nos referimos de forma genérica a entidades, los estatutos y reglamentos proporcionan un marco de referencia esencial para evaluar la legitimidad y legalidad de las acciones y decisiones administrativas que emprende la entidad, y en este sentido, los estatutos y reglamentos sirven como una especie de sello de calidad que garantiza la fiabilidad y el cumplimiento normativo de la entidad ante terceros, y en el contexto específico de las asociaciones públicas de fieles, los estatutos adquieren una importancia aún mayor al representar la base estructural de la organización. Estos documentos no solo definen la identidad y propósito de la asociación, sino que también establecen los criterios para la participación y membresía, las competencias de los órganos de gobierno y los mecanismos de rendición de cuentas y transparencia.

Por tanto, los estatutos y reglamentos son también instrumentos esenciales para garantizar la coherencia y eficacia de las acciones pastorales y sociales llevadas a cabo por la asociación, así como para asegurar su reconocimiento y legitimidad ante la Iglesia y la sociedad en general. Como señala Pérez Barjuán[170] los estatutos «se constituyen así en derecho propio[171], fruto de la autonomía que el CIC 1983 reconoce a las asociaciones de fieles dentro del respeto al derecho universal.

---

170 PÉREZ BARJUAN, R., *op. cit.*, p. 220 cita a Fuentes, J. A., sub c. 321, Com Ex, vol. 2.1, 511.

171 Sin embargo, ZADRA, B, *I movimenti ecclesiali e i loro statuti*, Roma 1997, pp. 29-31, cuestiona que se hable de «derecho propio», al no ser esta terminología la utilizada por el CIC 83 para las asociaciones, sino para el código fundamental o las constituciones del instituto de vida consagrada (CIC 83 c. 587), y expresa la justa autonomía del instituto (CIC 83 c. 586 §1).).

No puede, sin embargo afirmarse, que los estatutos sean propiamente leyes, ni siquiera puede decirse con propiedad que sean normas particulares, sino normas de autonomía (c. 94), endógenas y ad intra» En efecto de la lectura del repetido c. 94 podemos extraer las siguientes conclusiones: 1.° los estatutos de las asociaciones son configurados por el derecho canónico mediante normas positivas constitutivas[172]. El Código establece claramente que todas las asociaciones, independientemente de si han obtenido o no personalidad jurídica, así como todas las personas jurídicas, ya sean corporaciones o fundaciones autónomas, tanto de carácter público como privado, deben contar con sus propios estatutos[173]. 2.° En algunos casos, estos estatutos son otorgados por la autoridad competente, mientras que en otros son elaborados por las propias entidades. En el primer caso, cuando los estatutos son otorgados por la autoridad competente, se subraya la necesidad de que sean presentados para su aprobación. Este proceso de aprobación no solo garantiza la legalidad y coherencia de los estatutos con el marco normativo vigente, sino que también confirma el reconocimiento oficial de la entidad como persona jurídica. Por otro lado, cuando las entidades elaboran sus propios estatutos, el Código establece la obligación de que estos también sean sometidos a la consideración y aprobación de la autoridad competente. Este requisito busca asegurar que los estatutos internos no contravengan disposiciones legales o principios éticos fundamentales, protegiendo así los intereses de la entidad y de terceros involucrados. 3.° Por último, es importante destacar que, independientemente del proceso de aprobación, la naturaleza jurídica de la entidad no se ve afectada. Esto significa que, aunque los estatutos sean sometidos a la autoridad competente y obtengan su aprobación, la esencia legal y la identidad de la entidad permanecen intactas. En resumen, estas disposiciones del Código buscan garantizar la transparencia, legalidad y coherencia en el funcionamiento de las asociaciones y personas jurídicas, fortaleciendo así el orden y la seguridad jurídica.

---

172 Comentario a los cánones 94-95 CIC edición BAC 1986 «El Código al mandar, en concreto, que todas las Asociaciones (alcancen o no personalidad jurídica: c 299, 3) todas las personas jurídicas sean corporaciones o fundaciones autónomas: cc117; 587, 1; sean públicas o privadas; cc 324, 322, 4) tengan sus propios estatutos, determina unas veces que los estatutos le son dados por la autoridad misma competente (...) y otras veces que se las dan ellas a sí mismas (...) En este segundo caso manda también que se sometan sus estatutos a la aprobación de la autoridad competente (c. 117, 299, 3 314, 322, 587, 2) sin que por tal aprobación cambie la naturaleza jurídica de la entidad (c322, 2).

173 Otaduy Guerin, J, «Las características jurídicas de los estatutos según el canon 94» en *Das konsoziative Element in der Kirche* / coord. por VI Internationalen Kongresses für Kanönisches Recht, 1989, pp. 313-319, dice que la norma estatutaria responde a la potestad statuendi de los entes jurídicos para regular el ámbito de su propia autonomía, lo que permite afirmar el carácter autónomo de la potestad que da origen a los estatutos.

3.- Características específicas

Como consecuencia de lo indicado anteriormente o, mejor dicho, precisamente por mandato del propio C.I.C., éste proporciona una especie de hoja de ruta al establecer los elementos básicos que deben estar presentes en los estatutos de cualquier asociación de fieles, independientemente de su carácter, así como de su denominación específica. Analizando concretamente las asociaciones públicas, dentro de estos requisitos mínimos, se enfatiza la importancia de definir claramente su nombre, el propósito o fin social de la asociación, así como su ubicación física, el sistema de gobierno y los criterios para la admisión de miembros. Además, se hace hincapié en la necesidad de que los estatutos contemplen la flexibilidad necesaria para adaptar el modo de operar de la asociación según las demandas y circunstancias cambiantes del tiempo y el lugar en que se desenvuelva, de ahí también la exigencia de que el nombre de la Asociación responda a la mentalidad de ese tiempo y lugar y a la inspiración del fin que se persigue. En la práctica, la redacción de los estatutos se suele iniciar con una sección introductoria que proporciona información general para identificar de manera precisa a la asociación, seguida de una disposición más detallada y variada que abarca aspectos cruciales como los objetivos institucionales, la composición y derechos de los miembros, la estructura organizativa, el manejo de los recursos financieros, las cláusulas relativas al proceso electoral o renovación de cargos, la disolución de la asociación, así como otros temas complementarios que puedan ser relevantes para su funcionamiento y desarrollo. Este enfoque flexible pero fundamentado proporciona a las asociaciones un marco sólido para su regulación interna, permitiendo al mismo tiempo la adaptación a las diversas realidades y necesidades contextuales. Así, se establece una base legal y estructural que garantiza tanto la coherencia como la capacidad de respuesta de las asociaciones ante los desafíos y oportunidades que puedan surgir.

3.1.- Fines

Los objetivos de una asociación pública de fieles son fundamentales para definir su propósito y alcance dentro de la comunidad eclesiástica y no solo delinean la identidad y la razón de ser de la asociación, sino que también establecen su papel y responsabilidades dentro de la Iglesia y en la sociedad en general. Es crucial que estos objetivos sean claros y específicos, ya que guían las actividades y la dirección de la asociación, así como también sirven como criterio para la evaluación de su efectividad y relevancia. Por tanto, la determinación precisa de los fines de una asociación pública de fieles es esencial para su aprobación, reconocimiento y supervisión por parte de la autoridad eclesiástica, pudiendo abarcar una amplia gama de áreas, como la promoción de la fe y la moral cristiana, la realización de obras de caridad y beneficencia, la promoción de la justicia social y la defensa de los derechos humanos, entre otros aspectos; debiendo siempre estar en consonancia con las enseñanzas y valores de la Iglesia Católica, así como con las necesidades y desafíos específicos de la comunidad a la que sirve la asociación. Es importante que los estatutos de una asociación pública de fieles reflejen claramente estos objetivos, utilizando un lenguaje preciso y concreto para describir las metas que se persiguen, pues con ello se garantiza una comprensión compartida entre los miembros de la asociación, así como una mayor transparencia ante la autoridad eclesiástica y la comunidad en general. Además, la claridad en los fines de la asociación facilita su integración en la vida y la misión de la Iglesia, fortaleciendo así su contribución al bien común y al crecimiento espiritual de sus miembros y de la sociedad en su conjunto. CABRERA SOSA[174] señaló entre otros los siguientes fines: fines de caridad o piedad (c. 215 CIC); fomentar la vocación cristiana en el mundo (c. 215 CIC); promover y sostener la acción apostólica, entre ellas iniciativas para la evangelización y la animación con espíritu cristiano del orden temporal (c. 216 en conexión sistemática con el 298 CIC); fomentar una vida más perfecta (c. 298 CIC); promover el culto público (c. 298 CIC); fomentar la doctrina cristiana (c. 298 CIC); buscar la propia santificación y promoción de una vida santa; el desarrollo integral de la persona; empoderamiento para la libre participación, la comunicación cristiana de bienes y la transformación social. Quizás no sea una clasificación ni completa ni exhaustiva, pero si nos ayuda a establecer un contexto en el que podamos comprender de forma genérica los objetivos a los que toda asociación publica de fieles debe aspirar.

Analicemos con mayor precisión lo prescrito en el apartado primero del c. 301 que señala de forma específica los fines propios de las asociaciones públicas de fieles. Concretamente señala: 1.º la trasmisión de la doctrina cristiana en nombre de la Iglesia, 2.º promoción del culto público, 3.º otros fines reservados por su propia naturaleza a la autoridad eclesiástica, y 4.º fines espirituales que no se prevé alcanzar con la iniciativa privada. En relación con el primero de ellos, resulta esencial pues nos ordena que la asociación publica de fieles no debe tener un fin extraño a los perseguidos por la Iglesia. Por ello, la asociación pública debe ser especialmente escrupulosa y concreta en sus fines que deben ser recogidos con exactitud en sus estatutos a fin de evitar que pudieran erigirse asociaciones con objetivos distintos a los de la Iglesia. Por otro lado, la transmisión de la doctrina cristiana es un fin que involucra tanto a la jerarquía eclesiástica como al resto de los creyentes laicos y no laicos, quienes, a través de su testimonio y participación activa, contribuyen

174 CABRERA SOSA, J.J. «Los fines estatutarios de las asociaciones de fieles: motor del desarrollo comunitario. Visión comparada entre el derecho nacional y el derecho canónico», en *La acción social de la Iglesia*: XIX Congreso Católicos y Vida Pública, Madrid 17, 18 y 19 de noviembre de 2017, pp. 379-387. Madrid: CEU Ediciones, D.L. 2018. ISBN 978-84-16477-92-0, pp. 385-386,

al ministerio de la palabra en la comunidad de fe[175]. A tal efecto recordar lo establecido en el c. 761 que establece que deben emplearse todos los medios disponibles para anunciar la doctrina cristiana, sobre todo la predicación y la catequesis, que ocupan siempre un lugar primordial; pero también la enseñanza de la doctrina en escuelas, academias, conferencias y reuniones de todo tipo, así como su difusión mediante declaraciones públicas, hechas por la autoridad legítima con motivo de determinados acontecimientos mediante la prensa y otros medios de comunicación social. Siendo obligación de los fieles laicos, tal y como describe el c. 759, que en virtud del bautismo y de la confirmación, sean testigos del anuncio evangélico con su palabra y el ejemplo de su vida cristiana; por lo que pueden ser llamados a cooperar con el Obispo y con los presbíteros en el ejercicio del ministerio de la palabra.

En consecuencia, estamos ante un ámbito donde es evidente la fuerte vinculación del laico y la autoridad eclesiástica; y es por ello que, aunque la Palabra de Dios se vincule principalmente con la jerarquía ministerial, también puede ser ejercida por otros que sin tener la función encomendada en los c. 756-758 encuentran como vehículo adecuado la fórmula de la asociación pública.

El segundo de los fines aludido se refiere a la promoción del culto público que es reserva y característica especial de las asociaciones públicas de fieles según lo dispuesto en el repetido c. 301, probablemente por razón de su origen, ya que las asociaciones privadas solamente han encontrado carta de naturaleza en el derecho de la Iglesia, como venimos repitiendo, con la pro-

175 c. 756 § 1. Respecto a la Iglesia universal, la función de anunciar el Evangelio ha sido encomendada principalmente al Romano Pontífice y al Colegio Episcopal. § 2. En relación con la Iglesia particular que le ha sido confiada, ejerce esa función cada Obispo, el cual ciertamente es en ella el moderador de todo el ministerio de la palabra; a veces, sin embargo, algunos Obispos ejercen conjuntamente esa función para varias Iglesias, según la norma del derecho. c. 757 Es propio de los presbíteros, como cooperadores de los Obispos, anunciar el Evangelio de Dios; esta obligación afecta principalmente, respecto al pueblo que les ha sido confiado, a los párrocos y a aquellos otros a quienes se encomienda la cura de almas; también a los diáconos corresponde servir en el ministerio de la palabra al pueblo de Dios, en comunión con el Obispo y su presbiterio. c. 758 Los miembros de los institutos de vida consagrada, en virtud de su propia consagración a Dios, dan testimonio del Evangelio de manera peculiar, y son asumidos de forma adecuada por el Obispo como ayuda para anunciar el Evangelio. c. 759 En virtud del bautismo y de la confirmación, los fieles laicos son testigos del anuncio evangélico con su palabra y el ejemplo de su vida cristiana; también pueden ser llamados a cooperar con el Obispo y con los presbíteros en el ejercicio del ministerio de la palabra. c. 760 Ha de proponerse íntegra y fielmente el misterio de Cristo en el ministerio de la palabra, que se debe fundar en la sagrada Escritura, en la Tradición, en la liturgia, en el magisterio y en la vida de la Iglesia. c. 761 Deben emplearse todos los medios disponibles para anunciar la doctrina cristiana, sobre todo la predicación y la catequesis, que ocupan siempre un lugar primordial; pero también la enseñanza de la doctrina en escuelas, academias, conferencias y reuniones de todo tipo, así como su difusión mediante declaraciones públicas, hechas por la autoridad legítima con motivo de determinados acontecimientos mediante la prensa y otros medios de comunicación social.

mulgación del Código de 1983. ¿Qué se entiende por culto público es la pregunta a la que debemos responder? La cuestión no es baladí y la respuesta la encontramos en el propio C.I.C cuando en el apartado segundo del c. 834 afirma que el culto es público cuando se ofrece en nombre de la Iglesia por las personas legítimamente designadas y mediante actos aprobados por la autoridad de la misma[176]. El culto público se refiere tanto a las celebraciones litúrgicas como a otros actos que se llevan a cabo en nombre de la Iglesia y con la participación de la comunidad de fieles, siendo fundamental en la vida de la Iglesia Católica, ya que se considera una manifestación visible de la fe y una forma de promover la comunión entre los fieles y con Dios. Como decimos en el propio Código de Derecho Canónico, se establecen normas específicas para la celebración del culto público, asegurando que se realice de manera ordenada y conforme a las tradiciones y enseñanzas de la Iglesia. Estas normas incluyen junto a las condiciones para la válida y lícita celebración de los sacramentos, y la adecuada preparación y formación de los ministros, las directrices para la participación activa y consciente de los fieles. En resumen, en términos jurídicos dentro del Código de Derecho Canónico, la promoción del culto público implica una serie de responsabilidades y acciones que deben ser llevadas a cabo no solo por los ministros de la Iglesia sino también y, la medida que le correspondan, por todos los fieles, para asegurar que el culto se realice de manera digna, correcta y participativa. Esto incluye la organización, educación y el fomento de una participación activa y consciente en las liturgias de la Iglesia.

En último lugar, nos relata el c. 301 que la autoridad competente puede erigir asociaciones que persigan fines reservados por su propia naturaleza a la jerarquía eclesiástica, o bien fines espirituales que no se prevé alcanzar con la iniciativa privada. Es decir, en este apartado el canon establece un marco jurídico que justifica la creación de este tipo de asociaciones públicas asegurándose que estas organizaciones contribuyan efectivamente a su misión evangelizadora, caritativa y pastoral permitiendo, por la flexibilidad del propio canon, a la Iglesia adaptarse y responder a las necesidades cambiantes de la comunidad de fieles, asegurando así la vitalidad y relevancia de su acción en el mundo contemporáneo. No debemos olvidar que la autoridad eclesiástica tiene el mandato de supervisar y dirigir estas actividades debido a su naturaleza intrínsecamente religiosa y su impacto en la vida espiritual de los fieles, por lo que debe garantizar que estas actividades se realicen conforme a la doctrina católica y en comunión con la misión universal de la Iglesia. En consecuencia, la autoridad eclesiástica competente tiene la capacidad de crear asociaciones que se dediquen a objetivos que, por su propia naturaleza, corresponden a la jerarquía de la Iglesia. La razón principal para

176 Según comentario al apartado 2 del c. 834 CIC 1983 B.A.C, *op. cit.*, «ayuda a saber cuando se dan actos litúrgicos, pero se debe cuidar que no comprometa la genuina noción de liturgia y de participación de los fieles, derivada de los sacramentos de iniciación y no de una depuración jurídica».

establecer estas asociaciones es suplir la falta de iniciativa o actividad de los fieles en ciertos aspectos importantes de su misión dentro de la Iglesia. Cuando esto sucede, se hace necesario que la autoridad eclesiástica intervenga para asegurar que estas áreas no se descuiden. En otras palabras, las asociaciones erigidas por la autoridad eclesiástica son, a veces, una respuesta a la inactividad o falta de compromiso de los laicos en ciertos campos. Al crear estas asociaciones, la jerarquía eclesiástica se asegura de que se continúe desarrollando la misión de manera adecuada y efectiva, incluso cuando los fieles no estén participando activamente.

En definitiva, como se deduce de lo dicho, la determinación de los fines u objetivos sociales de la asociación es un capítulo esencial o vital, porque especifica a la propia asociación y las actividades que realizará para conseguir aquellas finalidades. Y precisamente habrá de tenerse presente tanto el contenido como los mecanismos para conseguir esas finalidades concretas en la función de vigilancia que compete a la autoridad eclesiástica en relación a su vida, funcionamiento y vigencia y, en la hipotética disolución de la asociación por la voluntad de sus miembros o por decisión de la autoridad, en el caso que no realice o no se puede llevar a cabo la consecución de los referidos fines u objetivos sociales, circunstancias que analizamos a continuación Por todo ello, el establecimiento de los fines de las asociaciones no debe ser tratado de forma baladí, debiendo ser anunciados concretamente en los estatutos, proporcionando un marco normativo que guíe y regule todas las actividades y decisiones que se tomen.

3.2.- Relaciones con la autoridad

En el ámbito de las asociaciones públicas de fieles, estas relaciones están fundamentadas en un marco teológico y jurídico que define cómo estas asociaciones deben funcionar dentro del contexto de la Iglesia y cómo deben interactuar con la jerarquía eclesiástica. Prueba de ello, como hemos repetido en páginas anteriores, destacamos algunos aspectos significativos de esa necesaria relación. Por ejemplo, las asociaciones públicas de fieles deben ser erigidas por la autoridad eclesiástica competente. Este acto de erección implica un reconocimiento oficial y una autorización para actuar en nombre de la Iglesia, pues como venimos manifestando la autoridad eclesiástica evalúa los estatutos de la asociación, su propósito, y su conformidad con la doctrina y la disciplina de la Iglesia. Por otro lado, la autoridad eclesiástica tiene el deber de supervisar y, si es necesario, intervenir en las actividades de las asociaciones públicas de fieles. Esta supervisión asegura que la asociación mantenga su fidelidad a los principios de la Iglesia y cumpla con su misión de manera efectiva. La supervisión incluye, entre otras cuestiones, la revisión de sus estatutos, actividades y gestión financiera. Es más, debe quedar claro que la tarea de la autoridad eclesiástica competente no se limita solo a aprobar los estatutos al momento de establecer la entidad, sino que también se necesitará la aprobación de dicha autoridad para cualquier modificación futura de los estatutos, y para ello se deberá emitir un nuevo decreto de la misma autoridad. Y, por último, en muchas asociaciones públicas de fieles, la autoridad eclesiástica puede nombrar un asesor o director espiritual. Este asesor tiene la función de guiar espiritualmente a los miembros de la asociación y asegurar que sus actividades se realicen en consonancia con la enseñanza de la Iglesia.

Si analizamos el Código de Derecho canónico vigente, en el ámbito de las relaciones con la autoridad eclesiástica y siguiendo la estructura que ya utilizábamos cuando hemos analizado las asociaciones privadas, será necesario, en primer lugar, el análisis del c. 301 en relación al 312[177]. En este último se establece la autoridad competente para erigir las asociaciones:

- La Santa Sede. Se hace referencia a la autoridad que tiene la Santa Sede para erigir asociaciones públicas en el contexto de la Iglesia Católica, específicamente para aquellas de carácter universal e internacional y en base a ser la autoridad suprema, plena, inmediata y universal sobre toda la Iglesia Católica, tanto en asuntos espirituales como administrativos. Por tanto, esta autoridad le permite, entre otras cosas, erigir asociaciones públicas de fieles que trasciendan fronteras nacionales y tengan un alcance universal o internacional siendo una manifestación de su rol central y su responsabilidad en la supervisión y guía de la Iglesia Católica en todo el mundo, permitiendo a la Iglesia mantener su cohesión y asegurar que las asociaciones que actúan en su nombre lo hagan de acuerdo con su misión y valores fundamentales. Esta facultad para erigir asociaciones públicas de carácter internacional se vio oportunamente concretada según disposición del artículo 134 de la Constitución Apostólica Pastor Bonus que tuvo como objeto ordenar la naturaleza y función de la Curia Romana. En ella se dispone que el Pontificio Consejo para los laicos, en el ámbito de su competencia, trate todo lo referente a las asociaciones laicales de fieles cristianos; erige las que tienen carácter internacional y aprueba o reconoce sus estatutos, salvo la competencia de la Secretaría de

177 C. 312 § 1. Es autoridad competente para erigir asociaciones públicas: 1 la Santa Sede, para las asociaciones universales e internacionales; 2 la Conferencia Episcopal dentro de su territorio, para las asociaciones nacionales es decir, que por la misma erección miran a ejercer su actividad en toda la nación; 3 el Obispo diocesano, dentro de su propio territorio, pero no el Administrador diocesano, para las asociaciones diocesanas; se exceptúan, sin embargo, aquellas asociaciones cuyo derecho de erección está reservado a otras personas. § 2. Para la erección válida de una asociación o de una sección de la misma en una diócesis, se requiere el consentimiento del Obispo diocesano, dado por escrito aun en el caso de que esa erección se haga por privilegio apostólico; sin embargo, el consentimiento escrito del Obispo diocesano para erigir una casa de un instituto religioso vale también para erigir, en la misma casa o en la iglesia aneja, una asociación que sea propia de ese instituto.

Estado. Algunos otros Dicasterios o Congregaciones también poseen competencia según la materia o el fin[178].

- La Conferencia Episcopal. Debemos recordar que la Conferencia Episcopal es un organismo que agrupa a los obispos de una nación o territorio específico. Su función principal es coordinar y apoyar la labor pastoral de los obispos, promover la unidad de acción y proporcionar orientación en asuntos de importancia común. La autoridad de la Conferencia Episcopal está regulada en el ordenamiento canónico, especialmente en los c. 447-459 del C.I.C. y dentro de sus competencias se recoge la autoridad para erigir asociaciones públicas de fieles que ejercen su actividad a nivel nacional, lo cual asegura una adecuada coordinación y supervisión de dichas asociaciones en el ámbito de la nación, pues la Conferencia Episcopal, al tener una visión integral de las necesidades y desafíos de la Iglesia en su territorio, está en una posición adecuada para erigir y supervisar estas asociaciones. Esto asegura que las asociaciones nacionales estén alineadas con las prioridades pastorales de la Iglesia en ese país y que puedan actuar eficazmente en beneficio de los fieles que componen esa comunidad. Han existido no pocas voces que se preguntaban qué ocurriría en el caso de unas asociaciones de fieles erigidas para un territorio pluridiocesano pero no nacional, como es el caso de asociaciones ubicadas en una determina región, por muy extensa que esta fuera.

  En relación a estas y otras cuestiones la propia Conferencia Episcopal Española emitió la «Instrucción sobre asociaciones canónicas de ámbito nacional»[179], aprobada el 24 de abril de 1986 durante la XLIV Asamblea Plenaria de la Conferencia Episcopal Española, con el objetivo, tal y como afirma Manzanares, de organizar con sentido práctico la compleja ordenación canónica sobre el derecho de asociación, y ofrecer a los órganos competentes de la Conferencia Episcopal un medio útil para ejercer, en lo canónico y en lo práctico, sus facultades propias en la aprobación y erección de asociaciones de ámbito nacional[180]. En concreto dedica varios artículos (del 6 al 9) a detallar los criterios para reconocer una asociación como nacional. En estos artículos, como señala Peña García[181], se persigue no solo concretar

178 Por ejemplo, la Congregación del Culto Divino, la Congregación para el Clero o la Congregación de los Seminarios e Institutos de Estudios.

179 Sobre este tema destaca el artículo de Manzanares J., «Instrucción de la Conferencia Episcopal Española sobre las Asociaciones canónicas» en *Simposio sobre Asociaciones canónicas de fieles*, Salamanca 1987, p. 215-236

180 Discurso de Mons. Rouco Valera en la presentación del esquema ante la XLIV Asamblea Plenaria de la Conferencia Episcopal.

181 Peña García, C. «Las asociaciones de fieles: su regulación en la legislación canónica particular española», *Ius Canonicum* / vol. 50 / 2010 / 31-82 ISSN 0021-325, pp. 34-36 sobre

procedimientos y formas de actuación en relación a las asociaciones públicas de implantación nacional, sino también se ocupa de la relación entre la Conferencia Episcopal y los Obispos diocesanos en este contexto. Concretamente, y siguiendo a reconocidos investigadores destacamos como en el artículo 6 se afirma con rotundidad que no toda asociación que opere en varias diócesis debe ser considerada nacional, ya que el derecho canónico ofrece otras posibilidades. El artículo 7, si bien establece como norma que una asociación que desee ser considerada nacional debe ya estar presente en una parte considerable del territorio nacional o tener perspectivas razonables de expansión, sin embargo, también permite que la Conferencia apruebe o revise los estatutos de asociaciones que aún no estén implantadas en las diócesis, especialmente si sus objetivos abarcan todo el territorio nacional. En relación al procedimiento, por último, el artículo 8 regula lo establecido para la aprobación o revisión de los estatutos de las asociaciones nacionales. Este proceso requiere una solicitud dirigida a la Secretaría General de la Conferencia, un informe técnico de la Junta de Asuntos Jurídicos y un informe pastoral de la Comisión Episcopal o del organismo de la Conferencia que sea más adecuado para los fines de la asociación. Además, este artículo exige que los estatutos especifiquen claramente la forma en que la asociación se conectará con la Conferencia Episcopal.

Finalmente, y como decíamos en párrafo anterior, la instrucción no solo se limita al procedimiento, sino que en el artículo 9 establece que la aprobación o revisión de estatutos por parte de la Conferencia Episcopal no permite que las asociaciones nacionales se establezcan en una diócesis sin el consentimiento del Obispo local, conforme a la normativa del derecho canónico para las asociaciones públicas.

- El Obispo diocesano. Es la autoridad competente para erigir asociaciones públicas dentro de su diócesis. Esto significa que, dentro de los límites geográficos de su territorio, el Obispo tiene la potestad

el procedimiento especifico de erección y reconocimiento establecido por la CEE dice «Respecto a las públicas (arts. 11-21), la Instrucción destaca su estrecha vinculación a la Jerarquía eclesiástica, su actuación «en nombre de asociaciones codiciales, adaptándolas a las asociaciones de ámbito nacional y concretando, en su caso, el modo de actuar: así, se establece que la aprobación por la Conferencia Episcopal tanto de los estatutos como de las revisiones o modificaciones de los mismos, prevista en el c. 314, corresponderá a la Asamblea Plenaria (art. 14); también a la Asamblea Plenaria corresponderá la disolución de la asociación conforme al c. 321, sin perjuicio del derecho de la asociación de recurrir contra esa decisión (art. 20); asimismo, la Instrucción concreta lo dispuesto en el c. 317 respecto a la confirmación del Presidente –designado por la asociación conforme a su derecho estatutario– y al nombramiento del Consiliario, necesario en estas asociaciones, estableciendo que será la Comisión Permanente de la CEE el órgano competente para dicha confirmación / nombramiento (art. 16) 5, etc.».

de establecer oficialmente estas asociaciones, dándoles reconocimiento y personalidad jurídica dentro de la Iglesia. El Administrador Diocesano, quien asume temporalmente las funciones del Obispo en ausencia o sede vacante, no posee la misma autoridad para erigir asociaciones públicas diocesanas. Este límite asegura que decisiones de gran relevancia y permanencia, como la erección de una asociación pública, sean realizadas por un Obispo diocesano estable, quien tiene una visión a largo plazo y una mayor estabilidad en su jurisdicción. Por tanto, la restricción que impide al Administrador diocesano erigir asociaciones públicas diocesanas se fundamenta en la temporalidad de su cargo y la naturaleza interina de su mandato. Por último, existen ciertas asociaciones cuyo derecho de erección no reside en el Obispo diocesano, sino que está reservado a otras personas o autoridades dentro de la Iglesia. Estas excepciones pueden deberse a la naturaleza especial de la asociación, a estatutos particulares o a disposiciones del derecho canónico que asignan esta competencia a superiores religiosos, conferencias episcopales, o incluso al Papa.

Continuando con el análisis de la normativa y en relación a la autoridad eclesiástica, debemos detenernos en lo dispuesto en los cánones 113 a 123, y concretamente en lo regulado para la constitución de la persona jurídica que, según lo establecido en el c. 117 ordena que ninguna corporación o fundación que desee conseguir personalidad jurídica pueda obtenerla si sus estatutos no han sido aprobados por la autoridad competente. De dicha afirmación podemos desprender lo siguiente:

- Aprobación previa de los estatutos. Antes de que una asociación o fundación pueda ser reconocida legalmente (tener personalidad jurídica), es necesario que sus estatutos sean aprobados por la autoridad eclesiástica competente.
- Naturaleza del conjunto. La aprobación de los estatutos no cambia la esencia o naturaleza de la asociación o fundación, ya que esta aprobación no otorga nada nuevo a la entidad.
- Insuficiencia de la aprobación para la personalidad jurídica. Aunque la aprobación de los estatutos es un paso necesario, por sí sola no es suficiente para que la entidad obtenga personalidad jurídica.
- Consecuencia de la falta de aprobación. Si los estatutos no son aprobados, la asociación o fundación no puede obtener personalidad jurídica de manera válida. Por lo tanto, cualquier decreto de erección (acto formal de establecimiento) emitido por la autoridad sin la previa aprobación de los estatutos sería inválido.

Tras el análisis de las facultades que el ordenamiento reconoce y permite para la creación de asociaciones y como la presencia en ese momento de erección se hace decisiva, debemos dedicar las siguientes páginas de nuestro estudio a la intervención de la autoridad eclesiástica en la vida de las Asociaciones Públicas de fieles, concretamente el análisis del c. 317[182];

1. El presidente de la asociación

Como hemos visto, el Código de Derecho Canónico al regular la vida de la Iglesia Católica, proporciona directrices claras sobre la organización y el funcionamiento de las asociaciones eclesiásticas. Una de las áreas clave es la administración y liderazgo de las asociaciones públicas de fieles. En este contexto, el c. 317 en su apartado 1 establece las normas para la confirmación o nombramiento del presidente de estas asociaciones. El texto utilizado dice así: «A no ser que se disponga otra cosa en los estatutos, corresponde a la autoridad eclesiástica de la que se trata en el c. 312 § 1, confirmar al presidente de una asociación pública elegido por la misma, o instituir al que haya sido presentado o nombrarlo por derecho propio». De dicho texto podemos destacar, en nuestra opinión, los siguientes aspectos.

En primer lugar, encontramos la afirmación «a no ser que se disponga otra cosa en los estatutos»: Este prefacio establece que las disposiciones contenidas en los estatutos de la asociación tienen primacía, pues como venimos indicando los estatutos son el conjunto de normas internas que rigen el funcionamiento de la asociación y, en muchos casos, pueden prever procedimientos específicos para la elección y confirmación del presidente.

En segundo lugar, nos habla de la autoridad eclesiástica competente que es la que se trata en el c. 312.1. Esta autoridad varía, como ya hemos visto, dependiendo de la jurisdicción de la asociación (el Obispo diocesano, la Conferencia Episcopal, o la Santa Sede).

Por último, el propio articulado distingue entre confirmación, institución o nombramiento. Así cuando una asociación pública elige a su presidente, la elección necesita ser confirmada por la autoridad eclesiástica competente. La confirmación en realidad es la fórmula que permite una mayor participación de

182 C. 317 § 1. A no ser que se disponga otra cosa en los estatutos, corresponde a la autoridad eclesiástica de la que se trata en el c. 312 § 1, confirmar al presidente de una asociación pública elegido por la misma, o instituir al que haya sido presentado o nombrarlo por derecho propio; pero compete a la autoridad eclesiástica nombrar el capellán o asistente eclesiástico, después de oír, cuando sea conveniente, a los oficiales mayores de la asociación. § 2. La norma establecida en el § 1 se aplica también a las asociaciones erigidas por miembros de institutos religiosos en virtud de privilegio apostólico, fuera de sus iglesias o casas; pero en las asociaciones erigidas por miembros de institutos religiosos en su propia iglesia o casa, el nombramiento o confirmación del presidente y del capellán compete al Superior del instituto, conforme a la norma de los estatutos. § 3. En las asociaciones que no sean clericales, los laicos pueden desempeñar la función de presidente y no debe encomendarse esta función al capellán o asistente eclesiástico, a no ser que los estatutos determinen otra cosa. § 4. En las asociaciones públicas de fieles, que se ordenan directamente al ejercicio del apostolado, no deben ser presidentes los que desempeñan cargos de dirección en partidos políticos.

los fieles, pues la autoridad únicamente se limita a confirmar la elección previamente realizada por los miembros de la asociación siendo, además, la fórmula más usual. En cuanto a instituir, se refiere a que la persona elegida cumple con los requisitos y la idoneidad para el cargo. Pero si la persona es presentada (por ejemplo, en asociaciones donde el procedimiento implica una presentación formal de candidatos), la autoridad eclesiástica debe instituir al presidente, lo que implica un acto formal de aceptación y asignación del cargo. En este apartado cobra importancia la prohibición específica recogida en el apartado 4 del citado c. 317 por la que los dirigentes de los partidos políticos no pueden ser presidente de la asociación en el caso de que ésta tenga como fin entre otros el apostolado. Por último, cuando hablamos del nombramiento por derecho propio, esta actuación se reserva a ciertos casos en que la autoridad eclesiástica puede nombrar directamente al presidente sin un proceso de elección o presentación. Esto suele ocurrir en situaciones especiales o excepcionales.

En definitiva, el c. 317. 1 subraya la importancia de la supervisión eclesiástica en las asociaciones públicas de fieles, pues así la Iglesia se asegura de que los líderes de estas asociaciones sean adecuados y capaces de cumplir con sus deberes, manteniendo la cohesión y la fidelidad doctrinal dentro de la estructura eclesial. Este canon también equilibra la autonomía de las asociaciones con la autoridad jerárquica de la Iglesia. Al permitir que los estatutos de una asociación definan procedimientos específicos, se respeta la autonomía organizativa. Sin embargo, la autoridad eclesiástica mantiene una función de supervisión crucial para garantizar la integridad y la correcta orientación de la asociación.

2. Nombramiento de Capellán o asistente eclesiástico

Como venimos afirmando la administración de las asociaciones dentro de la Iglesia Católica implica la designación de roles clave que aseguren la adecuada guía espiritual y el cumplimiento de los fines eclesiásticos. Entre estos roles, los capellanes o asistentes eclesiásticos desempeñan una función vital y, por ello, el nombramiento de estas personas es una prerrogativa de la autoridad eclesiástica, la cual debe proceder, en ciertos casos, en consulta con los oficiales mayores de la asociación. Analicemos brevemente el contenido del canon en relación a esta cuestión. En primer lugar, se afirma con rotundidad que compete a la autoridad eclesiástica dichos nombramientos. La autoridad eclesiástica referida es aquella designada por el derecho canónico, que puede incluir al obispo diocesano, al superior de un instituto religioso o a otra figura con jurisdicción eclesiástica. Esta autoridad tiene el derecho y la responsabilidad de nombrar al capellán o asistente eclesiástico de la asociación. La distinción no es baladí, pues el capellán es un sacerdote designado para proveer asistencia espiritual y litúrgica a una comunidad, institución o grupo específico[183] mientras que el

183 Dispone el c. 564 «El capellán es un sacerdote a quien se encomienda establemente, al menos en parte, la atención pastoral de alguna comunidad o grupo de fieles, para que la ejerza de acuerdo al derecho universal y particular».

asistente eclesiástico puede referirse a un sacerdote o a otro ministro designado para asesorar y guiar espiritualmente a una asociación de fieles, asegurando que sus actividades se alineen con las enseñanzas y principios de la Iglesia[184]. En segundo lugar, el canon ordena que es aconsejable que en determinadas ocasiones deban ser oídos o consultados los oficiales mayores de la asociación. Este requerimiento subraya la importancia de la comunicación y la consulta dentro de la estructura eclesiástica. La autoridad eclesiástica debe considerar las opiniones y sugerencias de los oficiales mayores de la asociación, quienes tienen un conocimiento más cercano de las necesidades y dinámicas internas de la misma. Sin embargo, esta consulta no es obligatoria en todos los casos, sino que se lleva a cabo «cuando sea conveniente». De la redacción dada al canon, en nuestra opinión se desprenden varias afirmaciones. Por un lado, se intenta la garantía de idoneidad, pues al asignar la responsabilidad del nombramiento a la autoridad eclesiástica, la Iglesia asegura que el capellán o asistente eclesiástico será alguien adecuado para el rol, tanto en términos de formación espiritual como de alineación con los principios doctrinales. Por otro lado, la consulta con los oficiales mayores, cuando es considerada conveniente, promueve la unidad y la armonía dentro de la asociación. Asegura que las decisiones no se tomen de manera aislada, sino en consideración de las necesidades y contextos específicos de la asociación. En consecuencia, el canon refleja un equilibrio entre la autoridad jerárquica y la participación de los laicos en la vida de la Iglesia. Mientras la autoridad eclesiástica tiene la última palabra, la consulta con los oficiales mayores permite una cierta participación y voz en el proceso de nombramiento.

Por último, indicar que nada se dice en el CIC sobre la duración de los citados nombramientos. Es más, y en relación a las asociaciones públicas de fieles debe estarse a lo previsto en el propio nombramiento o en los estatutos si en ellos se ha regulado sobre tal materia. Probablemente la ausencia de una normativa específica sobre la duración de los nombramientos de capellanes y asistentes eclesiásticos permiten a cada asociación adaptar la duración de los nombramientos a sus necesidades particulares, promoviendo una gestión eficaz y contextualizada.

3. De la designación de comisario

Establece el c 318 que, en circunstancias especiales, cuando lo exijan graves razones, la autoridad eclesiástica puede designar un comisario, que en su nombre dirija temporalmente la asociación o remover al presidente de la asociación o al capellán. Esta disposición tiene el objetivo de asegurar el buen funcionamiento y la integridad de las asociaciones cuando surgen situaciones críticas.

---

184 Martínez Sistach, L, *las asociaciones publicas op. cit.*, p. 88 establece que el capellán es el encargado de las funciones litúrgicas, mientras que el asistente eclesiástico puede considerarse como un delegado de la autoridad en la asociación.

El c, 318 se estructura en dos párrafos, regulando diversas situaciones:

Apartado primero: «En circunstancias especiales, cuando lo exijan graves razones, la autoridad eclesiástica de la que se trata en el c. 312 § 1 puede designar un comisario, que en su nombre dirija temporalmente la asociación».

Apartado segundo: «Puede remover de su cargo al presidente de una asociación pública con justa causa, la autoridad que lo nombró o confirmó, oyendo antes, sin embargo, a dicho presidente y a los oficiales mayores según los estatutos; conforme a la norma de los c. 192-195, puede remover al capellán aquél que le nombró».

Analicemos, por tanto, cada una de las situaciones que el código prevé. Así, en el apartado primero se dispone que la intervención por parte de la autoridad eclesiástica, a través del nombramiento de un comisario, está justificada por graves razones. Y aunque el CIC no detalla explícitamente estas razones, en la práctica suelen ser las más comunes las siguientes:

- Desviaciones doctrinales. Cuando la asociación se aleja de las enseñanzas de la Iglesia.
- Problemas de gobernanza. Situaciones de desorden interno, conflictos graves entre miembros o liderazgo ineficaz.
- Irregularidades financieras. Mal manejo de los recursos financieros de la asociación.
- Conductas inmorales o ilegales. Comportamientos contrarios a la moral cristiana o a las leyes civiles.

El comisario, al ser designado por la autoridad eclesiástica, actúa en representación de dicha autoridad y, por lo tanto, está obligado a seguir las directrices y órdenes que ésta le proporcione. Su papel es intervenir de manera efectiva para corregir situaciones críticas, garantizando que las acciones tomadas estén en consonancia con las intenciones y objetivos de la autoridad quo lo nombró. Ahora bien, el nombramiento y la actuación del comisario presentan unos límites, pues pese a su poder para dirigir temporalmente la asociación dicha actuación no es indefinida ni arbitraria. Destacamos los siguientes que deben ser siempre respetados:

- Por un lado, aparece como límite los estatutos vigentes de la Asociación, ya que dichos estatutos, que permanecen en vigor y fueron aprobados previamente por la misma autoridad eclesiástica, constituyen un marco normativo que el comisario debe seguir. Estos estatutos establecen las reglas y procedimientos que rigen la asociación y, en consecuencia, proporcionan un límite legal a las acciones del comisario.
- Y, en segundo lugar, es determinante la naturaleza y fines de la Asociación pues el comisario debe actuar siempre en conformidad con ellos. Esto significa que cualquier medida adoptada debe respetar la

misión, visión y objetivos para los cuales la asociación fue creada. Intervenciones que desvíen a la asociación de su propósito original no están permitidas.

Dicho lo anterior y, como consecuencia de esa necesidad de intervención mínima, debemos llamar la atención sobre la obligación de que el comisario permanezca en su función el menor tiempo posible y solo actúe para la finalidad concreta para la que fue nombrado. Una vez que se hayan solucionado las causas que motivaron la intervención del comisario, es esencial que éste sea retirado de su puesto. La permanencia del comisario más allá del tiempo necesario para resolver los problemas específicos podría ser contraproducente y violaría el principio fundamental de autonomía de la asociación. Este principio sostiene que las asociaciones de fieles tienen el derecho y la capacidad de autogobernarse conforme a sus estatutos y fines propios (c 304, 309), sin intervención externa innecesaria.

El segundo de los supuestos previsto en el c. 318 trata sobre la necesidad que la autoridad, en el caso de una asociación pública, para remover al presidente de una asociación o al capellán con justa causa, deba escuchar al presidente y a los oficiales mayores. Concretamente dicho canon dispone «Puede remover de su cargo al presidente de una asociación pública, con justa causa, la autoridad que lo nombró o confirmó, oyendo antes, sin embargo, a dicho presidente y a los oficiales mayores según los estatutos; conforme a la norma de los cánones. 192-195, puede remover al capellán aquél que le nombró».

Distingamos, por tanto, las dos situaciones que se prevén. En primer lugar, analizamos la remoción del presidente de una Asociación Pública. Requisito exigido es la existencia de justa causa que se refiere a razones objetivas y serias que justifiquen la remoción. En el proceso de remoción, la autoridad eclesiástica debe escuchar al presidente y a los oficiales mayores de la asociación. Esto asegura un proceso justo y transparente, permitiendo que el presidente presente su defensa y que los oficiales mayores puedan expresar su opinión sobre la situación. Además, el procedimiento debe seguir las normas establecidas en los estatutos de la asociación, los cuales proporcionan un marco legal para la gobernanza y la remoción de sus líderes.

En el caso de remoción del Capellán de una Asociación Pública la autoridad que nombra al capellán de una asociación pública es la misma que tiene la facultad para removerlo. Esta autoridad debe actuar conforme a los cánones del Código y siguiendo los procedimientos establecidos. Por un lado, debe existir justa causa, similar a los criterios utilizados para la remoción del presidente. La autoridad que desea remover al capellán pude escucharle antes de tomar una decisión definitiva. El canon no exige oírlo, si bien tampoco se prohíbe, por lo que en la medida de lo posible parece aconsejable. Esto garantiza que el capellán tenga la oportunidad de defenderse y de explicar su situación. La remoción debe conformarse a las normas de los cánones

192-195, que proporcionan un marco legal para tales acciones. Así el c. 192 establece las normas generales para la remoción de un cargo eclesiástico; el c. 193 detalla las condiciones para la remoción de un cargo por tiempo indefinido o determinado; el c 194 especifica las causas por las cuales alguien puede ser removido ipso facto de su cargo; y el c. 195 proporciona disposiciones sobre la provisión de medios de subsistencia a aquellos removidos de sus cargos.

La remoción de un presidente o capellán tiene implicaciones significativas para la asociación tanto positivas como negativas. Pues, por un lado, puede y debe ayudar a mantener la estabilidad y confianza en la estructura de gobierno de la asociación, además de garantizar que los líderes de la asociación permanezcan alineados con la doctrina y moral de la Iglesia. No obstante, no debemos olvidar que también puede conllevar a un período de transición que, si no se maneja adecuadamente, podría afectar el funcionamiento adecuado de la asociación.

A modo de conclusión, y en relación a todo lo expresado en este epígrafe, debemos incidir en que el derecho de asociación en la Iglesia permite que los fieles se organicen para vivir su fe y contribuir a la misión de la Iglesia. Sin embargo, este derecho implica una necesaria relación con la autoridad eclesiástica, cuya función es orientar, supervisar y asegurar que las asociaciones respeten los principios de la comunión eclesial. Esta supervisión no debe ser restrictiva ni debe imponer límites innecesarios a la libertad de los fieles, sino que debe ser un medio para garantizar que las asociaciones contribuyan al bien común de la Iglesia. Tal y como ha señalado NAVARRO[185], para que la relación entre las asociaciones y la autoridad eclesiástica sea justa y eficaz, se deben asumir determinados principios, tales como, 1.º atender a la realidad concreta de cada asociación, y en este sentido la autoridad debe observar la finalidad y el contexto en que una asociación ha sido creada para determinar la naturaleza y el tipo de relación que debería mantener con ella, pudiendo sugerir que una asociación se constituya como civil o eclesiástica, pero no puede imponer una configuración contra la voluntad de sus miembros; 2.º los criterios de eclesialidad o naturaleza eclesial de una asociación, que se evalúan en función del cumplimiento de varios aspectos que el Papa Juan Pablo II enunció en Christifideles Laici. Estos incluyen la promoción de la santidad, la comunión eclesial, la confesión de la fe católica y la participación en la misión apostólica de la Iglesia. Aunque estos criterios son fundamentales, no todas las asociaciones deben cumplirlos con igual intensidad, especialmente en el caso de asociaciones dedicadas a aspectos específicos de la vida cristiana, como la caridad o la cultura.; 3.º por último, destacamos también como la evaluación integral, pues el reconocimiento

185 NAVARRO, L., «El derecho de asociación de los fieles y la autoridad eclesiástica», ponencia en el *IV Simposio del Instituto Martín de Azpilcueta, sobre La dimensión de servicio en el gobierno de la Iglesia*, celebrado en Pamplona del 17 al 19 de septiembre de 1997.

de una asociación no debería depender solo de sus estatutos. La autoridad debe también evaluar el funcionamiento real de la asociación, su historia, su presencia en la Iglesia y los frutos espirituales que produce en sus miembros y en la comunidad eclesial.

3.3.- Los miembros de las asociaciones públicas y la tutela jurídica de sus derechos fundamentales[186]

Como venimos repitiendo desde el comienzo de este trabajo una asociación es una entidad creada por la voluntad de varias personas para perseguir fines comunes. Por tanto, los miembros de la asociación son fundamentales para su constitución, funcionamiento y desarrollo. No solo lo son los fundadores, sino también aquellos que se inscriben posteriormente. Por ello, los estatutos de la asociación deben incluir un capítulo destinado a regular diversos aspectos relativos a sus miembros, tales como su naturaleza, los requisitos de admisión, el procedimiento para aceptar nuevos miembros, y sus derechos y obligaciones. A continuación, y aunque sea brevemente intentare dar alguna pincelada de estos aspectos, si bien antes señalar un requisito común para formar parte de toda asociación pública de fieles y se encuentra recogido en el c. 316 que ordena de manera tajante que quien públicamente rechazara la fe católica o se apartara de la comunión eclesiástica, o se encuentre incurso en una excomunión impuesta o declarada, no puede ser válidamente admitido en las asociaciones públicas. En el segundo apartado de dicho canon continua ordenando que quienes, estando legítimamente adscritos, cayeran en el caso del apartado 1, deben ser expulsados de la asociación, después de haber sido previamente amonestados, de acuerdo con los propios estatutos y quedando a salvo el derecho a recurrir a la autoridad eclesiástica de la que se trata en el c. 312.1.

1.- Las asociaciones públicas de fieles pueden establecer diferentes categorías de miembros según sus estatutos, **atendiendo a sus fines u objetivos sociales las cuales podrían incluir entre otros**:

- Miembros ordinarios con plenitud de derechos y obligaciones. Participan regularmente en las actividades de la asociación y tienen voz y voto en las asambleas.
- Miembros juveniles o menores de edad, que no tiene adquirido con plenitud los derechos y obligaciones, aunque si participan en la vida de la asociación

186 García Martín, José Tomás. *El derecho de asociación de los fieles y la tutela de sus derechos en la Iglesia*. Comillas, 2008; Llobell, Javier. *La Tutela Jurídica de los Derechos de los Fieles en la Iglesia*. Ediciones Palabra, 1997.

- Miembros extraordinarios, protectores o asociados. Colaboran con la asociación, pero no tienen una participación tan activa y pueden tener derechos limitados en las decisiones de la asociación.
- Miembros Honoríficos. Personas físicas o jurídicas que, por su destacada contribución o prestigio, son reconocidos con este título sin las obligaciones de los miembros ordinarios.

La distinción entre diferentes tipos de miembros permite a la asociación adaptarse mejor a las contribuciones y necesidades de cada individuo, ofreciendo un marco flexible y acorde con sus objetivos.

2.- Requisitos para ser miembro. Pueden variar según de que tipo de asociaciones se trate y deben ser especificados en los estatutos de la asociación. Algunos de los más comunes son establecer una edad mínima para la membresía; algunas asociaciones pueden requerir que los miembros sean nacionales de un determinado país; aunque generalmente no se establece discriminación por sexo, algunas asociaciones pueden estar orientadas a un género específico; la habilidad en un área específica puede ser un requisito en determinadas asociaciones con matiz específico. Estos y otros requisitos permiten a la asociación asegurarse de que sus miembros estén alineados con sus objetivos y capacidades para contribuir de manera efectiva.

3.- Proceso de admisión de nuevos miembros y gestión de bajas en las Asociaciones de Fieles.

El proceso de admisión de nuevos miembros debe ser un procedimiento estructurado diseñado para asegurar que los nuevos integrantes compartan los valores y la misión de la comunidad. Este proceso generalmente comprende los siguientes pasos:

- Solicitud de admisión: El primer paso es que el interesado manifieste su deseo de ser parte de la asociación, lo cual puede realizarse verbalmente o por escrito. Esta solicitud debe ser presentada a la Junta Directiva, indicando su intención y, en algunos casos, proporcionando información personal y de contacto. En algunos supuestos los interesados en unirse a la asociación deben iniciar un proceso de candidatura, que puede incluir la asistencia a reuniones informativas, charlas sobre la doctrina y la misión de la asociación, y la participación en actividades comunitarias.
- Revisión de requisitos: Una vez recibida la solicitud, la Junta Directiva procede a revisar si el solicitante cumple con los requisitos establecidos en los estatutos de la asociación. Esto puede incluir criterios como la edad, la fe, la participación previa en actividades de la asociación, y cualquier otra condición específica que los estatutos demanden. Según el tipo de asociación a veces se realiza una evaluación de los candidatos a través de entrevistas, charlas formativas y la participación en grupos de estudio, con la finalidad de comprobar/fortalecer la formación religiosa y moral de los aspirantes.

- Decisión de la Junta Directiva: Tras la revisión de los requisitos, la Junta Directiva toma una decisión sobre la admisión del nuevo miembro. Esta decisión se debe basar en la evaluación de la solicitud y el cumplimiento de los requisitos. En caso de que la Junta necesite más información o clarificación, se pueden solicitar entrevistas adicionales o pruebas de compromiso con la fe y los valores de la asociación.
- Inscripción en el Libro de Miembros: Si la Junta Directiva aprueba la solicitud, el secretario de la asociación procede a inscribir al nuevo miembro en el libro de miembros. Este registro formaliza su pertenencia a la comunidad y le otorga todos los derechos y deberes establecidos en los estatutos. Es aconsejable que la admisión formal de nuevos miembros se celebre en una ceremonia especial, que puede incluir la renovación de votos, la entrega de símbolos de pertenencia como medallas, cruces o libros sagrados, y la bendición por parte de un líder religioso. Esta ceremonia refuerza el sentido de comunidad y compromiso.

Aun cuando somos consciente de que a veces el proceso de admisión de miembros se ha convertido en algo meramente formal, la realidad es que el proceso de admisión no es un asunto intrascendente o superficial y, por ello, requiere una atención especial para integrar adecuadamente a todos los miembros sin comprometer los principios fundamentales de la asociación. Es esencial equilibrar la apertura a nuevos miembros con la necesidad de mantener la coherencia doctrinal y ética de la asociación. Y ello implica establecer criterios claros y justos que eviten la dilución de los valores fundamentales. Por último, asegurar que los nuevos miembros se integren plenamente y participen activamente en las actividades de la comunidad es otro desafío. Y esto requiere estrategias de acogida y acompañamiento continuo para facilitar su integración y motivar su compromiso.

En cuanto al procedimiento para la baja de miembros debe de gestionarse con el mismo cuidado y formalidad que la admisión. Los motivos para la baja pueden incluir:

- Voluntad del Miembro. Un miembro puede decidir abandonar la asociación por razones personales, doctrinales o por falta de interés. Esta decisión debe comunicarse formalmente a la Junta Directiva.
- Incumplimiento de Obligaciones. Los miembros pueden ser dados de baja si no cumplen con las obligaciones estatutarias, como el pago de cuotas, la asistencia a reuniones o la participación en actividades. La falta de cumplimiento puede ser motivo de revisión y, eventualmente, de exclusión.
- Situación Canónica. Existen situaciones específicas previstas en los estatutos que pueden llevar a la baja de un miembro, tales como comportamientos contrarios a la doctrina, violación de los principios éticos de la asociación, o problemas legales.

El órgano competente para gestionar las bajas es, generalmente, la Junta directiva o de gobierno, que tiene la responsabilidad de evaluar cada caso y tomar la decisión final. No obstante, el miembro afectado tiene la posibilidad de apelar la decisión ante la Asamblea General, que revisará el caso y tomará una decisión definitiva.

4.- Derechos y Obligaciones de los Miembros. Los derechos y obligaciones de los miembros deben estar claramente definidos en los estatutos de la asociación y pueden variar según la categoría de membresía. A continuación, se detallan algunos derechos y obligaciones comunes:

- Derecho a participar. Los miembros ordinarios tienen el derecho de participar en las asambleas generales y en la toma de decisiones. Esto incluye el derecho a debatir y votar sobre las cuestiones importantes de la asociación.
- Derecho a información. Todos los miembros tienen el derecho a estar informados sobre las actividades, decisiones y finanzas de la asociación. Esto garantiza la transparencia y la participación informada de todos los integrantes.
- Derecho a voto. Dependiendo de su categoría, los miembros pueden tener el derecho a votar en las asambleas. Este derecho es fundamental para la democracia interna y la toma de decisiones colectivas.
- Derecho a proponer iniciativas. Los miembros pueden tener el derecho de proponer nuevas iniciativas, proyectos o modificaciones en los estatutos, lo que fomenta la innovación y la participación activa.

Junto a estos derechos incluimos una serie de obligaciones tales como:

Pago de cuotas. Los miembros están obligados a contribuir económicamente mediante el pago de cuotas. Estas cuotas son esenciales para el funcionamiento y desarrollo de las actividades de la asociación.

Cumplimiento de estatutos. Los miembros deben adherirse a las normas y regulaciones establecidas en los estatutos. Esto incluye seguir las directrices doctrinales, éticas y administrativas de la asociación.

Participación en actividades. Es fundamental que los miembros participen activamente en las actividades y eventos organizados por la asociación. Esto fortalece los lazos comunitarios y contribuye al éxito de la misión de la asociación.

En definitiva, tal y como hemos indicado, los miembros son el núcleo fundamental de cualquier asociación, asegurando su existencia y dinamismo. Los estatutos de la asociación deben contemplar claramente la naturaleza de los miembros, los requisitos para su admisión, el procedimiento de ingreso y baja, así como los derechos y obligaciones que corresponden a cada categoría de miembro. Una regulación clara y precisa en estos aspectos contribuye a la cohesión interna y al buen funcionamiento de la asociación, permitiendo alcanzar los fines y objetivos para los cuales fue constituida.

3.4.- El gobierno de la asociación

Como venimos manifestando las asociaciones públicas de fieles en el derecho canónico cuentan con una estructura y organización diseñadas para cumplir eficazmente su misión dentro de la Iglesia, en coordinación con la autoridad eclesiástica[187]. Por ello, su organización responde a principios de gobierno interno, gestión de recursos y relaciones externas con la autoridad de la Iglesia y la comunidad. A continuación, se detallan los aspectos principales de la estructura y organización interna y externa de estas asociaciones[188].

3.4.1. Estructura y organización interna[189]

Las asociaciones públicas de fieles tienen una estructura de gobierno establecida en sus estatutos, los cuales, como sabemos, son aprobados por la autoridad eclesiástica competente. Los órganos de gobierno internos varían según el tipo de asociación[190], pero generalmente incluyen:

Asamblea General. Es el órgano colegiado principal que representa a todos los miembros de la asociación. En la asamblea, se toman decisiones importantes sobre la vida de la asociación, como la aprobación de presupuestos, modificaciones estatutarias y elecciones de los cargos directivos. También se discuten y definen las principales líneas de acción.

Consejo o Junta Directiva. Es el órgano ejecutivo que administra la asociación y ejecuta las decisiones de la Asamblea General. Suele estar compuesto por un presidente o superior, un secretario, un tesorero y otros cargos según las necesidades de la asociación. El Consejo Directivo o junta directiva coordina las actividades cotidianas, gestiona los recursos y asegura el cumplimiento de los fines de la asociación.

Presidente, superior, prior, hermano mayor. Es el representante legal de la asociación, quien actúa como líder y portavoz. En muchos casos, el presidente es elegido por los miembros de la asociación, aunque puede ser designado directamente por la autoridad eclesiástica. Tiene la responsabilidad de dirigir la asociación conforme a los estatutos y en coordinación con la jerarquía eclesiástica.

---

187 NAVARRO, Javier. *Las Asociaciones Públicas de Fieles: Marco jurídico y organizativo*. Ediciones Universidad de Navarra, 2014.

188 SÁNCHEZ-GIL, Vicente. *La Iglesia y el Orden Jurídico de las Asociaciones de Fieles*. Publicaciones de la Facultad de Teología de Granada, 2006.

189 Pontificio Consejo para los Laicos. *Manual de las Asociaciones de Fieles*. Libreria Editrice Vaticana, 2006.

190 CALVO, Juan M. *La Naturaleza Jurídica de las Asociaciones de Fieles en la Iglesia* Católica. Editorial San Pablo, 1995.

Comisiones o equipos de trabajo. Algunas asociaciones públicas de fieles, especialmente las de mayor tamaño, organizan comisiones o equipos de trabajo para encargarse de tareas específicas, como la formación espiritual, la organización de eventos o la gestión de proyectos sociales y caritativos.

3.4.2. Organización externa

La organización externa de las asociaciones públicas de fieles está marcada por su relación con la autoridad eclesiástica, que ejerce una supervisión directa sobre sus actividades[191]. Esta supervisión garantiza que las asociaciones actúen en nombre de la Iglesia y mantengan su fidelidad a la doctrina y misión de la misma. Nos remitimos a lo ya manifestado en páginas anteriores al analizar las relaciones con la autoridad, si bien solo recordar que el papel de la autoridad eclesiástica en las asociaciones públicas de fieles incluye la erección y aprobación de estatutos, pues solo puede ser erigida oficialmente mediante un decreto de la autoridad eclesiástica, y en consecuencia sus estatutos deben ser aprobados por esta autoridad, que tiene la facultad de revisarlos y, si es necesario, modificarlos. Para garantizar que la asociación opere conforme a sus fines y a la misión evangelizadora de la Iglesia la autoridad se atribuya facultades que incluyen la revisión periódica de actividades, solicitud de informes financieros y otros asuntos administrativos, así como en ciertos casos, la autoridad eclesiástica puede designar directamente a los responsables de la asociación, como un presidente o un director espiritual, asegurando que personas calificadas y fieles a la doctrina católica asuman estos cargos.

Las asociaciones públicas de fieles también interactúan con otras entidades eclesiales, como parroquias, diócesis, movimientos y congregaciones religiosas, fortaleciendo la misión común de evangelización y servicio a la comunidad. Por ejemplo, en la colaboración con parroquias para organizar actividades pastorales o caritativas, trabajar en redes diocesanas para compartir recursos y experiencias en proyectos comunes o, establecer vínculos con congregaciones religiosas que compartan su carisma o misión. Además de la supervisión local por parte del obispo o la conferencia episcopal, las asociaciones públicas de fieles que operan a nivel nacional o internacional mantienen un vínculo directo con la Santa Sede. Este acompañamiento global asegura la uniformidad y coherencia doctrinal y pastoral en las actividades que la asociación desarrolla en diferentes lugares del mundo. La Santa Sede, a través de distintas congregaciones y dicasterios[192], se encarga de supervisar las asociaciones públicas de fieles de ámbito internacional. En

191 GHIRLANDA, G. *Le associazioni nella Chiesa: Conformazione canonica e regime giuridico.* Libreria Editrice Vaticana, 2006.

192 Congregación para los Institutos de Vida Consagrada y las Sociedades de Vida Apostólica. Istruzione sulla collaborazione fra i fedeli laici e i pastori. Libreria Editrice Vaticana, 1997.

particular, el Dicasterio para los Laicos, la Familia y la Vida[193] juega un papel importante en la supervisión y acompañamiento de estas asociaciones, ya que es el organismo que se ocupa de las realidades laicales en la Iglesia. Cuando una asociación pública de fieles tiene un alcance internacional, la Santa Sede puede ayudar en su promoción y coordinación en diferentes países, asegurando que las diversas ramas o capítulos locales trabajen en armonía con los objetivos globales de la asociación. También se encarga de velar por la fidelidad doctrinal y pastoral en contextos culturales diversos[194].

A modo de conclusión podríamos afirmar que la estructura y organización interna y externa de las asociaciones públicas de fieles[195] está diseñada para garantizar que estas actúen de manera coherente con la misión de la Iglesia. Internamente, están organizadas con órganos de gobierno claros, estatutos bien definidos y una participación activa de sus miembros. Externamente, mantienen una estrecha relación de supervisión y apoyo con la autoridad eclesiástica, lo que asegura, como venimos reiterando, que sus acciones estén en sintonía con la doctrina y misión evangelizadora de la Iglesia católica.

3.5.- Los bienes y su administración

> «Aunque la Iglesia sea una sociedad de carácter principal y primariamente espiritual y sobrenatural con fines y medios de la misma categoría, sin embargo, por estar formada no de espíritus puros, sino de hombres de carne y hueso; por haber de desenvolverse en un medio temporal y humano, sujeto a necesidades y leyes económicas; por haber de dar a Dios un culto social y externo, ligado al uso de medios materiales; por su exigencias de expansión en un mundo infiel, mediate las misiones; y para cumplir el mandato de su Divino Fundador de remediar las necesidades no solo espirituales sino también materiales de sus hijos y aún de todos los hombres, con obras de beneficencia y de caridad, la Iglesia necesita absolutamente de la libre posesión de bienes materiales de toda clase, de la misma manera que el alma humana a pesar de sus espiritualidad necesita en su estado de unión del cuerpo y de sus órganos materiales para el pleno desarrollo de sus facultades y, la familia para el recto cumplimiento de sus fines naturales, necesita de la propiedad o de un justo salario familiar, y la sociedad civil de la riqueza pública y de una recta ordenación de las relaciones económicas entre sus miembros»[196].

---

193 Pontificio Consejo para los Laicos. *Manual de las Asociaciones de Fieles.*, *op. cit.*

194 Martínez Sistach, L. Comentario al Decreto «Las asociaciones de fieles» del Dicasterio para los Laicos, la Familia y la Vida de 11 de junio de 2021.

195 Arrieta, Juan Ignacio. *Derecho Canónico y Asociaciones Eclesiales*. EUNSA, 2012.

196 Cicognani, C. *Derecho de la Iglesia a la posesión de bienes materiales.* Discurso pronunciado en la solemne sesión de clausura de la Tercera Semana de Derecho Canónico. Fue nuncio de Su Santidad en España.

En relación a esta afirmación, como tuvo ocasión de pronunciarse BIDAGOR[197], «cuando la Iglesia comenzó a recoger en sus manos un patrimonio principalmente inmueble le imprimió un carácter de utilidad pública y social, patrimonio del que hubo de ocuparse pronto el derecho y la autoridad eclesiástica».

Traídas ambas afirmaciones al momento actual se hace necesario su estudio a la par de la nueva legislación que afecta al ámbito de las asociaciones públicas, que son consideradas personas jurídicas públicas y, por ello, regidas por el c. 1257, 1 en lo que respecta a sus bienes temporales. Aznar pone de manifiesto que Aznar[198]

> «esto significa que sus bienes son eclesiásticos, lo que quiere decir que se regulan por las normas del libro V y por sus estatutos, cuya labor será en muchas ocasiones la de acoger, desarrollar y aplicar dichas normas generales a la situación de cada asociación».

Somos conocedores de la importante modificación sufrida en esta materia, pues el anterior código pio-benedictino establecía una adecuación cuasi perfecta entre persona moral y bienes eclesiásticos que ahora desaparece aparentemente. «El Código anterior no reconocía capacidad patrimonial eclesiástica a las asociaciones e instituciones no erigidas en persona moral eclesiástica. Pero no se podía desconocer ni su existencia, ni la actividad que desarrollaban, ni que tenían un patrimonio a veces considerable, ni que tales entidades podían ser aprobadas o alabadas por la autoridad eclesiástica sin ser erigidas en personas morales»[199]. Parecía, por tanto, quedar claro que en

197 BIDAGOR, R. *Los sujetos del patrimonio eclesiástico y el «ius eminens» de la Santa Sede*, en Revista Española de Derecho canónico, v. V, Enero-Abril 1950, pp. 25-40 «La Iglesia desde sus principios, determinó el fin de los bienes terrenos... la sociedad eclesiástica se reviste de un carácter eminentemente religioso y social representado por un destino que Cristo imprimió a todas las actividades de su Iglesia: el culto a Dios y la caridad entre los hombres. Fundándose en la naturaleza misma de las cosas la Iglesia reivindicó el derecho a poseerlas, a hacer suyas las cosas, los bienes temporales necesarios para el ejercio de aquellas funciones».

198 AZNAR GIL. F. *Los bienes temporales en las asociaciones de fieles en el ordenamiento canónico*, en Simposio sobre Asociaciones de Fieles, Salamanca 1987, p. 192.

199 Aunque ya nos hemos referido en la página 20 de este trabajo a hecho que a continuación relatamos, ahora dedicamos un comentario más amplio y preciso. AZNAR GIL F., *op. cit.,* pp. 154-155 «Fácilmente podría preverse que en cualquier momento surgiría algún conflicto entre un Ordinaro del lugar y una asociación de fieles sin personalidad moral eclesiástica, pero alabada o aprobada por la autoridad eclesiástica... El hecho sucedió cuando el 8 de septiembre de 1919 el Obispo de Corrientes planteo a la SC del Concilio el siguiente dubio». Sacra Congregatio Concilli, Corrienten Iusisdictionis die 13 novembris 1920, AAS 13(1921) 135-44 «El conflicto se había planteado según el escrito del Obispo, en los siguientes términos: él había observado algunas irregularidades y cosas contrarias a las costumbres y a la religión cristiana en la actuación del gobierno de la Sociedad de San Vicente de Paul. Puesto que esta era una pía unió, el Obispo pretendió intervenir en su

la anterior codificación existían dos tipos de régimen en las asociaciones de fieles y entidades eclesiásticas según estuvieran erigidas en persona moral o no lo estuvieran. Ante esta compleja situación no faltaron voces que solicitaron desde casi la promulgación del código del 17 una nueva regulación en relación a los bienes temporales, que deberían ser de dos tipos, los pertenecientes a las personas jurídicas públicas y los pertenecientes a las personas jurídicas privadas. Sin entrar en el análisis del complejo iter seguido hasta la actual normativa de los bienes temporales de las asociaciones de fieles en el vigente código[200] nos vamos a centrar en su regulación jurídica.

Como hemos indicado las personas jurídicas públicas se rigen por lo dispuesto en el c. 1257, 1.º que establece que todos los bienes temporales que pertenezcan a la Iglesia universal, a la Sede Apostólica o a otras personas jurídicas públicas en la Iglesia, son bienes eclesiásticos, y se rigen por los cánones del código y por lo establecido en sus propios estatutos. Por el contrario, los bienes temporales de una persona privada se rigen por sus estatutos y no por los cánones del CIC salvo que se disponga lo contrario expresamente.

Es interesante recordar algunas cuestiones esenciales que la norma canónica ordena o presupone en relación a los bienes de las asociaciones públicas de fieles, pues no olvidemos que deben ser administrados de manera que cumplan con su propósito religioso y caritativo. En primer lugar, los bienes no son considerados propiedad privada de los miembros o líderes de la asociación, sino que son propiedad de la propia Iglesia, gestionados para el bien común, También debemos ser conscientes de que cuando hablamos de los bienes materiales de las asociaciones públicas de fieles nos referimos a todos aquellos recursos económicos y materiales que la asociación posee para llevar a cabo su misión. Así los bienes temporales de las asociaciones de fieles incluyen propiedades, donaciones, legados, y otros recursos materiales y financieros que permiten a las asociaciones cumplir con sus objetivos económicos, espirituales y pastorales[201]. Y tampoco debemos olvidar que la adquisición y posesión de estos bienes se realiza bajo el principio de subsi-

---

gobierno para corregir dichas anomalías. Para ello se basada en las facultades que, según él, le concedían los cans. 684-725. A esta pretensión episcopal se opuso el director de la citada Sociedad en Argentina alegando que, dichos preceptos no les atañían ni estaban sometidos a la jurisdicción y potestad de los Ordinarios porque eran una sociedad laica».

200 Para una visión general del complejo proceso de codificación D'Ostilio F, *La Storia del nuevo Codice di Diritto Canonico 1983*. Véase igualmente las fases del proceso en Aznar Gil F, *op. cit.*, pp. 162-182

201 En particular estos bienes pueden incluir dinero en efectivo o depósitos bancario; provenientes de donaciones, cuotas de miembros o ingresos generados por actividades específicas; propiedades inmobiliarias tales como edificios, terrenos, o casas que pueden ser usadas para actividades de culto, retiros espirituales, o reuniones; bienes muebles como son los objetos litúrgicos, vehículos, equipos tecnológicos, mobiliario, etc; o bienes culturales o artísticos, entre otras obras de arte sacro, libros antiguos, otros objetos de valor histórico o artístico, etc.

diariedad, es decir, los recursos materiales son medios para alcanzar fines superiores, como el bien común y la evangelización. Por ello el Código no solo regula los aspectos técnicos de la gestión de bienes, sino que también tiene en cuenta el propósito pastoral de estos recursos y, en concordancia con lo ya dicho en capitulo anterior, también la administración debe estar siempre alineada con la misión de la Iglesia, que incluye la evangelización, el servicio a los pobres y el apoyo a las obras de caridad.

Toda la normativa sobre los bienes temporales la encontramos regulada en los cánones 1254-1310, los cuales establecen las directrices sobre la propiedad, adquisición, administración y enajenación de bienes en las asociaciones.

3.5.1. Administración de los bienes materiales

Como hemos señalado en líneas anteriores, el c. 1257, 1.º del Código de Derecho Canónico establece que los bienes temporales de las asociaciones públicas de fieles son bienes eclesiásticos y, como tales, deben ser administrados conforme a las normas generales de la Iglesia. El propio c 1258 ordena que la regulación contenida en el código es de aplicación directa a cualquier persona pública. A tal menester el CIC dedica el título II del libro V, cuyas normas deben ser recogidas en los Estatutos, o dicho de otro modo, todo estatuto de una asociación pública debe adecuarse a lo dispuesto en el citado libro V. Los recursos deben destinarse preferentemente a las finalidades establecidas por la asociación y por la Iglesia, como el culto divino, el sostenimiento del clero, las obras de apostolado y la caridad y, como venimos indicando en todos y cada uno de los apartados estudiados, la administración de los bienes debe respetar los principios de transparencia, responsabilidad y legalidad. Es principio fundamental entender que los bienes temporales no pueden considerarse como patrimonio privado de las asociaciones o de sus miembros. Estos bienes pertenecen a la comunidad eclesial y, por tanto, su administración está sujeta a las reglas canónicas que garantizan su uso adecuado. En consecuencia, las asociaciones de fieles deben actuar con prudencia en la adquisición de bienes, evitando cualquier forma de especulación o uso indebido de los recursos. Y, por ello, la autoridad eclesiástica tiene el deber de supervisar esta administración para asegurar que se cumplan los principios antes indicados de justicia y equidad en el manejo de los bienes. De lo dicho se desprende que la administración no solo debe ser eficiente desde un punto de vista financiero, sino también justa y acorde con los valores cristianos y, por tanto, la falta de transparencia o la mala gestión de los bienes pueden resultar en sanciones canónicas, incluyendo la remoción de administradores o la intervención directa de la autoridad eclesiástica. Así, el Código de Derecho Canónico en su c. 319 establece que el moderador o responsable de la asociación tiene el deber de rendir cuentas ante la autoridad eclesiástica competente, de modo que se garantice que los recursos han sido bien empleados. Será necesario llevar un registro contable adecuado que permita la correcta supervisión de los bienes. Resumiendo, podríamos hablar de unos determinados principios que deben guiar la administración de los bienes materiales de las asociaciones públicas de fieles, destacando entre otros la finalidad social y religiosa, la buena gestión y prudencia y la transparencia, en el sentido de que los bienes materiales deben servir para la realización de obras apostólicas, de caridad y el mantenimiento de la vida espiritual; la administración debe hacerse con diligencia, evitando el mal uso de los bienes o su despilfarro y debe existir un sistema de contabilidad y rendición de cuentas, tanto interna como externa, para garantizar la confianza de los fieles y de la Iglesia.

En relación con esto el Derecho Canónico establece medidas para prevenir la mala administración de los bienes materiales. Si se detecta que los bienes han sido mal gestionados o utilizados para fines personales, los dirigentes responsables pueden enfrentarse a sanciones tanto eclesiásticas como civiles. Dependiendo de la gravedad de la infracción, las sanciones pueden incluir:

- La destitución de los cargos dentro de la asociación.
- La reparación económica en caso de mal uso de los recursos.
- Sanciones canónicas como la suspensión o incluso la excomunión si los actos cometidos son graves y dañan el bien común.

En conclusión, los bienes materiales de las asociaciones públicas de fieles en la Iglesia Católica son un medio crucial para llevar adelante su misión. Estos bienes, que incluyen recursos económicos y materiales, deben ser administrados con transparencia, responsabilidad y siempre orientados a los fines religiosos y sociales para los que han sido confiados. Nada impide que la persona jurídica administre el bien, sino más bien todo lo contrario, pues la intervención de la autoridad eclesiástica en la administración del bien se concibe como algo extraordinario. Por ello la normativa canónica se refiere a asegurar que se respete la integridad y la correcta utilización de estos bienes, y esa labor de supervisión es la que se le encomienda a las autoridades eclesiásticas, pero siempre en el respeto al principio de autonomía patrimonial de la persona jurídica pública.

3.6.- Supresión de la asociación

El fundamento jurídico para la supresión de las asociaciones públicas de fieles se encuentra recogido en el c. 320 del Código que establece que: 1.º: Las asociaciones públicas pueden ser suprimidas por la autoridad que las erigió, si existen causas justas que lo exijan. 2.º: Una asociación pública de fieles de ámbito diocesano puede ser suprimida por el obispo diocesano, mientras que las asociaciones de ámbito universal o internacional requieren la intervención de la Santa Sede y 3.º: La autoridad que suprime la asociación debe asegurarse de que los bienes de la misma sean administrados de acuerdo con la justicia y el derecho canónico.

La «causa justa» que el derecho canónico exige para la supresión puede incluir una amplia gama de situaciones, tales como la desviación de los fines para los que fue creada la asociación, la imposibilidad de continuar con sus actividades, conflictos internos graves o situaciones de escándalo que afecten la integridad moral de la asociación y la Iglesia. La autoridad competente para la supresión de una asociación pública de fieles depende de la jurisdicción bajo la cual se haya constituido la asociación: El obispo diocesano es la autoridad que puede suprimir una asociación pública que opere únicamente dentro de los límites de una diócesis. Esto incluye tanto a las asociaciones locales como a aquellas que están específicamente bajo el control del obispo. En el caso de asociaciones públicas que operan a nivel nacional o internacional, la autoridad competente para su supresión es la Santa Sede. Esto garantiza que decisiones que afectan a un ámbito más amplio de fieles sean tomadas con una visión universal. En todos los casos, la autoridad que tiene la potestad para suprimir la asociación es aquella que la erigió originalmente. Esto sigue el principio de que quien tiene la potestad para crear una organización también tiene la autoridad para disolverla.

El procedimiento formal para la supresión de una asociación pública de fieles debe cumplir y seguir varios pasos importantes que garantizan que la decisión sea justa, transparente y respetuosa con los derechos de los fieles involucrados. Antes de proceder con la supresión, la autoridad eclesiástica debe llevar a cabo una investigación preliminar para determinar si existen causas legítimas para suprimir la asociación. Esta investigación debe ser exhaustiva y tener en cuenta la finalidad original de la asociación, analizando si ésta ha dejado de cumplir los fines para los cuales fue erigida. Por ejemplo, si su misión original era la evangelización y ha abandonado ese objetivo, puede considerarse una razón para su supresión. Otra circunstancia sería verificar si la asociación ha violado alguna de las disposiciones del derecho canónico o si ha incurrido en prácticas que puedan ser consideradas contrarias a la doctrina de la Iglesia. También puede dar lugar a la supresión la situación interna de la asociación. Concretamente se deberá investigar posibles conflictos internos, mala gestión, escándalos o situaciones que comprometan la vida moral y espiritual de la comunidad eclesial. Una vez completada la investigación preliminar, si se concluye que existen motivos para la supresión, la autoridad competente debe notificar a los responsables de la asociación sobre la situación, debiendo informar de las causas que podrían llevar a la supresión, dando a los responsables la oportunidad de defenderse, presentar pruebas en su favor o intentar corregir las irregularidades detectadas de tal manera que los fieles involucrados tengan la oportunidad de corregir sus errores o defender la continuidad de la asociación. Si, después de la notificación y de la revisión de las respuestas ofrecidas por los responsables de la asociación, la autoridad competente considera que la supresión es la solución adecuada, se procede a emitir el decreto de supresión. Este decreto, además de como decimos estar fundamentado en una causa justa, debe cumplir con los requisitos formales establecidos por el derecho canónico, es decir, el decreto debe ser emitido por escrito y debe detallar las razones por las cuales se suprime la asociación, con referencia específica a las pruebas obtenidas y a los principios del derecho canónico aplicables. El decreto debe ser comunicado a todos los miembros de la asociación, y si es necesario, hacer pública la supresión para evitar confusión o malentendidos entre los fieles.

Una vez emitido el decreto de supresión, la asociación pública de fieles deja de existir como tal y sus miembros pierden su estatus formal dentro de la estructura eclesial. Esto conlleva otras implicaciones importantes, como la disposición de los bienes de la asociación y los derechos de los miembros. Los bienes de la asociación suprimida deben ser administrados conforme a las disposiciones del derecho canónico. El c. 320, 3.º establece que la autoridad que suprime la asociación debe asegurarse de que los bienes se dispongan con justicia, teniendo en cuenta los fines para los cuales fueron adquiridos. Esto implica que, si los bienes fueron destinados para obras caritativas o evangelizadoras, deben ser asignados a instituciones u organizaciones con fines similares. En todo caso el patrimonio de la asociación no debe ser apropiado indebidamente por individuos, sino que debe seguir sirviendo al bien común de la Iglesia.

Por supuesto los miembros de una asociación pública de fieles tienen el derecho de recurrir una decisión de supresión si consideran que no se han respetado sus derechos.

Por último, indicar que el Código prevé la posibilidad de que una persona jurídica pública sea suprimida por el trascurso de más de cien años sin actividad. El c. 120, apartado 1, nos habla de la extinción o supresión de una persona jurídica por inactividad; siendo los cánones 121-123 los que se encargan de regular las consecuencias legales de esta extinción o supresión, asegurando que los bienes de la persona jurídica suprimida sean redistribuidos de forma adecuada, garantizando el respeto a los derechos de los donantes y a los fines de la entidad. Entre las razones por las cuales una persona jurídica pública puede ser suprimida por inactividad podemos señalar, entre otras, la ausencia de actividad, la falta de miembros o la obsolescencia o irrelevancia de su misión. Debemos volver a recordar que también en este caso de inactividad solo la autoridad que erigió la persona jurídica pública tiene el poder de suprimirla, debiendo antes de dictar el decreto proceder a la evaluación de la situación (incluyendo revisar su misión, funciones y la posibilidad de continuar su existencia); y consultar a las partes involucradas, como los miembros de la entidad (si los hubiera), el consejo diocesano, o en el caso de parroquias, los fieles afectados. Esta consulta no es estrictamente obligatoria en todos los casos, pero es una práctica común para garantizar que la decisión sea bien informada y, si después de todo ello se determina que la entidad debe ser suprimida, la autoridad competente deberá emitir un decreto formal de supresión, que recordemos es un acto administrativo en el que se declara la extinción de la persona jurídica, lo que jurídicamente supone que ésta deja de existir legalmente dentro del ordenamiento canónico.

4.- Análisis comparativo entre asociaciones privadas y publicas

A modo de resumen y como hemos comprobado «la determinación de los criterios para constituir una asociación como pública o privada constituye, en cualquier caso, una cuestión compleja y problemática»[202]. Con el ánimo de

202 Peña García, C. El informe de la C de fecha 13 de septiembre de 1997, se hacía eco de la complejidad de la distinción público/privado en la Iglesia —tanto desde la eclesiología como desde el derecho— y establecía una serie de criterios: 1.°. Serán necesariamente públicas las que se propongan trasmitir doctrina cristiana «en nombre de la Iglesia», pues la oficialidad con que actúan las sitúa en el ámbito de lo público y hace necesario el mandato de los cc. 812 y 818; también las que promueven el culto público, como cofradías y hermandades, respecto a las que hay práctica unanimidad doctrinal, aunque advierte el Informe que algunas cofradías no tienen como fin prioritario el culto público, sino obras de caridad y apostolado. Igualmente, serán públicas las que persigan fines reservados por su propia naturaleza a la autoridad eclesiástica, aunque el Informe destaca la oscuridad de esta expresión codicial a la hora de su aplicación práctica, tendiendo algunos autores a ensanchar el campo de lo público y otros el de lo privado, por considerarlo expresión más clara del derecho de asociación de los fieles. No obstante, señala el Informe, es obvio que serán necesariamente públicas aquellas asociaciones para cuyo ingreso en ellas se precisa la missio canonica–como asociaciones de párrocos, de misioneros, de jueces eclesiásticos– o aquéllas en cuya finalidad entre el ejercicio del orden sagrado. 2.°. Más complejo es determinar qué asociaciones conviene que sean públicas, a tenor del c. 301, 2. El Informe opta por una interpretación del canon que incide no tanto en suscitar una función de suplencia de la autoridad eclesial en caso de que la iniciativa de los fieles no cubra esos «otros fines espirituales» de que habla el c. 301, 2 –de no ser espirituales, quedarían fuera del campo propio del derecho asociativo canónico– cuanto en la conveniencia de «corroborar la iniciativa de los fieles, mediante una mejor comunicación entre fieles y jerarquía que permita un logro más eficaz del fin de la asociación». Informe se hace eco de la praxis del Pontificio Consejo de Laicos, que opta preferentemente por la constitución de asociaciones privadas, debido quizás al principio, más estratégico que doctrinal, de empezar por lo menos y dar tiempo para reflexionar en cada caso sobre si es necesario cambiar el estatus; no obstante, se recuerda que el Pontificio Consejo había reconocido expresamente que esta cuestión de los criterios sobre el carácter público o privado de las asociaciones seguía siendo uno de los más urgentes en aquel momento. 3.°. Respecto a las asociaciones que conviene que sean públicas, los criterios de la Junta de Asuntos Jurídicos son: que se trate de finalidades que, aún pudiendo ser privadas, convenga situar entre las públicas por factores coyunturales que aconsejen una mayor comunicación entre jerarquía y fieles; que sean asociaciones «en tránsito» hacia su posterior reconocimiento como vida consagrada; que sean formas de apostolado con unas notas subsumibles en la Acción Católica, incluida la superior dirección de la Jerarquía, aunque reconoce el Informe que este último caso no deja de suscitar cierta perplejidad, pues si bien la fuerte vincu-

resaltar las características específicas de las asociaciones públicas y privadas previamente analizadas de forma individual, destacamos ahora de forma comparativa los elementos propios de cada uno de los tipos asociativos, lo que nos ayudará a distinguirlas con relativa facilidad y que fundamentalmente se basan en varios criterios que determinan su constitución y el ejercicio del poder de gobierno eclesiástico sobre ellas. En primer lugar, se diferencian en cómo se establecen, pues una asociación privada se forma mediante un acuerdo entre fieles, mientras que una asociación pública es erigida por la autoridad eclesiástica. No obstante, es importante destacar que la erección de una asociación pública requiere la colaboración de múltiples fieles, ya que la autoridad eclesiástica por sí sola no puede crearla. Otro criterio importante es el modo en que se ejerce el poder de gobierno sobre la asociación. En el caso de las asociaciones privadas, estas tienen autonomía para determinar sus propios estatutos, elegir a sus líderes y administrar su patrimonio, aunque sujeto a la confirmación del Ordinario en ciertos casos. Por contra, las asociaciones públicas están más directamente sujetas al control y la aprobación de la autoridad eclesiástica en aspectos como los estatutos, la dirección superior, el nombramiento de líderes y capellanes, y la administración de bienes. La autoridad eclesiástica también tiene la facultad de suprimir una asociación pública por motivos graves.

Por otro lado, mientras que las asociaciones públicas actúan en nombre de la Iglesia y reciben una misión canónica que respalda su autenticidad eclesial, las asociaciones privadas, aunque no reciben esta misión formal, siguen siendo consideradas como parte de la realidad y misión de la Iglesia. Y por ello es necesario que las asociaciones privadas sean conocidas por la autoridad eclesiástica para que puedan ser reconocidas oficialmente. Este reconocimiento no es arbitrario, sino que se basa en un análisis que asegura que la asociación no contradiga la fe, la disciplina o la moral de la Iglesia. El c. 299.3 subraya que la iniciativa asociativa de los fieles es un derecho confirmado en los cánones 215 y 299.1 y, ese derecho no puede ser obstruido, sino que debe ser reconocido como un derecho legítimo. Negar este reconocimiento sería negar el derecho de asociación afirmado en el código, lo que implicaría una invalidación injusta de los derechos de los fieles.

Sirva a modo de conclusión la síntesis o esquema que sigue (y cuyo análisis más detenido ha sido objeto de estudio en los capítulos anteriores) en

lación jerárquica obliga a que sea pública, su carácter laical y volcado al orden temporal aconsejarían su inclusión entre las privadas. Como último criterio, señala el Informe la repercusión en la misma imagen de la Iglesia, pues, según la envergadura de sus obras, una asociación privada puede ser identificada con la Iglesia en su conjunto, y su carácter público permitiría un seguimiento más cercano de la autoridad17; no obstante, respecto a este último criterio, el mismo Informe defiende más adelante que pese a que una asociación privada con muchos bienes y mucha actividad pueda tener más trascendencia eclesial que una pública, el criterio de distinción establecido por el legislador no mira a la eficacia, sino a la mayor o menor relación con la Jerarquía.

la que confrontamos de forma resumida la regulación específica contenida en el vigente CIC en su aplicación tanto para las asociaciones públicas como privadas, destacando las diferencias más significativas.

1.- En cuanto a la erección de las asociaciones

- Para las asociaciones públicas, el c. 312 reserva la competencia a la autoridad eclesiástica. Sera competente la Santa Sede para las asociaciones universales e internacionales; la Conferencia Episcopal para las asociaciones nacionales y, el Obispo diocesano, dentro de su propio territorio para las asociaciones diocesanas, siempre con las lógicas excepciones de existencia de reserva por privilegio a otra persona. En todo caso será necesaria para la validad erección de una asociación el consentimiento del obispo diocesano (312, 2).
- La asociación privada está constituida por un acuerdo privado entre los fieles, c. 321, que dispone que los fieles dirigen y gobiernan las asociaciones privadas de acuerdo con las prescripciones de los estatutos, es decir, el acto constitutivo es la libre iniciativa y vinculación de todos sus miembros. Es más, la asociación existe desde el mismo momento en que es creada por los fieles y no necesita de acto alguno de la jerarquía para su existencia, si bien para su reconocimiento como eclesial deberá pasar un mínimo control.

2.- La participación de la autoridad eclesiástica

- En las asociaciones públicas la autoridad ejercitará la alta dirección. Además, los estatutos de toda asociación pública requieren la aprobación de la autoridad eclesiástica competente, según dispone el c. 314.

  En las asociaciones privadas, y a pesar de su autonomía prevista en el c. 321, la realidad es que están sometidas a la vigilancia de la autoridad, procurando que el ejercicio del apostolado se ordene al bien común y se evite la dispersión de fuerzas, según dispone el c. 323 en relación al 305. Este último canon establece que todas las asociaciones de fieles están bajo la vigilancia de la autoridad eclesiástica competente, a la que corresponde cuidar de que en ellas se conserve la integridad de la fe y de las costumbres, y evitar que se introduzcan abusos en la disciplina eclesiástica; por tanto, a ella compete el deber y el derecho de visitarlas a tenor del derecho y de los estatutos; y están también bajo el régimen de esa autoridad, de acuerdo con las prescripciones de los cánones que siguen.

3.- En relación a la «misión» canónica

- Las asociaciones de fieles públicas, una vez erigida por la autoridad canónica, reciben la misión canónica, c. 313, en la medida en que lo necesite para los fines que se propone alcanzar en nombre de la Iglesia
- En las asociaciones privadas y, aunque en principio no reciben la misión, si será necesario y requisito imprescindible que el fin sea

acorde con la «misión», entendiendo por tal afirmación los fines al menos no extraños a la misma

4.- Los miembros de las asociaciones

- En primer lugar y en relación a la admisión o expulsión, dispone el c. 316 apartado primero que quien públicamente rechazara la fe católica o se apartara de la comunión eclesiástica, o se encuentre incurso en una excomunión impuesta o declarada, no puede ser válidamente admitido en las asociaciones públicas. El aparado segundo del citado canon se refiere a quienes, estando legítimamente adscritos, cayeran en el caso anterior deben ser expulsados de la asociación, después de haber sido previamente amonestados, de acuerdo con los propios estatutos.

  Parece lógico entender que, aunque el citado c. 316 se refiere de forma directa a las asociaciones públicas de fieles, también debe ser aplicado a las privadas en tanto en cuanto el contenido de dicho canon debería formar parte del contenido de los estatutos de toda asociación que es el instrumento o norma específica de regulación de éstas últimas.
- En cuanto al nombramiento del presidente de una asociación pública, a no ser que se disponga otra cosa en los estatutos, corresponde a la autoridad eclesiástica confirmar al presidente de una asociación pública elegido por la misma, o instituir al que haya sido presentado o nombrarlo por derecho propio. En las asociaciones que no sean clericales, los laicos pueden desempeñar la función de presidente y no debe encomendarse esta función al capellán o asistente eclesiástico, a no ser que los estatutos determinen otra cosa. En las asociaciones públicas de fieles, que se ordenan directamente al ejercicio del apostolado, no deben ser presidentes los que desempeñan cargos de dirección en partidos políticos.

  En las asociaciones privadas de fieles se designa libremente a su presidente y oficiales, conforme a los estatutos.
- En relación a la remoción del presidente de una asociación pública la autoridad eclesiástica que lo nombró o confirmó puede remover de su cargo al presidente de una asociación pública, con justa causa, oyendo antes, sin embargo, a dicho presidente y a los oficiales mayores según los estatutos, e incluso en circunstancias especiales, cuando lo exijan graves razones, la autoridad eclesiástica puede designar un comisario, que en su nombre dirija temporalmente la asociación (canon 318). En el caso de las asociaciones privadas se estará siempre a lo dispuesto en los estatutos que la rijan.

5.- El nombramiento y participación de los capellanes o directores espirituales de las asociaciones

- En el supuesto de las asociaciones públicas compete a la autoridad eclesiástica nombrar el capellán o asistente eclesiástico, después de oír, cuando sea conveniente, a los oficiales mayores de la asociación.
- En el caso de las asociaciones privadas si desea un consejero espiritual, puede elegirlo libremente entre los sacerdotes que ejercen legítimamente el ministerio en la diócesis; sin embargo, éste necesita confirmación del Ordinario del lugar, decir, no tiene el carácter de representante de la autoridad en la asociación, sino simplemente de sacerdote que ejerce en ella su ministerio, por lo que no es necesario un nombramiento sino una mera confirmación

6.- La administración de los bienes

- Una asociación pública legítimamente erigida, a no ser que se prevea otra cosa, administra los bienes que posee conforme a la norma de los estatutos y bajo la superior dirección de la autoridad eclesiástica a la que debe rendir cuentas de la administración todos los años. Debe también dar cuenta exacta a la misma autoridad del empleo de las ofrendas y limosnas recibidas.
- Las asociaciones privadas de fieles administran libremente los bienes que posean según las prescripciones de los estatutos, quedando a salvo el derecho de la autoridad eclesiástica competente de vigilar de manera que los bienes se empleen para los fines de la asociación. No obstante, conforme a la norma del c. 1301, está bajo la autoridad del Ordinario del lugar lo que se refiere a la administración y gasto de los bienes que hayan recibido en donación o legado para causas pías.

7.- La supresión de las asociaciones

- En relación a las asociaciones de fieles dispone el c. 320 que las asociaciones erigidas por la Santa Sede sólo pueden ser suprimidas por ésta. Por causas graves, las Conferencias Episcopales pueden suprimir las asociaciones erigidas por ellas; el Obispo diocesano, las erigidas por sí mismo, así como también las asociaciones erigidas, en virtud de indulto apostólico, por miembros de institutos religiosos con el consentimiento del Obispo diocesano. La autoridad competente no suprima una asociación pública sin oír a su presidente y a los demás oficiales mayores.
- Si embargo, y en relación a las asociaciones privadas la norma general es que se extinguen conforme a la norma de los estatutos. No obstante, en caso de que su actividad cause un daño grave de la doctrina o de la disciplina eclesiástica, o cause escándalo a los fieles pueden ser suprimidas también por la autoridad eclesiástica competente.

  A la hora de determinar el destino de los bienes de las asociaciones extinguidas deberá aplicarse el c. 123 que dispone que cuando se extingue una persona jurídica pública, el destino de sus bienes y derechos patrimoniales, así como de sus cargas, se rige por el derecho y los estatutos; en caso de silencio de éstos, pasan a la persona jurídica inmediatamente superior, quedando siempre a salvo la voluntad de los fundadores o donantes, así como los derechos adquiridos. Cuando se extingue una persona jurídica privada, el destino de sus bienes y cargas se rige por sus propios estatutos, bien entendido que deben quedar a salvo los derechos adquiridos y la voluntad de los donantes (canon 326).

CAPÍTULO IV

PERSONALIDAD JURÍDICA CIVIL DE LAS ASOCIACIONES DE LAICOS

Es norma común y práctica habitual que los Estados que han firmado Concordatos, convenios o tratados de origen internacional con la Santa Sede contemplen automáticamente el reconocimiento civil de las personas jurídicas canónicas de carácter público[203]. Este es el caso de nuestro país. Así la regulación específica que surge del Acuerdo[204] sobre Asuntos Jurídicos (AAJ) de 1979 entre el Estado Español y la Santa Sede reconoce la personalidad jurídica civil y la capacidad de obrar de las Órdenes, Congregaciones religiosas y otros Institutos de vida consagrada y sus provincias y sus casas, y de las Asociaciones y otras entidades y fundaciones religiosas que

203 Vease entre otros : ALENDA, M.; «Modelo registral de la entidades religiosas». *Jornadas jurídicas sobre libertad religiosa en España*, Centro de Estudios jurídicos, Madrid 2008; CAMARASA. J., *La personalidad jurídica de las entidades religiosas en España*, Madrid 1995; CAPILLA, F., *Las Asociaciones en Derecho Civil, parte general Derecho de la persona*, Valencia 2003; Catalá S., *El derecho a la personalidad jurídica de las entidades religiosas*, Cuenca 2004; CONTRERAS J.M., «La nueva Ley del derecho de Asociación y la adquisición del estatuto jurídico de confesión religiosa en el ordenamiento jurídico español», en *Revista General de Derecho canónico y Derecho Eclesiástico del estado*, III 2003; CUBILLAS, L.M., «Personalidad jurídica civil de las entidades religiosas.Técnicas jurídicas de conexión de ordenamientos» en VV.AA Nouvi studi di diritto canonico ed eclesiastico. Salerno 1990; FERNÁNDEZ CORONADO, A., *Estado y confesiones religiosas ; un nuevo modelo de relación* (los pactos con las confesiones Leyes 24, 25 y 26 de 1992), Madrid 1995; LOPEZ ALARCÓN, M., *Notas sobre la repercusión de la nueva Ley de Asociaciones en el régimen jurídico de las Asociaciones religiosas en Entidades Eclesiásticas y derecho de los estados*, Granada 2002; POLO J.R., La naturaleza jurídica de las confesiones religiosas en el Derecho Constitucional español, Málaga 2008

204 Instrumento de ratificación de 4 de diciembre de 1979 del Acuerdo entre el Estado Español y la Santa Sede sobre asuntos jurídicos, BOE 300 de 15 de diciembre. Fue aprobado por el pleno del Congreso de los Diputados el 13 de septiembre de 1979 y por el del Senado el 30 de Octubre de ese mismo año.

gocen de ella en la fecha de entrada en vigor del presente acuerdo. Continua diciendo el texto del Acuerdo que las Asociaciones y otras entidades y Fundaciones religiosas[205] que, estando erigidas canónicamente en la fecha de entrada en vigor del presente Acuerdo, no gocen de personalidad jurídico civil y las que se erijan canónicamente en un futuro por la competente autoridad eclesiástica, podrán adquirir la personalidad jurídica civil con sujeción a lo dispuesto en el ordenamiento del Estado mediante la inscripción en el correspondiente registro, en virtud de documento auténtico en el que conste la erección, fines, datos de identificación, órganos representativos, régimen de funcionamiento y facultades de dichos órganos.

Parece evidente, por tanto, la sujeción al derecho estatal, si bien ese sometimiento se practicará de diferente manera según los casos. Algunos autores han venido planteando la discusión de si las Asociaciones de la Iglesia católica han de estar sujetas a la Ley civil de asociaciones, discusión que se ha avivado con motivo de entrada en vigor de la vigente Ley de Asociaciones de 2002. Partiendo como hemos dicho del carácter específico y sujeción a las normas canónicas por las asociaciones consecuencia del Acuerdo, es evidente que las normas recogidas en la Ley de Asociaciones tendrán carácter supletorio para las que se regulan por el régimen especial del ordenamiento canónico.

Analicemos la cuestión con una previa mirada a la normativa preconstitucional. Como tuvo oportunidad de escribir LEÓN-CASTRO[206] aunque técnicamente derogado por el artículo 8 de los Acuerdos de 1979 no puede dejar de ser considerado el Concordato de 1953 «la pieza maestra en torno a la que gira la atribución de la personalidad jurídica a las entidades existentes o que se constituyan tras la entrada en vigor de aquellos» (se refiere a los acuerdos firmados en 1979), pues el art. IV de la norma concordataria disponía que «El estado español reconoce la personalidad jurídica y la plena capacidad de adquirir, retener, poseer y administrar toda clase de bienes a todas las instituciones y asociaciones religiosas existentes en España a la entrada en vigor del presente concordato constituidas según el Derecho Canónico; en particular a las Diócesis con sus instituciones anejas, a la Parroquias, a las órdenes y congregaciones religiosas, las sociedades de vida común y los Institutos seculares de perfección cristiana canónicamente reconocidos sean de Derecho Pontificio o de Derecho Diocesano, a sus provincias y a sus casas. Gozaran de igual reconocimiento las entidades de la misma naturaleza que

205 Debe tenerse en cuenta el acuerdo de la comisión permanente de la Conferencia Episcopal española sobre procedimiento para la inscripción de asociaciones y fundaciones en el registro de entidades religiosas y la Instrucción de la comisión permanente de la Conferencia Espicopal de 5 de Febrero de 1999 sobre la inscripción de Asociaciones y Fundaciones de la Iglesia Católica en el Registro de Entidades Religiosas del Ministerio de Justicia.

206 LEÓN-CASTRO ALONSO, J., *Personalidad jurídica y capacidad patrimonial de las hermandades*, ed. Ilustre Colegio de Abogados, Sevilla 1997.

sean ulteriormente erigidas o aprobadas en España por las autoridades eclesiásticas competentes, con la sola condición de que el Decreto de erección o aprobación sea comunicado oficialmente por escrito a las autoridades competentes del Estado»[207]. La posterior Ley de Asociaciones de 1964 pareció excluir de su ámbito de aplicación a las Asociaciones y entes constituidas según el Derecho canónico, aunque el reglamento que lo desarrolló preveía la inscripción de dichas entidades mediante comunicación de la autoridad. En definitiva, la adquisición por parte de las entidades religiosa de la personalidad civil se producía por el mero hecho de su constitución canónica[208].

Tras la entrada en vigor de nuestra Carta Magna las relaciones entre los ordenamientos civil y canónico se modifican. Se produce la firma de los acuerdos con la Santa Sede, la aprobación de la LOLR, y la promulgación del nuevo Código de derecho canónico de 1983 y ello va a tener reflejo a la hora de analizar la forma en que las Asociaciones de laicos adquieren personalidad civil. Debemos partir de la base de que nos encontramos con un verdadero ordenamiento jurídico, el canónico, al que el ordenamiento estatal atribuye relevancia jurídica. Por tanto, se hace necesario analizar de forma independiente, probablemente por la concepción y estructura del nuevo Código Canónico las asociaciones canónicas públicas y las privadas, pues resulta evidente que no serán las mismas técnicas las que deberán aplicarse a la hora de que el ordenamiento estatal la dote de eficacia. En el supuesto de las asociaciones públicas el Derecho canónico se tipifica a sí mismo como sustituto del Derecho estatutario. Al darle eficacia civil, el ordenamiento estatal español no hace otra cosa que aplicar la regla general del artículo 37 del CC.[209]. Dice el profesor LLAMAZARES[210] que

> «es verdad que el AAJ parece referir esto únicamente a las entidades no territoriales que son Institutos de vida consagrada que no tuvieran personalidad civil con anterioridad a la fecha del acuerdo, pero no tiene sentido que queden excluidas de esa regla las que sí tendrán personalidad civil en esa fecha, ni el resto de entidades

207 Consecuencia es el Decreto de 12 de marzo de 1959 que permitió a los entes anteriores a 1953 la mera certificación de la autoridad eclesiástica para acreditar su existencia. Para los posteriores se exigió un certificado expedido por el Ministerio de Justicia

208 No obstante, es curioso comprobar como la STS 8 de noviembre de 1968, tal y como manifiesta PRADA GONZÁLEZ J. *Personalidad civil de los entes eclesiásticos*. Los acuerdos entre la Iglesia y España Madrid 1980, p. 222 intenta relegar a la Iglesia a la sacristía cuando afirma que son asociaciones religiosas las que y tiene móvil espiritual católico, de no ser espiritual católico, aunque siga las directrices de la Iglesia católica y merezcan la protección d ela jerarquía no se tratará de una asociación religiosa».

209 Dice el artículo 37 CC: «La capacidad civil de las corporaciones se regulará por las Leyes que las hayan creado o reconocido, la de las asociaciones por sus estatutos». y el 38 del mismo texto legal «Las personas jurídicas pueden adquirir y poseer bienes de toda clase. La Iglesia se regirá en este punto por lo concordado entre ambas potestades...

210 LLAMAZARES FERNÁNDEZ, D., *Derecho de la Libertad de conciencia II*, Madrid 1999, pp. 453-454.

no territoriales a las que se reconoce esa personalidad en virtud del mismo título de los derechos adquiridos siempre que sean personas jurídicas canónicamente publicas cuyos órganos de representación y competencias de los mismos están regulados al menos parcialmente por el Derecho canónico. Exactamente en virtud del mismo razonamiento, esa misma regla es de aplicación para las entidades territoriales, tanto si tienen estatutos extracodiciales como si esos datos relevantes vienen determinados directamente por el Código Canónico. Esas normas canónicas tienen relevancia civil, pero como parte de los estatutos de la entidad correspondiente, en virtud de una remisión material, que las convierte en normas civiles incorporándose al ordenamiento civil. Cualquier otra solución implicaría una remisión formal que entraría en contradicción con el principio de laicidad y que incurriría, por tanto, en inconstitucionalidad. Por el contrario, las asociaciones privadas, aún aquellas que han recibido el reconocimiento jurídico mediante la concesión de personalidad jurídica no reciben automáticamente el reconocimiento por parte del Estado. Por lo tanto, si lo desean deben proceder al cumplimiento de los requisitos establecidos en la legislación estatal».

Este planteamiento trae necesariamente como consecuencia que las personas jurídicas canónicamente privadas no necesiten de ningún trato especial por parte del Derecho del Estado y se sometan sin más al Derecho estatal común, es decir, sus propios estatutos que deberán estar inscritos en el REER. Dice el citado Prf. Llamazares que «el Derecho canónico común no tendrá aplicación ni eficacia civil como Derecho estatutario salvo que los Estatutos remitan expresamente a él»[211].

Es preciso tener en cuenta, además, a este propósito, otra importante diferencia según que se trate de personas jurídicas canónicamente públicas y privadas que apunta en la misma dirección[212].

> «Y es que según el Código de Derecho Canónico los bienes temporales de una persona jurídica privada se rigen por sus estatutos y no por estos cánones, si no se dice expresamente otra cosa» (can. 1257.2), en tanto que esos cánones relativos a los bienes temporales de la Iglesia se aplican juntamente con las normas estatutarias correspondientes a los bienes de las personas jurídicas públicas para los que se reserva en exclusiva la denominación de «eclesiásticos» (can. 1257.1)»[213].

Resumiendo y a modo de conclusión, la técnica que el Estado aplica para atribuir personalidad jurídica civil a las asociaciones canónicas, utilizando el Derecho canónico como Derecho estatutario, equivale a una remisión

---

211

212 Cubillas Recio, L.M. *La personalidad jurídica y civil de las cofradías,* p. 283 «Podría tener importancia que las cofradías sean calificadas como personas públicas o privadas, dependiendo de la interpretación que se haga del término erección que se utiliza en el AAJ en orden a la adquisición de la personalidad civil de las confesiones religiosas».

213 Llamazares Fernández, D., *Derecho de la Libertad de conciencia II.*, p. 454.

material[214], de manera que las correspondientes normas canónicas se comportan como ordenamiento secundario respecto al estatal y en este sentido subordinadas a los principios generales de éste pero como Derecho especial prevalecen sobre el Derecho común que, al mismo tiempo funciona como supletorio de aquel. Quiere decirse que las normas del Derecho canónico reguladoras de la capacidad y modo de obrar de las personas jurídicas canónicas tienen eficacia civil como los estatutos de cualquier otra asociación y deberán aplicarse e interpretarse en al ámbito civil con arreglo a los principios generales de este último con las particularidades propias que presentan.

214 *Ibid., op. cit.*, pp. 453-454 Tanto si se trata de personas jurídica públicas como privadas los Estatutos deberán estar inscritos en el REER; no, en cambio, dada su publicidad y fácil acceso a todos, las normas correspondientes al Derecho canónico, universal o particular. Según el AAJ, la capacidad de obrar de las personas jurídico canónica públicas, con personalidad jurídica civil, para actuar en el ámbito del Derecho estatal se regula por el Derecho canónico como Derecho estatutario, lo cual equivale a una remisión material o recepticia.

CAPÍTULO V

LAS COFRADÍAS Y HERMANDADES EN LA HISTORIA DE LA IGLESIA. RÉGIMEN JURÍDICO

1.- El asociacionismo en tiempos antiguos como precedente

De todo lo que venimos comentando se desprende que el concepto de asociación, entendido como la agrupación de personas con fines comunes, tiene una larga tradición histórica que se remonta a las primeras civilizaciones. Como hemos indicado en el apartado relativo al concepto del derecho de asociación, en tiempos antiguos, todas las culturas practicaron el asociacionismo considerado como una manifestación de la tendencia natural del ser humano a unir esfuerzos para resolver problemas comunes por lo que los grupos se formaban con el propósito de alcanzar metas compartidas y brindarse apoyo mutuo. Es interesante volver a destacar cómo este principio de asociacionismo, tan fundamental en las sociedades modernas, ya era practicado en culturas antiguas como Mesopotamia, Egipto y Grecia. Estas civilizaciones, a través de diversas formas de organización, implementaron estructuras asociativas para abordar necesidades compartidas en múltiples ámbitos de la vida, como el comercio, la religión, la política y la defensa mutua. Aún a pesar de que se nos pueda tachar de reiterativo y, ahondando en lo expresado en las primeras páginas de este estudio, es necesario retomar dicho análisis para explicar las raíces del asociacionismo hasta llegar a las cofradías tal y como ahora las conocemos.

En Mesopotamia, una de las primeras civilizaciones urbanas de la historia, se desarrollaron formas tempranas de cooperación comunitaria. Los gremios de artesanos y comerciantes desempeñaron un papel importante en la economía de las ciudades-estado mesopotámicas, facilitando la regulación del comercio y el intercambio de bienes[215]. Las asociaciones no solo se limita-

215 Las ciudades-estado en Mesopotamia fueron entidades políticas independientes que se desarrollaron a lo largo de los ríos Tigris y Éufrates, en lo que hoy es Irak y partes de Siria, Turquía y Kuwait. Cada una de estas ciudades-estado tenía su propio gobierno, religión, economía y sistema de defensa. A lo largo de la historia mesopotámica, algunas ciudades alcanzaron gran poder y prestigio. Entre las más importantes, se destacan: 1. Uruk es una de las primeras y más significativas ciudades-estado de la antigua Mesopotamia. Surgió en torno al 4500 a.C. y es considerada una de las primeras ciudades de la historia humana. Fue un importante centro político, religioso y económico, y su rey más famoso fue Gilgamesh, protagonista de la famosa «Epopeya de Gilgamesh». Uruk es conocida por sus grandes templos dedicados a los dioses Anu e Inanna y por ser el lugar donde se desarrolló el primer sistema de escritura: la escritura cuneiforme. 2. Ur situada cerca del golfo Pérsico, fue otra ciudad-estado prominente. Fundada alrededor del 3800 a.C., fue especialmente influyente durante el período sumerio y acadio. Fue la capital del Imperio de Ur bajo el mandato de Ur-Nammu, famoso por la creación de uno de los primeros códigos legales. Ur es también conocida por su gran zigurat, un templo en forma de pirámide escalonada, dedicado al dios lunar Nanna (Sin), y por su asociación con el bíblico Abraham, que según la tradición, nació en esta ciudad. 3. Lagash fue una ciudad-estado situada al sureste de Mesopotamia. Alcanza su apogeo durante los siglos XXV y XXIV a.C. bajo el gobierno de Enmetena y Gudea. Lagash es conocida por haber sido escenario de algunos de los primeros conflictos territoriales registrados en la historia, y tenía templos dedicados a Ningirsu, el dios de la guerra y la agricultura. 4. Nippur fue un importante centro religioso en Mesopotamia. No fue una ciudad-estado poderosa desde el punto de vista político, pero su relevancia radicaba en ser el hogar del templo del dios Enlil, quien era considerado el jefe del panteón mesopotámico. Debido a su prestigio religioso, Nippur fue respetada y protegida por los gobernantes de varias ciudades-estado a lo largo de la historia mesopotámica. 5. Eridu considerada por los mesopotámicos como la ciudad más antigua del mundo, Eridu tiene una historia que se remonta al 5400 a.C. Fue un importante centro religioso, y los sumerios la consideraban el lugar donde emergió la civilización. El templo principal de Eridu estaba dedicado a Enki, el dios de las aguas dulces y la sabiduría. 6. Akkad fue la capital del Imperio Acadio, y fue el núcleo del primer imperio en la historia que unificó las ciudades-estado mesopotámicas bajo un solo gobernante. Su influencia se extendió desde el Golfo Pérsico hasta el Mediterráneo, y durante su apogeo, la cultura y la lengua acadia se difundieron por todo el Cercano Oriente. 7. Kish fue una de las ciudades-estado más antiguas y poderosas de Mesopotamia, situada en el norte de Sumer. 8. Babylon (Babilonia) Aunque Babilonia alcanzó su máximo esplendor durante el Imperio Babilónico bajo el rey Hammurabi (1792-1750 a.C.), fue fundada como ciudad-estado en el período amorreo. La ciudad es conocida por su Código de Hammurabi, uno de los primeros conjuntos de leyes escritas, y por su papel central en la historia de Mesopotamia durante los imperios babilónico y neobabilónico. Babilonia fue también el hogar de la legendaria Torre de Babel y los Jardines Colgantes, una de las Siete Maravillas del Mundo Antiguo. 9. Mari fue una ciudad-estado ubicada en la frontera entre Mesopotamia y Siria, a lo largo del río Éufrates. Fue un importante centro de comercio que conectaba Mesopotamia con las culturas del Levante y Anatolia. La ciudad es famosa por los archivos encontrados en su palacio real, que contienen miles de tablillas cuneiformes que ofrecen una visión detallada de la vida política, social y económica de la región. 10. Assur, situada en el norte de Mesopotamia, fue la capital original del Imperio Asirio. Aunque comenzó como una ciudad-estado, con el tiempo se convirtió en el corazón de un imperio que dominaría gran parte del Cercano Oriente. Assur era también un importante centro religioso, dedicado al dios nacional de los asirios, Ashur.

ban al ámbito económico, sino que también incluían comunidades religiosas dedicadas a la adoración de divinidades y la organización de festivales y rituales sagrados. Asimismo, la protección mutua entre comerciantes y la cooperación en la construcción de infraestructuras, como canales y templos, destacaban como formas de organización colaborativa en una sociedad donde la supervivencia y el bienestar colectivo dependían de estos esfuerzos compartidos. En Egipto también se practicó el asociacionismo de diversas maneras. La organización en torno a los templos y las actividades religiosas, así como los gremios de trabajadores encargados de grandes proyectos de construcción como las pirámides, son ejemplos de cómo los egipcios se unían para alcanzar objetivos comunes. Los templos egipcios no solo funcionaban como centros religiosos, sino también como centros económicos y sociales, donde se gestionaban actividades comerciales, administrativas y ceremoniales. Las comunidades agrícolas, en particular, dependían del trabajo cooperativo para el mantenimiento de los sistemas de irrigación y el reparto de tierras, lo que demuestra la importancia de la colaboración en el éxito y la estabilidad de la sociedad egipcia.

En la antigua Grecia[216], el asociacionismo fue un fenómeno crucial para la organización de la vida cívica, económica, religiosa y social. Las diversas formas de asociación, como venimos indicando, fueron surgieron en respuesta a las necesidades de los ciudadanos para cooperar en torno a objetivos comunes; desde la regulación del comercio hasta la organización de festivales religiosos. Estas asociaciones, que agrupaban a ciudadanos con intereses compartidos, crearon espacios de cooperación y solidaridad, y fueron fundamentales para la cohesión social en las polis (ciudades-estado) griegas[217]. A modo de ejemplo, y en una primigenia y simple clasificación, podemos detallar las principales formas de asociación en la antigua Grecia: asociaciones comerciales y gremiales, asociaciones políticas y cívicas, asociaciones religiosas, y asociaciones sociales y de ayuda mutua. En relación a las primeras, asociaciones comerciales y gremiales, debemos recordar que en la antigua Grecia el comercio era una actividad vital, especialmente en ciudades costeras como Atenas y Corinto, donde las rutas marítimas las conectaban con otras regiones del Mediterráneo. Para regular y promover el comercio, los comerciantes y artesanos se agrupaban en asociaciones conocidas como sýnodoi o eranoi, que facilitaban la cooperación entre sus miembros y regulaban el mercado, y tenían el objetivo de proteger los intereses de sus miembros. Se unían para establecer estándares de calidad, fijar precios de productos y servicios, y regular las prácticas comerciales. Estas agrupa-

216 Nieto Ibañez, J M.ª, *Cristianismo y profecías de Apolo. Los oráculos paganos en la patrística griega* (siglos II-V). Madrid: Trotta, 2010; Chapinal-Heras D. *La voz de los dioses. Los oráculos y la adivinación en el mundo griego*, Barcelona, Ático de los Libros, 2023,

217 Kindt, J. «Religious Association and Public Religion in Ancient Greece». *The Journal of Hellenic Studies,* 134 (2014): 35-51.

ciones también creaban un espacio, como hemos dicho, para la colaboración entre los miembros, lo que fortalecía su posición frente a competidores o amenazas externas. Por ejemplo las sýnodoi garantizaban que los comerciantes respetaran las reglas del mercado, lo que promovía una competencia justa y protegía a los consumidores; establecía lo que hoy podríamos llamar estándares de calidad en el sentido de que los artesanos dentro de las asociaciones creaban regulaciones para asegurar que los productos ofrecidos fueran de alta calidad, lo que aumentaba la confianza de los compradores o, fijaban los precios de los productos para evitar fluctuaciones extremas y mantener la estabilidad económica. Uno de los aspectos más importantes de estas asociaciones era la resolución de disputas evitando que los conflictos llegaran a las autoridades públicas o judiciales. Por tanto, era un sistema que promovía la estabilidad y la cooperación dentro de la comunidad comercial, que resultó ser fundamental para el crecimiento económico de las ciudades-estado, fortaleciendo las relaciones comerciales tanto dentro como fuera de Grecia. En conclusión, podemos afirmar que la creación de redes comerciales a través del Mediterráneo fue en gran parte facilitada por la cohesión interna de estas asociaciones.

En segundo lugar, se encontraban las asociaciones políticas y cívicas ya que la política en la antigua Grecia, especialmente en la democracia como la de Atenas, dependía en gran medida de la participación activa de los ciudadanos en los asuntos públicos. Estas asociaciones eran agrupaciones formadas por ciudadanos que se organizaban para influir en la vida política y tomar decisiones colectivas sobre cuestiones relevantes para la polis, actuando como plataformas para la deliberación democrática. Los ciudadanos se reunían para discutir y decidir sobre asuntos que iban desde la legislación hasta la elección de líderes políticos. Y, aunque en las grandes asambleas públicas de la polis (la ekklesia) todos los ciudadanos tenían el derecho de participar, las asociaciones más pequeñas permitían una discusión más íntima y especializada, que servía como un espacio preparatorio para los debates en las grandes asambleas. Algunos ciudadanos se unían para apoyar a líderes o facciones políticas concretas, y las asociaciones les ofrecían una plataforma para coordinar campañas políticas y discutir estrategias. Aparece, por tanto, el asociacionismo político en Grecia como una formula esencial para el desarrollo de la participación ciudadana en la democracia, pues en Atenas, la participación política se veía como un deber cívico, y las asociaciones permitían que los ciudadanos se involucraran más profundamente en el proceso. Estas agrupaciones, por tanto, ayudaban a fortalecer el tejido democrático al fomentar el debate y alentar la participación activa.

En tercer lugar, tenemos las asociaciones religiosas[218], pues no debemos olvidar que la religión ocupaba un lugar central en la vida de los griegos

218 Sobre las dinámicas rituales en el mundo griego, con referencia al papel de las asociaciones religiosas en la organización de los cultos. CHANIOTIS, A, «Ritual Dynamics in the

antiguos, siendo, por tanto, las asociaciones religiosas una de las formas más extendidas de organización social. Las asociaciones religiosas en Grecia, conocidas como *thiasoi (θίασοι)* y *sýnodoi (σύνοδοι)*, se organizaban en torno al culto de una o más divinidades, con una estructura jerárquica que facilitaba la organización de actividades y rituales religiosos. Estos grupos podían tener tanto carácter público como privado[219], y su existencia estaba profundamente enraizada en la vida espiritual y cívica de las polis. Los miembros de estas asociaciones eran ciudadanos libres, aunque también podían incluir extranjeros o metecos (residentes no ciudadanos) que vivían en las ciudades griegas. La membresía de un *thiasos* o una *sýnodos* podía estar basada en criterios de afinidad religiosa o devoción a una deidad específica, y los integrantes contribuían con cuotas o donaciones para financiar las actividades del grupo. En ocasiones, estas asociaciones eran familiares, es decir, integradas por miembros de una misma familia o clan, aunque también podían incluir a personas de diversas clases sociales unidas por un mismo fervor religioso. Las mujeres, en particular, desempeñaban un papel destacado en algunos cultos específicos, como el de Deméter o Dionisio. Cada asociación religiosa tenía una estructura organizativa con líderes que se encargaban de supervisar las actividades del grupo y, ese líder, conocido como hierofante o sacerdote, era responsable de organizar los ritos y ceremonias, dirigir los sacrificios y garantizar que las normas y tradiciones religiosas se respetaran. Los cargos dentro de las asociaciones también incluían otros roles, como los de tesoreros, los encargados de las ofrendas o los responsables de la logística durante las festividades. El liderazgo, por tanto, era esencial para coordinar el conjunto de actividades que las asociaciones debían llevar a cabo, y en algunos casos, las personas de mayor prestigio social ocupaban estos puestos, lo que subrayaba la importancia de la religión en la vida pública.

Como decimos, el objetivo principal de las asociaciones religiosas en la antigua Grecia era el culto a las divinidades[220]. A través de los ritos, sacrificios y oraciones, los griegos buscaban mantener una buena relación con los dioses y recibir su protección. Estos ritos eran fundamentales no solo para la vida espiritual, sino también para la estabilidad y prosperidad de las polis. Las asociaciones religiosas se encargaban de organizar sacrificios de animales, generalmente toros, ovejas o cerdos, como ofrenda a los dioses, que se realizaban en altares situados en los templos o santuarios, y la carne de los animales sacrificados era consumida por los participantes

---

Eastern Mediterranean: Case Studies in Ancient Greece and Asia Minor», *Harvard Studies in Classical Philology 103* (2007): 271-293.

219 Dignas, B. «Private Religious Associations in Hellenistic Greece». In *Classical Quarterly* 52, no. 1 (2002): 63-79.

220 Burkert, W. *Greek Religion: Archaic and Classical*. Cambridge: Harvard University Press, 1985.

como parte de un banquete religioso, simbolizando la comunión con la divinidad. Estos sacrificios se llevaban a cabo siguiendo un protocolo estricto, que incluía oraciones, cánticos y purificaciones. En las festividades importantes, el sacrificio podía ir acompañado de procesiones, danzas y música. Las ofrendas materiales eran una parte esencial del culto que se realizaban como agradecimiento o como una petición para que los dioses ofrecieran su protección o concedieran favores específicos. En estos supuestos las asociaciones religiosas colectaban y presentaban ofrendas votivas a los dioses, que podían incluir alimentos, figuras de terracota, objetos preciosos o joyas. Junto a estas ofrendas colectivas, los miembros de las asociaciones también contribuían individualmente con dones para los dioses, como una forma de mostrar su devoción personal. Ese culto a las divinidades alcanzaba en las asociaciones su punto culminante con la celebración de las llamadas festividades[221], cuya organización requería la participación activa de los miembros del grupo. Estas celebraciones no solo tenían un carácter religioso, sino que también desempeñaban un papel crucial en la cohesión social y cultural de las polis. Por eso probablemente las festividades más importantes solían ser patrocinadas por la ciudad, aunque como hemos señalado, las asociaciones religiosas locales jugaban un papel clave en su ejecución. Las Panateneas en Atenas y las Dionisias en honor a Dionisio eran algunas de las celebraciones más relevantes del calendario religioso griego. Estas festividades implicaban competiciones atléticas, representaciones teatrales y sacrificios a gran escala, si bien las procesiones eran una parte fundamental de dichas celebraciones, y así lo demuestra el hecho de que en estos desfiles públicos los ciudadanos se desplazaban de forma mayoritaria desde los puntos centrales de la ciudad hasta los templos o santuarios, acompañados de cantos, música y ofrendas, vistiendo atuendos especiales o portando símbolos religiosos. Señalemos como ejemplo las Panateneas, que se celebraba en honor de la diosa Atenea, protectora de la ciudad de Atenas, y en la que la procesión era un evento de gran magnitud, donde toda la ciudad participaba.

Además de las procesiones, las danzas rituales también eran comunes en las festividades religiosas. Estas danzas no solo honraban a los dioses, sino que también representaban un acto de vinculo social, ya que involucraban a diferentes grupos de ciudadanos que cooperaban en la realización del ritual.

Junto a lo relatado existían asociaciones religiosas que estaban dedicadas a cultos mistéricos, que ofrecían a sus iniciados una experiencia más profunda y personal de comunión con la divinidad. Los Misterios de Eleusis, en honor a Deméter y Perséfone, son un ejemplo emblemático de este tipo de ritual. Los ritos de iniciación eran secretos y solo podían participar aquellos que se habían sometido a un proceso de purificación y aceptación dentro del culto. Los Misterios ofrecían a los iniciados la promesa de un conocimiento especial sobre la vida después de la muerte y la regeneración espiritual.

221 Parker, R. *Athenian Religion: A History.Oxford*: Oxford University Press, 1996.

Para finalizar el análisis del asociacionismo en la antigua Grecia citemos a las asociaciones sociales y de ayuda mutua que surgieron como una respuesta a las necesidades humanas básicas de cooperación y apoyo. Estas asociaciones tenían un carácter más pragmático, ya que se dedicaban a ofrecer asistencia a sus miembros en momentos de dificultad, como en casos de enfermedad, pobreza o desastres naturales. En muchas ocasiones, las *sýnodoi* sociales ofrecían apoyo financiero, alimentario o emocional a sus miembros que enfrentaban dificultades. Otro de los servicios que estas asociaciones ofrecían era la organización de funerales para sus miembros, pues no debemos olvidar que en la antigua Grecia, la correcta realización de los ritos funerarios era esencial para garantizar el descanso del difunto, y muchas *sýnodoi* se encargaban de coordinar y financiar estas ceremonias. En algunos casos, las asociaciones también ofrecían sepultura a aquellos miembros que no pudieran costearla. En consecuencia, estas asociaciones no solo brindaban apoyo material, sino que también ayudaban a fortalecer la cohesión social dentro de las polis, pues al crear redes de apoyo promovían la interdependencia entre los ciudadanos, lo que fomentaba un sentido de comunidad y responsabilidad colectiva.

En definitiva, las formas de asociación en la antigua Grecia abarcaron una amplia gama de actividades, desde el comercio hasta la religión, pasando por la política y la colaboración social. Las *sýnodoi*, *eranoi* y *thiasoi* representaban la importancia de la cooperación en la vida diaria de las polis griegas, dejando un legado duradero en la forma en que las sociedades se organizan hoy en día.

Para ultimar este breve recorrido histórico del fenómeno asociativo previo a la aparición del cristianismo, nos centramos ahora en un somero estudio de este fenómeno asociativo en la antigua Roma. Allí las asociaciones conocidas como *collegia*, desempeñaron un papel fundamental en la vida social, económica y religiosa de la sociedad romana. Las *collegia* fueron asociaciones con una función dual, tanto social como religiosa, que existieron durante varios siglos en la sociedad romana, y si bien inicialmente se formaron en torno a grupos profesionales o religiosos, desempeñaron un papel importante en otros muchos aspectos de la vida romana, incluyendo el conjunto de relaciones en un determinado entorno social, las prácticas funerarias y la veneración de divinidades locales o deidades imperiales. No debemos olvidar que las asociaciones o cofradías romanas tienen su origen en las antiguas tradiciones gremiales y religiosas de la Roma republicana, y su evolución está marcada por el aumento de la población urbana y la creciente necesidad de organizaciones que ofrecieran cohesión social. Estas agrupaciones las encontramos tanto en las clases trabajadoras como en las élites, aunque en su mayoría, fueron formadas por artesanos, comerciantes y otras profesiones, siendo a partir del siglo I a.C., cuando las *collegia* empezaron a adquirir mayor relevancia debido al apoyo que ofrecían a sus miembros en una época de crecientes tensiones sociales y políticas.

Las cofradías religiosas, que eran las más antiguas, se organizaban en torno a cultos específicos y tenían la misión de llevar a cabo ritos y ceremonias dedicados a los dioses. Estas cofradías no sólo eran comunidades de devoción, sino que también desempeñaban funciones cívicas importantes, ya que en muchos casos estaban integradas en el culto oficial del Estado romano. Tenían sus propias jerarquías internas, donde se elegían magistrados religiosos que presidían los ritos. Estos magistrados poseían el título de sacerdotes o *magistri*, dependiendo del culto específico, y eran responsables de organizar festividades y ceremonias religiosas en nombre de la comunidad. Algunas de estas cofradías también tenían templos propios, y sus miembros contribuían a la manutención de estos espacios sagrados. En general, los *collegia* religiosos tenían fuertes lazos con las autoridades locales, ya que los ritos religiosos eran parte fundamental de la vida pública y política en Roma.

Existían diversos tipos de cofradías religiosas. Unas como las *collegia pontificum*, dedicada al culto de los dioses romanos tradicionales, era una de las cofradías religiosas más importantes de Roma, y estaba presidida por el Pontífice Máximo, quien supervisaba el culto estatal y la observancia de las leyes religiosas. El *Collegium Pontificum* estaba compuesto por varios sacerdotes que aseguraban la correcta realización de los ritos oficiales. Junto a esta también podemos hablar de otro tipo de cofradías, como el *Collegium* de los Augures que estaba especializada en interpretar la voluntad de los dioses mediante rituales de adivinación. Estas prácticas adivinatorias eran esenciales antes de cualquier gran evento, como la guerra o la inauguración de construcciones públicas. También el llamado *Collegium* de los fratres *Arvales* que era una cofradía de sacerdotes que rendía culto a la diosa *Dea Dia*, protectora de la agricultura. Este grupo estaba encargado de asegurar la fertilidad de los campos a través de rituales anuales Por último algunas cofradías también veneraban deidades extranjeras que fueron introducidas en Roma a través del contacto cultural y militar, como el culto de Isis o de Mitra.

En segundo lugar, citamos las cofradías funerarias que eran asociaciones formadas principalmente para asegurar que sus miembros recibieran un entierro adecuado, una preocupación clave en la cultura romana debido a la importancia de los ritos funerarios y el culto a los antepasados *(mos maiorum)*. Estas cofradías se establecían como una forma de colaboración y ayuda, ya que los costos de un entierro digno eran elevados, y no todas las familias romanas tenían los recursos suficientes. Los miembros de las *collegia funeraticia* pagaban una cuota de ingreso y contribuciones periódicas que se usaban para financiar los servicios funerarios. La cofradía mantenía un fondo común que garantizaba los gastos del entierro de cualquier miembro fallecido. También organizaban ceremonias conmemorativas anuales para honrar a los difuntos de la comunidad, lo que reforzaba el sentido de pertenencia entre sus miembros. Como ejemplo citamos el *Collegium Funeraticium de Lanuvium*, una de las cofradías funerarias mejor documentadas, gracias a una inscripción que detalla sus estatutos y reglamentos. El *Collegium* tenía regulaciones estrictas sobre los derechos y deberes de sus miembros, así como las condiciones para recibir un entierro financiado por la cofradía.

A menudo, estas asociaciones funerarias incluían esclavos y libertos que no podían depender de la familia para garantizar sus ritos funerarios. Para estos grupos marginales, las cofradías eran una red de apoyo esencial.

En nuestra particular clasificación, también destacamos otra serie de «asociaciones/cofradías» que se centraban en aspectos laborales o gremiales. Estos grupos de trabajadores, como artesanos o comerciantes, no solo proporcionaban redes de apoyo y defensa, sino que también organizaban festivales y rituales religiosos para sus miembros. Cada *collegium opificum* tenía su propio conjunto de reglas internas y jerarquía. Los miembros solían pagar una cuota de ingreso y otras periódicas para mantener la organización. Se celebraban reuniones regulares, y también podía ofrecer servicios de asistencia económica en casos de necesidad, enfermedad o accidentes. Los líderes de estas asociaciones, llamados *magistri*, tenían la responsabilidad de administrar los recursos y organizar las festividades religiosas o sociales, ya que muchas de estas cofradías estaban vinculadas a un dios patrono o protectores divinos de su oficio. Citemos como ejemplos el *Collegium Fabrum Tignuariorum*, que era una cofradía de carpinteros y constructores, que desempeñaba un papel fundamental en la construcción de edificios públicos y privados, controlando tanto la oferta de trabajadores cualificados como la calidad de la construcción; el *Collegium Pistorum*, de los panaderos (pistores), que en Roma formaban una cofradía muy poderosa, ya que el suministro de pan era un elemento crucial en la política del grano que mantenía satisfechas a las masas urbanas; y, por último las *Collegia Nautarum* que eran cofradías de navegantes y comerciantes marítimos y también desempeñaban un papel clave en la economía romana regulando el transporte de mercancías a lo largo del Mediterráneo.

En definitiva, las cofradías romanas tenían una estructura organizativa formal, similar a la de una pequeña corporación. Cada *collegium* tenía un grupo de líderes, generalmente conocidos como *magistri*, que eran elegidos por los miembros para coordinar las actividades. En la cúspide, algunos de los *collegia* más influyentes estaban dirigidos por patronos, individuos de alto rango que actuaban como protectores. Aunque en la teoría cualquiera podía formar parte de un *collegium*, había algunas restricciones basadas en la ocupación, la clase social o el origen étnico. Los esclavos, por ejemplo, no siempre podían unirse, pero sí lo hacían los libertos, que encontraban en las cofradías un importante apoyo para mejorar su posición social.

Durante la República, los *collegia* fueron utilizados en ocasiones por líderes políticos para obtener el apoyo de las clases populares, a menudo a través de líderes carismáticos o patronos de las asociaciones. Sin embargo, esta tendencia fue regulada bajo el Imperio, donde se establecieron leyes para limitar el poder de las cofradías y su capacidad de formar alianzas políticas. Concretamente bajo el emperador Augusto, se promulgaron una serie de reformas que regulaban la creación y la función de las asociaciones. Solo aquellas que cumplían con un objetivo religioso o laboral fueron permitidas, mientras que otras agrupaciones, consideradas peligrosas para el orden público, fueron disueltas. Esta medida tenía como objetivo evitar que las *collegia* se convirtieran en un foco de descontento social o en una base para conspiraciones políticas.

Por último, señalar que un caso especial en la historia de las cofradías es su relación con el cristianismo temprano. Aunque será objeto de análisis en epígrafes posteriores adelantamos que, en los primeros siglos del Imperio, muchas comunidades cristianas comenzaron a organizarse de manera similar a las cofradías tradicionales, lo que les permitía llevar a cabo actividades comunitarias y religiosas sin ser perseguidos directamente. Sin embargo, con el tiempo, las autoridades romanas comenzaron a asociar el crecimiento del cristianismo con una amenaza al orden social, lo que llevó a medidas represivas. Así, los emperadores, como hemos indicado especialmente durante el Imperio, promulgaron leyes para controlar el crecimiento desmedido de asociaciones privadas, ya que algunas de ellas podían ser focos de disidencia política o movimientos subversivos. Estas cofradías, aunque menos documentadas, representaban una amenaza al orden público. Baste como ejemplos las llamadas cofradías de esclavos que, como hemos indicado en líneas anteriores, eran permitidas en algunas circunstancias con fines religiosos o funerarios, Sin embargo, las autoridades romanas temían que estas agrupaciones fomentaran la rebelión y, por tanto, alimentaron el miedo al potencial subversivo de este tipo de entidades. Y esto fue lo que ocurrió, como ya hemos apuntado, con las asociaciones o cofradías cristianas que, tras un periodo permisivo en el que los primeros cristianos se organizaron en cofradías clandestinas para celebrar sus ritos, lo cierto es que fueron percibidas como peligrosas porque se oponían al culto imperial y al politeísmo oficial, lo que llevó a persecuciones periódicas.

En definitiva, el fenómeno asociativo en la Antigua Roma no solo reflejó la necesidad humana de organizarse en torno a intereses comunes, sino que también constituyó un vehículo para el cambio social. A través de las *collegia*, los ciudadanos romanos encontraron formas de integrarse en una sociedad compleja y jerárquica, y aunque el Estado controló estrictamente su crecimiento y actividades, estas organizaciones dejaron un legado perdurable en la estructura social y religiosa del Imperio.

2.- Las cofradías en la historia de la Iglesia

Debemos dejar claro, desde este momento, que la práctica totalidad de autores y estudiosos sobre el tema establecen el periodo comprendido entre los siglos IX y XI como el «origen» directo de las primeras cofradías tal y como hoy las conocemos, coincidiendo con la formación de los gremios profesionales que como agrupaciones corporativas adquieren «el sentido de la unión y de la defensa de los intereses comunes acogiéndose a la advocación de los cristos, las vírgenes y los santos a los que profesan una devoción particular y lo demuestran con algún culto público, casi siempre en recintos sagrados y cuyas capillas habían sido erigidas y patrocinadas en muchas ocasiones por estos colectivos»[222].

No obstante, sí consideramos necesario el análisis del fenómeno asociativo en los siglos precedentes, pues su estudio nos va a proporcionar información relevante en el proceso de formación de las cofradías en la Iglesia.

2.1.- Desde los Orígenes del Cristianismo hasta el siglo XII[223]

En este apartado intentamos dar una visión general sobre el papel de las «cofradías»[224] en la vida cristiana, desde sus primeras formas en las comunidades cristianas primitivas hasta su institucionalización en la Alta Edad Media, reflexionando sobre la importancia que fueron adquiriendo como medios de organización religiosa, social y caritativa.

2.1.1. Hasta el Edicto de Milán

En primer lugar, permítasenos, aunque sea brevemente, analizar el contexto histórico y religioso en los primeros siglos del cristianismo ya apuntado en el epígrafe anterior[225]. Como venimos afirmando la sociedad

222 Rumeu de Armas, A. *Historia de la previsión social en España*, Barcelona 1981.

223 Nieto Ibáñez, J M.ª, *Historia antigua del cristianismo. Desde los orígenes al Concilio de Calcedonia*, Madrid, Editorial Síntesis, 2019.

224 Se utilizará este término aunque en puridad sean más uniones o asociaciones que carecerán de algunos de los elementos definitorios de las cofradías tal y como hoy las conocemos, refiriéndonos en éstos primeros epígrafes con el termino genérico cofradía a las antiguas prácticas asociativas cristianas.

225 Martínez Díez, G. *Las cofradías y hermandades en la antigüedad cristiana*: del siglo I al IV. Editorial Síntesis, 1999; . Teja, Ramón *Historia del cristianismo primitivo*. Editorial Síntesis, 1995.

romana del siglo I d.C., cuando surge el cristianismo, estaba estructurada jerárquicamente e influenciada profundamente por tradiciones religiosas, sociales y culturales. El sistema religioso romano era politeísta e integrado en la vida cívica y política. Los romanos rendían culto a un vasto panteón de dioses y las prácticas religiosas estaban directamente vinculadas al bienestar del Estado. Las familias realizaban cultos domésticos a los lares y penates, mientras que a nivel comunitario los cultos cívicos a dioses como Júpiter, Marte y Minerva eran esenciales para la cohesión social. La religión romana se caracterizaba, por tanto, por un fuerte sentido ritualista y por la idea de un pacto (do ut des), donde se esperaba que los dioses protegieran a Roma a cambio de sacrificios y devociones. Sin embargo, el Imperio Romano no era cultural ni religiosamente homogéneo. Al igual que el cristianismo, otras religiones extranjeras comenzaron a crecer en el Imperio, como los cultos a Isis, Mitra y Cibeles a lo que nos hemos referido con anterioridad. Estos cultos mistéricos, que provenían de Egipto, Persia y Asia Menor, ofrecían experiencias religiosas más personales y una promesa de vida eterna o salvación, elementos que también atrajeron a muchos romanos a una nueva religión. Estos cultos a menudo se organizaban en pequeñas comunidades cerradas, donde los adeptos pasaban por rituales iniciáticos, similar a lo que posteriormente sucedería con los primeros grupos cristianos.

Otra influencia clave en el surgimiento del cristianismo fue la presencia judía en el Imperio. Desde el siglo I, las comunidades judías estaban dispersas por muchas ciudades, especialmente en las áreas del Mediterráneo oriental. Las sinagogas, además de ser lugares de culto, eran también centros comunitarios donde los judíos se organizaban para otras actividades, tanto sociales, educativas y caritativas. En efecto, la organización comunitaria alrededor de la sinagoga, la importancia de la Torá y el sentido de pertenencia a una comunidad religiosa fueron aspectos que los primeros cristianos replicaron en sus propios grupos, pues no debemos olvidar que la mayoría eran judíos que adoptaron las enseñanzas de Jesús como la culminación de las promesas del Antiguo Testamento. Desde sus orígenes, el cristianismo se concibió como una comunidad de creyentes llamada a vivir conforme a los mandatos de Jesús. De ahí el término «*ekklesia*», usado en los textos cristianos primitivos, que hacía referencia a la asamblea o reunión de los fieles. Y esta noción de la Iglesia como comunidad era esencial: no se trataba sólo de una asociación espiritual, sino de una verdadera hermandad donde los miembros se consideraban unidos por la fe en Cristo. En el Libro de los Hechos de los Apóstoles y las Epístolas de San Pablo, se evidencia que los primeros cristianos compartían bienes y practicaban esa colaboración y ayuda. La koinonía, o comunión, era una característica fundamental de estas primeras comunidades. Los bienes se ponían en común, y la comunidad se encargaba del sustento de los pobres, las viudas y los huérfanos, tal como viene reflejado en Hechos 2:42-47[226] y 4:32-35[227]. El modelo organizativo de la Iglesia primitiva se centraba en la elección de líderes, como los obispos y diáconos, que gestionaban tanto los aspectos espirituales como los materiales de la comunidad. Y estos primeros líderes tenían un papel clave en la gestión de la caridad, organizando la distribución de bienes y asistiendo a los necesitados, lo que formaría la base de las futuras cofradías cristianas[228].

En este contexto no debemos olvidar que durante los primeros tres siglos, el cristianismo fue una religión ilegal en el Imperio Romano, lo que forzó a los cristianos a operar en la clandestinidad. Así, la falta de reconocimiento oficial y las persecuciones periódicas, especialmente durante la época de emperadores como Nerón (64 d.C.), Domiciano (81-96 d.C.) y Diocleciano (303-311 d.C.), dificultaron la creación de grandes estructuras organizativas[229]. No obstante, estas persecuciones fomentaron la solidaridad interna de las comunidades cristianas, que desarrollaron fuertes lazos de hermandad. Los cristianos se reunían en secreto en casas privadas (las *domus ecclesiae*) y catacumbas para celebrar la Eucaristía y organizar sus actividades caritativas. A pesar de la represión, las comunidades crecieron, y la necesidad de mantenerse unidas bajo presión llevó a la formalización de estructuras comunitarias de asistencia. Durante este período, el culto a los mártires también desempeñó un papel importante en la vida de las comunidades. Las festividades en honor a éstos se organizaron en torno a sus tumbas, y los cristianos comenzaban a reunirse en estos lugares para rendirles homenaje. Estas conmemoraciones crearon una estructura proto-cofradial lo que sería clave en el desarrollo de las cofradías de culto en siglos posteriores y, en especial, sentaron las bases para las cofradías medievales que surgirían tras la inicial tolerancia y posterior declaración como religión oficial del cristianismo en el siglo IV[230].

---

226 Hechos 2:42-47 42 Y perseveraban en la doctrina de los apóstoles, en la comunión unos con otros, en el partimiento del pan y en las oraciones. 43 Y sobrevino temor a toda persona; y muchas maravillas y señales eran hechas por los apóstoles.

227 Hechos 4-32-35. 32 Y la multitud de los que habían creído era de un corazón y un alma; y ninguno decía ser suyo propio nada de lo que poseía, sino que tenían todas las cosas en común. 33 Y con gran poder los apóstoles daban testimonio de la resurrección del Señor Jesús, y abundante gracia era sobre todos ellos. 34 Así que no había entre ellos ningún necesitado; porque todos los que poseían heredades o casas, las vendían, y traían el precio de lo vendido, 35 y lo ponían a los pies de los apóstoles; y se repartía a cada uno según su necesidad.

228 Al igual que en los collegia funeraticia romanos, las primeras cofradías cristianas se centraron en asegurar entierros dignos para sus miembros, una preocupación clave en el mundo antiguo. La práctica de reunirse en torno a los muertos y de conmemorar a los difuntos con banquetes (similares a las refrigeria romanas) también se replicó en las primeras cofradías cristianas, que organizaban conmemoraciones en honor a los mártires y a sus propios fallecidos.

229 Brown, P. *La Iglesia Cristiana Primitiva: Desde los orígenes hasta el siglo V*. Cambridge: Cambridge University Press, 2010.

230 Chadwick, H. *The Early Church*. Penguin Books, 1993.

2.1.2. El desarrollo de las «Cofradías» en la Iglesia Primitiva (siglos III-V)[231]

La promulgación del Edicto de Milán[232] en el año 313 supuso un punto de inflexión para el cristianismo[233]. El Edicto no solo puso fin a las persecuciones, sino que también permitió a los cristianos practicar su fe libremente y restauró los bienes confiscados a las iglesias durante las persecuciones. A partir de ese momento, el cristianismo se organizó públicamente y comenzó a ocupar un lugar prominente en la sociedad romana[234]. Las «cofradías» cristianas, que anteriormente funcionaban de manera informal y clandestina, pudieron ahora estructurarse de manera más formal, alineándose con la autoridad eclesiástica y organizándose en torno a iglesias y obispos. Muchas de estas cofradías asumieron nuevas funciones, como la construcción de templos y la organización de festividades religiosas, mientras mantenían su función central de caridad y asistencia. Las «cofradías» en los siglos III-V[235] eran organizaciones laicas que se integraban dentro de la estructura de la Iglesia, y bajo su supervisión. En las comunidades cristianas primitivas a menudo nacían de la necesidad de unificar esfuerzos para asistir a los miembros más vulnerables de la sociedad, como viudas, huérfanos, pobres y enfermos. Y una de las funciones esenciales era la

231 LOPEZ MARTÍN J. «Las hermandades y cofradías en la vida de la iglesia. fundamentación teológica de la religiosidad popular» *Actas de las I.ª jornadas de Religiosidad Popular*. Almería, 1996 «Los siglos que duraron las persecuciones los cristianos y la Iglesia de catacumbas mantenían más intensiva y fácilmente la «conmunio». Ya en ese tiempo existían algún tipo de cofradías. Con el decreto de libertad religiosa para el imperio, dado en Milán el año 313, la Iglesia creció sobremanera, pero se enfrió el fervor primero. Los cristianos más fervorosos sintieron la necesidad de agruparse, de vincularse entre sí por lazos más estrechos que el resto de la comunidad. Muchos encontraban la solución en la vida religiosa, pero los que permanecían en el mundo sintieron la necesidad de encontrar caminos de fraternidad. A los ejemplos que podían ofrecerles los paganos, las asociaciones cristianas se potenciaron con el espíritu de caridad y con el culto al Dios único y verdadero».

232 VICENS, E. «El impacto del Edicto de Milán en las cofradías y asociaciones cristianas». *Revista de Historia de las Religiones*, vol. 22, 2002, pp. 99-115.

233 TEJA, R. «La cristianización del Imperio: Constantino y Teodosio» *Cuadernos de Historia Eclesiástica*, vol. 35, 2003, pp. 95-120; .González Salinero, R. «Constantino y la Iglesia: la transformación del cristianismo en religión imperial» *Antigüedad y Cristianismo*, vol. 6, 1989, pp. 77-105; ARCE DOMÍNGUEZ, *Javier «Las cofradías cristianas y el patrocinio imperial tras Constantino» Hispania Sacra*, vol. 48, 1996, pp. 345-365; SOTOMAYOR, M. «Patrocinio imperial y cristianización en el siglo IV: cofradías y asistencia social». *Antigüedad y Cristianismo*, vol. 18, 2001, pp. 139-158.

234 RAPP, C. *Holy Bishops in Late Antiquity: The Nature of Christian Leadership in an Age of Transition*. University of California Press, 2005.

235 CURRAN, J. *Pagan City and Christian Capital: Rome in the Fourth Century.* Oxford University Press, 2000.

organización del rito funerario. Debido a la importancia que los cristianos daban a la sepultura y a la vida después de la muerte, el entierro de los fallecidos era un deber sagrado y las asociaciones se encargaban de asegurar que todos los miembros de la comunidad tuvieran un entierro adecuado, a menudo gestionando cementerios y catacumbas, como ocurrió en Roma y otras ciudades del Imperio.

En este sentido surgieron las diaconías como una forma específica de asociación que, bajo la dirección de diáconos, se dedicaba a organizar la caridad y el reparto de bienes entre los pobres y eran fundamentales para canalizar los recursos materiales de la comunidad hacia quienes más lo necesitaban, incluyendo alimentos, ropa y asistencia médica. El diácono, asistido por otros miembros, gestionaba las donaciones y se aseguraba de que estas llegaran a las personas adecuadas.

¿Cuál fue el papel o función social de estas incipientes «cofradías» cristianas?[236]. Podemos afirmar, como ya hemos adelantado, que en este período se centraban principalmente en la caridad, la asistencia y el culto. A través de las enseñanzas evangélicas y las cartas de los apóstoles, los cristianos habían adoptado un fuerte sentido de comunidad y solidaridad, donde la ayuda a los pobres, enfermos y necesitados era una de las principales responsabilidades de los miembros de la Iglesia. Funcionaban como intermediarias para la distribución de recursos. Durante las hambrunas, las crisis políticas y las guerras, eran esenciales para la supervivencia de las comunidades cristianas, distribuyendo alimentos y bienes a aquellos que no podían obtenerlos por otros medios. En Roma, por ejemplo, la Iglesia organizó la distribución regular de pan, vino y aceite a los pobres, una práctica que más tarde se institucionalizaría con mayor rigor. Además de su función social, las «cofradías» cristianas también jugaron un papel importante en la vida litúrgica y religiosa de las comunidades. Organizaron festividades, procesiones y celebraciones en honor a los mártires y santos locales, que en este período adquirieron una gran importancia en la piedad cristiana. Las «cofradías» se encargaban de preparar las ceremonias, decorar los espacios de culto y garantizar la participación de todos los miembros de la comunidad. A partir del siglo IV contribuyeron económicamente a la edificación de nuevas iglesias gestionando los recursos para su mantenimiento y embellecimiento de estos espacios. Esta función se mantendría a lo largo de los siglos y se convertiría en un aspecto crucial de las cofradías medievales.

236 Los cristianos primitivos indirectamente dieron a la Iglesia un estatus legal que no había existido hasta el Edicto de Milán. En Oriente, para atender los funerales de los pobres se constituyeron los Ascetería y los Parabolani, que asistieron a los enfermos durante la peste de Alejandría. También surgieron los Lecticarii bajo Constantino, quienes se encargaron de los entierros.

2.1.3. La consolidación en el siglo V

El siglo V marca un periodo crucial para el asociacionismo cristiano que, habiendo, como hemos indicado en el apartado anterior, tenido sus raíces en la clandestinidad y en el contexto de persecuciones anteriores, comienzan a consolidarse formalmente dentro de la Iglesia. Este proceso está directamente relacionado con la expansión del cristianismo, la caída del Imperio Romano de Occidente y el creciente poder de la Iglesia en la sociedad. En este contexto, las «cofradías» dejan de ser simplemente grupos comunitarios informales para convertirse en instituciones reconocidas, apoyadas por el clero y, en algunos casos, por la autoridad imperial. En efecto, el siglo V fue testigo de cambios monumentales en el contexto político, social y religioso del mundo mediterráneo. El Imperio Romano de Occidente, que había sido una de las principales estructuras de poder y organización social, se encontraba en un proceso de desintegración debido a invasiones, guerras civiles y problemas internos. La caída de Roma en manos de los visigodos en el año 410 y la posterior deposición del último emperador romano de Occidente en el 476 señalaron el colapso final del poder imperial en esta región. Este vacío de poder fue progresivamente llenado por la Iglesia, que ya se había consolidado como una institución influyente, en parte gracias a su organización jerárquica y a su red de comunidades. Mientras las estructuras políticas del imperio se desmoronaban, la Iglesia asumía cada vez más un papel de liderazgo social y espiritual. Las asociaciones cristianas, que habían sido grupos de apoyo y ejercicio de caridad en las comunidades locales, ahora se convertían en herramientas fundamentales para la organización y el funcionamiento de la Iglesia, ya que podían proporcionar apoyo tanto material como espiritual a las poblaciones en tiempos de crisis[237]. Algunas de sus funciones incluyeron la distribución de alimentos, pues los obispos centralizaban los recursos, y las asociaciones eran el brazo ejecutor para asegurarse de que estos llegaran a los necesitados; además en colaboración con las autoridades eclesiásticas, ayudaban a acomodar y proveer asistencia a los refugiados que huían de la guerra, aparte de mantener su papel tradicional de proporcionar ayuda a los enfermos y organizar entierros, funciones que cobraban aún más importancia en tiempos de inestabilidad.

Como hemos señalado, la importancia de las «cofradías» aumentó a medida que el poder imperial colapsaba y las instituciones civiles se volvieron ineficaces. Y en estas circunstancias el Estado comenzó a favorecer abiertamente a la Iglesia. Este patrocinio imperial[238] no solo consolidó su

---

237 Desde el siglo IV y hasta el XII, en diferentes lugares, se formaron asociaciones de cristianos como los Spoudaei y los Philopones, quienes buscaban vivir una vida más ascética bajo la quía d ela jerarquía eclesiástica. Estos grupos compuestos por cristianos laicos, asistían a servicios litúrgicos, cantaban himnos y salmos y participaban en procesiones.

238 Vives, J. *La Iglesia en la sociedad del occidente romano*. Consejo Superior de Investigaciones Científicas (CSIC), 1977; Hidalgo de la Vega, M. A. *Constantino, el cristianismo*

poder, sino que también aumentó su legitimidad en la sociedad. Las cofradías se convirtieron en instituciones permanentes, con una infraestructura más sólida y con la capacidad de influir en el bienestar de la población a un nivel mucho mayor que en siglos anteriores. Además, también recibieron el apoyo de la aristocracia que se fueron convirtieron en cristianos devotos, viendo en la Iglesia un refugio espiritual frente al caos político. Estos aristócratas no solo contribuían a la construcción de iglesias y basílicas, sino que también financiaban actividades propias de estos grupos, especialmente de aquellas que se dedicaban a la caridad y la asistencia a los pobres[239].

Es de destacar que durante este siglo V, las cofradías, como ya he apuntado con anterioridad, comenzaron a estructurarse formalmente bajo la supervisión directa de los obispos y la jerarquía eclesiástica, y si bien en siglos anteriores habían sido en su mayoría asociaciones laicas, ahora se incorporaron más plenamente a la organización de la Iglesia. Los obispos y presbíteros asumieron un papel más directo en su supervisión, especialmente aquellas dedicadas a la caridad y los servicios funerarios. En muchas ciudades importantes, como Roma, Antioquía y Constantinopla, dependían directamente del obispo local, quien coordinaba las actividades y distribuía los recursos. Entre sus miembros, que eran en su mayoría laicos, se incluían a personas de distintas clases sociales, lo que fomentaba un sentido de solidaridad cristiana y comunitaria. Como es fácil comprender, el crecimiento de este tipo de asociaciones y su consolidación como instituciones formales en la Iglesia requirió una gestión económica más organizada. Durante este periodo comenzaron a recibir donaciones no solo de miembros particulares, sino también de la propia Iglesia y otros parocinadores. Muchas de ellas recibieron legados de familias pudientes que, tras su conversión al cristianismo, dejaban grandes cantidades de bienes a la Iglesia y sus instituciones. Estos legados a menudo incluían tierras, lo que permitió a las asociaciones financiar sus actividades mediante los ingresos agrícolas. También organizaban eventos religiosos y festivos que atraían a donantes, como procesiones y celebraciones en honor a los santos y mártires. Estas festividades se convirtieron en una fuente importante de ingresos para las actividades caritativas.

El proceso de consolidación de las «cofradías» en este siglo preparó el terreno para las instituciones benéficas medievales pues como señalábamos

y el imperio. *Editorial Akal*, 2005; Alföldi, A. *Constantino el Grande y su tiempo*. Editorial Gredos, 1987; Abascal Sánchez, J. M., *Cristianismo y poder en el siglo IV: Constantino y la Iglesia*. Ediciones Clásicas, 1991. Brown, P. *El auge del cristianismo en el mundo antiguo: de Constantino,* Ediciones Akal, 2001; Míguez, P. *La Iglesia cristiana y el poder en la Antigüedad tardía: de Constantino a Teodosio*. Síntesis, 2010.

239 Un ejemplo notable es el de Santa Melania la Joven, una rica aristócrata romana que, junto con su marido, dedicó su fortuna a la fundación de monasterios y a la caridad. Muchas otras familias aristocráticas siguieron su ejemplo, dotando de recursos a las cofradías y ayudando a que estas se expandieran.

con anterioridad, en este período ampliaron su función original, pasando de ser simples asociaciones de apoyo y colaboración a convertirse en verdaderas organizaciones de caridad y bienestar social que operaban a nivel comunitario y regional[240]. Ese creciente enfoque en la caridad y el cuidado de los enfermos llevó a la creación de las primeras instituciones dedicadas específicamente a dichos fines como, por ejemplo los xenodoquios[241] (hospitales y hospicios), que eran gestionados directamente por la Iglesia. Estas instituciones[242], que inicialmente servían como albergues para peregrinos y enfermos, se desarrollaron en centros más organizados donde se proporcionaba cuidado médico, comida y alojamiento a los necesitados. Muchas cofradías se convirtieron en las administradoras de estos lugares, y el modelo de estas instituciones perduró durante la Edad Media, estableciendo las bases para los hospitales caritativos medievales.

En definitiva, el siglo V fue clave para la institucionalización de la caridad dentro de la Iglesia y las «cofradías» se convirtieron en vehículos para canalizar la caridad cristiana de manera más eficiente, asegurándose de que los recursos llegaran a las personas adecuadas. Podemos afirmar que la caridad, que inicialmente era una responsabilidad individual y comunitaria, comenzó a ser vista como una tarea central de la Iglesia, con las cofradías, como decimos, desempeñando un papel crucial en la implementación de esta misión.

2.1.4. Las cofradías monásticas en la alta Edad Media (siglos VI-VIII)

Las cofradías monásticas nacen de la combinación de dos tradiciones cristianas: por un lado, la vida monástica organizada en comunidades y, por otro, las antiguas prácticas asociativas cristianas como las sodalitates y confraternitates[243] del Bajo Imperio Romano. Estas asociaciones religiosas evolucio-

---

240 Alonso Ávila, E. *Historia de la caridad cristiana*. Biblioteca de Autores Cristianos (BAC), 1967.

241 San Juan Crisóstomo, Homilías sobre la hospitalidad. En muchas de sus homilías, especialmente las dirigidas a la congregación de Constantinopla, Juan Crisóstomo defiende la caridad cristiana y menciona instituciones como los xenodoquios. Teodoreto de Ciro, Historia Eclesiástica. En su obra histórica, Teodoreto menciona las primeras instituciones de caridad cristianas, incluyendo los xenodoquios, y cómo surgieron bajo el impulso de obispos y monjes cristianos.

242 González Salinero, R. *Caridad cristiana y beneficencia pública en la Antigüedad tardía: los xenodoquios y otras instituciones asistenciales*. Arys: *Antigüedad,* Religiones y Sociedades, vol. 12, 2009, pp. 151-169.; Mayordomo García, M. «Asistencia social y xenodoquios en la Antigüedad tardía». *Studia Historica. Historia Antigua*, vol. 28, 2010, pp. 195-208; Vega García-Ferrer, A. «Hospitalidad y cuidado de los pobres: los xenodoquios y su desarrollo en la Edad Media», *Revista de Historia Medieval*, vol. 11, 2012, pp. 233-250; Martínez Jiménez, C. ».La evolución de la beneficencia en el cristianismo primitivo: del ágape a los xenodoquios». *Anuario de Estudios Antiguos y Medievales*, vol. 35, 2013, pp. 122-138.

243 Petrides S. «Spoundaei et Philopones», en *Echos`dörient* 7 (1904)

naron en la Alta Edad Media para convertirse en organizaciones más formalizadas, con un fuerte componente espiritual basado en la vida ascética y la oración comunitaria. El monacato occidental, que dio origen a muchas de las cofradías monásticas, estuvo profundamente influenciado por las prácticas monásticas de Oriente. Los Padres del Desierto, como San Antonio y San Pacomio, establecieron comunidades monásticas basadas en la vida en común (cenobitismo), la disciplina ascética y la oración, ideales que posteriormente se trasladaron a Occidente. San Benito de Nursia, considerado el padre del monacato occidental, fundó la orden benedictina en el siglo VI, la cual adoptó muchas de las prácticas monásticas orientales, incluyendo la vida comunitaria, la regla y la organización estructurada. Estas comunidades benedictinas se convirtieron en el modelo sobre el cual se organizaron las cofradías monásticas occidentales. Probablemente por estas razones podemos hablar de una primera evolución de las confraternitates cristianas tal y como hasta este momento las conocíamos. Como hemos indicado en los aparatados anteriores, estas cofradías cristianas que ya existían durante el Imperio Romano eran asociaciones formadas principalmente por laicos, que buscaban fortalecer la comunidad cristiana a través de actos de caridad y cultos compartidos. Durante la Alta Edad Media, estas asociaciones evolucionaron y se adaptaron a las nuevas circunstancias sociopolíticas, fusionándose con las prácticas monásticas. En este periodo, las cofradías monásticas se diferenciaban de las cofradías laicas tanto en su composición como en la finalidad. Las primeras estaban formadas por monjes y clérigos que se unían en torno a una vida de oración y penitencia, mientras que las segundas solían agrupar a laicos que colaboraban con los monasterios en tareas caritativas y en la preservación de la fe. Las instituciones monásticas se caracterizaban por una organización interna altamente estructurada y un fuerte compromiso con los principios espirituales del monacato. No solo se limitaban a la vida dentro de los muros monásticos, sino que también tenían un papel activo en las comunidades locales. En consecuencia, las asociaciones monásticas al adoptar estas reglas, y no olvidando nunca que se estructuraban en torno a los principios de humildad, obediencia y servicio a la comunidad, funcionaban en gran medida como unidades autosuficientes, dedicadas a la agricultura, la copia de manuscritos y otras actividades que garantizaban su subsistencia y la de las comunidades donde se establecieron. Cada una de ellas estaba liderada por un abad o prior, cuya autoridad era incuestionable dentro del grupo. Los monjes se comprometían a una vida de disciplina ascética, oración constante y trabajo manual, como expresión de su fe y compromiso con la vida espiritual. Aparte de su dedicación a la oración y la vida contemplativa, asumían la responsabilidad de ofrecer asistencia espiritual y material a las comunidades locales. Esto incluía la educación de los jóvenes, la atención a los enfermos y la ayuda a los pobres. Otra de las funciones clave de la vida monástica era la intercesión espiritual a través de la oración por los vivos y los muertos. Ofrecían rezos y ofrendas por los miembros fallecidos, lo cual otorgaba a los laicos un sentimiento de seguridad y agradecimiento que facilitaba su adhesión y pertenencia. Y dentro de esta vida monacal tuvieron cabida las cofradías. Como ejemplo inicial señalamos la Sociedad del purgatorio o la Confraternidad de la Plegaria, que al principio estaban constituidas únicamente por monjes y con unos objetivos muy limitados, ya que se dedicaban a ofrecer misas y plegarias por el eterno descanso tras la muerte. Sin embargo, poco a poco el número de miembros va aumentando para incluir no sólo a los monjes sino también al clero secular, a los Reyes, los Príncipes, los Nobles e incluso al pueblo llano, contribuyendo estos últimos económicamente o a través del trabajo para el sustento del monasterio y sus propósitos. De igual manera fueron ampliados sus objetivos para incluir obras caritativas como dar limosna a los pobres y visitar a los enfermos.

Durante los siglos VI-VIII, la Alta Edad Media fue testigo de un fuerte entrelazamiento entre las autoridades civiles y eclesiásticas[244]. Los monasterios, y por ende las cofradías monásticas, jugaron un papel crucial en la estabilización de los reinos germánicos y la expansión del cristianismo en Europa, pues las élites políticas, tanto laicas como eclesiásticas, veían en los monasterios un instrumento de legitimación y poder. Recibieron patrocinio de los reyes y nobles, por ejemplo, los reyes merovingios y carolingios, que fueron grandes benefactores de los monasterios apoyando la creación de nuevas cofradías monásticas y fomentando su influencia en las regiones conquistadas a cambio de oraciones y servicios espirituales. Como es lógico entender este apoyo reforzó el prestigio de las cofradías y las convirtió en centros de poder espiritual y económico, lo que resultó fundamental en la expansión del cristianismo en las zonas rurales de Europa[245] ya que los monjes y sus cofradías establecieron comunidades cristianas en lugares previamente paganos. Es de señalar que durante este tiempo las indicadas cofradías recibían o utilizaban nombres muy diversos, entre otros Amiticia, Caritas Fraterna, Familiaritas, Communio, Fraternitas, Sociertas Fraterna, Confratiae, etc.

En definitiva, en este periodo el monacato benedictino se afianzó como la forma predominante de vida monástica en Europa occidental, y las cofradías monásticas que adoptaron esta regla florecieron bajo el patrocinio real y eclesiástico. A modo de ejemplo señalar que el monacato irlandés tuvo un impacto significativo en la evolución de las cofradías monásticas. Los monjes irlandeses, organizados en comunidades semi-independientes, llevaron el cristianismo a zonas inexploradas de Europa continental. Su modelo de vida, centrado en la austeridad y la peregrinación, influyó en la creación de nuevas cofradías en regiones como la Galia y Alemania. A finales del siglo VIII, bajo el reinado de Carlomagno, se promovió una reforma que buscaba uniformar

244 Paul J., El cristianismo occidental en la Edad Media siglos V-XV, Universidad de Valencia, Valencia, 2014.

245 De hecho, algunas de las cofradías monásticas más influyentes, como la de San Columbano en Irlanda y la de San Agustín en Inglaterra, participaron activamente en la evangelización de las tierras germánicas y celtas.

las prácticas monásticas y reforzar el control de la Iglesia sobre las cofradías y monasterios. Esta reforma contribuyó a la estandarización de la Regla de San Benito como modelo de vida en todo el Imperio carolingio, lo que consolidó a las cofradías monásticas como actores clave en la vida religiosa y social del periodo.

A modo de conclusión, señalar que las fraternidades monacales en la Alta Edad Media fueron instituciones vitales para el desarrollo del cristianismo y la estructura social en Europa. No solo representaron un modelo de vida espiritual y ascética, sino que también actuaron como centros de poder económico, cultural y social, ofreciendo servicios esenciales a las comunidades locales. En consecuencia, ese patrocinio de las élites y la expansión del monacato benedictino consolidaron a las cofradías monásticas como pilares fundamentales de la Iglesia medieval, cuya influencia se extendería muchos siglos posteriores.

2.1.5. Tras el renacimiento Carolingio y el fortalecimiento eclesiástico. La conformación de las cofradías litúrgicas y de culto

En los siglos IX y X, las cofradías continuaban principalmente ligadas al entorno monástico y episcopal. En muchas abadías, como la famosa Abadía de Cluny en Francia, se alentaba la creación de asociaciones de fieles que apoyaran a los monjes en sus labores litúrgicas, ofreciendo donaciones y participación en la vida religiosa. Como hemos indicado en el epígrafe anterior, estas cofradías estaban en su mayoría formadas por nobles o clérigos locales, aunque con el tiempo también incluyeron a otros sectores de la sociedad. Un aspecto importante del desarrollo de las cofradías en este periodo es el énfasis en la salvación del alma. En un mundo donde la muerte y el sufrimiento eran realidades constantes, la preocupación por la salvación y la preparación para la muerte era un objetivo central. Las cofradías organizaban oraciones y misas por los difuntos, asegurando que los miembros fallecidos fueran recordados en las celebraciones litúrgicas. No debemos olvidar que este periodo estuvo marcado por importantes transformaciones en Europa. Así, a la fragmentación del poder tras la caída del Imperio Carolingio en el siglo IX, le siguió un proceso de consolidación feudal donde los señores locales controlaban gran parte del poder político y militar. Como ya hemos adelantado la Iglesia fue adquiriendo un papel preeminente como autoridad moral y espiritual, extendiendo su influencia a todos los niveles de la sociedad. Y es en este contexto, con una sociedad feudal fuertemente jerarquizada, donde las asociaciones adquirían importancia extraordinaria tanto en la cohesión comunitaria como en una vía de participación en la vida religiosa fuera de los grandes monasterios y catedrales, Se impulsó a una mayor participación de los laicos en la liturgia, lo que permitió a las cofradías asumir un papel destacado en la organización de las festividades religiosas y en la promoción de cultos específicos. En este sentido, las cofradías jugaron un papel importante, por ejemplo, en la promoción de la devoción a la Virgen María y a santos locales, cuya veneración creció enormemente.

Con el advenimiento del siglo XI, Europa experimentó un renacimiento espiritual y cultural que propició la creación de nuevas formas de religiosidad. Este fue también el momento en que las cofradías empezaron a expandirse de manera más significativa, adaptándose a las necesidades cambiantes de una sociedad en transformación. En los comienzos de este siglo XI, y con el surgimiento de la *Pax Dei* y la *Truce of God*, comenzó el auge de las cofradías penitenciales dedicadas fundamentalmente a la defensa de los oprimidos y la protección de los débiles y, con el llamamiento a las Cruzadas a finales del siglo XI, surgieron cofradías que organizaban a los laicos para financiar, proveer y participar en las campañas militares en Tierra Santa. Estas últimas cofradías servirían como modelo para las futuras órdenes militares. Prueba de ello es que a finales del siglo XII, muchas de las cofradías de cruzados y penitenciales se transformaron en órdenes militares, como los Templarios y los Hospitalarios, que combinaron el ideal de la vida religiosa con la defensa armada, y sus raíces estaban profundamente entrelazadas con las cofradías laicas.

Dicho todo lo anterior, y en un intento de establecer o resaltar las principales características de las cofradías en este periodo, procedemos a distinguir, aunque ya las hemos apuntado en las páginas anteriores, las siguientes.

- Una de las características fundamentales de las cofradías litúrgicas y de culto fue su estrecho vínculo con una iglesia, abadía o parroquia local. Estas cofradías solían formarse en torno a un lugar sagrado, ya fuera una catedral o iglesia parroquial, donde los miembros se reunían para participar en los oficios religiosos. En muchos casos, las cofradías dependían directamente de un sacerdote o abad, lo que le daba un carácter eminentemente religioso y subordinado a la estructura eclesiástica oficial. Este vínculo con la iglesia local facilitaba la integración de los laicos en la vida litúrgica, permitiéndoles participar en ceremonias, procesiones y otras actividades que antes estaban reservadas casi exclusivamente para el clero. Así, las cofradías ofrecían un espacio para que los fieles ejercieran su devoción, al tiempo que fortalecían su conexión con la institución eclesiástica. Además, y como dato significativo, debemos señalar que en esta época eran reconocidas las cofradías que continuaban dedicadas a la construcción de iglesias y capillas, en la que los laicos se organizaban para financiar, construir y mantener los lugares de culto, uniendo esfuerzos comunitarios en un ambiente de profunda religiosidad.
- Otra de las características esenciales de las cofradías era su carácter mutualista y de apoyo. Las cofradías no solo estaban orientadas a la participación litúrgica, sino que también ofrecían un sistema de soli-

daridad entre sus miembros. En una sociedad donde la inseguridad y la pobreza eran comunes, las cofradías proporcionaban apoyo a sus integrantes en momentos críticos como la enfermedad, la vejez o la muerte. Este espíritu mutualista incluía tanto la asistencia espiritual como material, pues las cofradías se encargaban de asegurar que sus miembros fallecidos recibieran un entierro digno, así como de organizar misas y oraciones por sus almas. Además, a menudo distribuían limosnas entre los miembros más pobres de la asociación o incluso entre otros necesitados de la comunidad. Este sistema de ayuda contribuyó a reforzar el sentido de comunidad y pertenencia, donde el apoyo recíproco era tanto una expresión de caridad cristiana como un mecanismo práctico para afrontar las dificultades de la vida medieval.

- La participación activa en la liturgia era una de las principales razones de su razón de ser. Sus miembros asistían regularmente a las misas y otros oficios religiosos, organizando procesiones, vigilias y celebraciones especiales en honor de sus santos patronos o de festividades litúrgicas importantes. En muchas ocasiones, las propias cofradías se encargaban de la decoración y preparación de las iglesias para estos eventos, así como de financiar o donar objetos de culto, como velas, ornamentos o cálices. Esta ritualización de la devoción colectiva era una forma importante de expresar la fe y la piedad en una época donde las prácticas religiosas eran el centro de la vida comunitaria. En este sentido podemos afirmar que en el caso de las procesiones no solo se reforzaba el sentimiento de pertenencia a la comunidad cristiana, sino que también se ofrecía una demostración pública de fe, integrando a los laicos en los rituales eclesiásticos.
- El culto a los santos, como hemos adelantado, jugó un papel fundamental en las cofradías de los siglos IX al XII, ya que cada una de ellas solía estar dedicada a un santo patrón, cuyas festividades se celebraban de manera especial con procesiones, ofrendas y misas solemnes. Estas celebraciones, evidentemente, además de fomentar la veneración de los santos locales o de aquellos con gran devoción popular, reforzaban la identidad y cohesión de la propia cofradía. Además, tenían un papel clave en la custodia y veneración de reliquias encargándose de organizar las festividades en torno a ellas, garantizando su exposición y custodia en las celebraciones religiosas. Este tipo de prácticas no solo fomentaban el culto, sino que también aumentaban el prestigio de la cofradía y de la iglesia a la que estaba vinculada.
- A pesar de su fuerte vinculación con la estructura eclesiástica, muchas cofradías desarrollaron regulaciones y normas internas para su funcionamiento, lo que les daba una cierta autonomía en la gestión de sus actividades. Los miembros de las cofradías solían elegir a ciertos oficiales o responsables, como el «maestro» o «alcalde» de la cofradía, que se encargaban de organizar las reuniones, manejar los

fondos y coordinar las actividades religiosas y sociales. Estas normas internas incluían reglamentos sobre la asistencia a las reuniones, la participación en los actos litúrgicos, la forma de contribuir con las cuotas o donaciones y las sanciones para aquellos que incumplieran sus obligaciones. Aunque siempre estaban sujetas a la supervisión del clero local, estas cofradías mostraban una capacidad notable para autoorganizarse, lo que les permitía mantener una cierta independencia dentro de los límites de la estructura eclesiástica.

- Otra característica notable de muchas cofradías litúrgicas era su inclusividad social, pues como ya hemos dicho, si bien algunas cofradías estaban formadas principalmente por la nobleza o el clero, muchas otras acogían a personas de distintas clases sociales, desde campesinos y artesanos hasta comerciantes y burgueses. Esta diversidad social refleja el carácter comunitario de la religiosidad medieval, donde la fe y la devoción compartida podían unir a personas de diferentes estratos en un objetivo común. Evidentemente en las cofradías más grandes y consolidadas, como las de las ciudades, se daba una convivencia de clases sociales más diversa, lo que permitía una forma de integración social a través de la devoción religiosa.
- Venimos señalando que una de las responsabilidades más importantes de las cofradías era la organización de los funerales de sus miembros y la celebración de misas por sus almas después de la muerte. Y en este sentido este tipo de asociaciones ofrecía una forma de asegurarse de que tras la muerte el miembro recibiría los ritos necesarios para facilitar su tránsito al más allá. Además, muchas cofradías se comprometían a conmemorar a los difuntos mediante misas de aniversario, oraciones y otras formas de culto, garantizando así una forma de memoria comunitaria para los asociados o afiliados.
- Por último, destacar que muchas cofradías asumieron funciones de caridad y ayuda social, especialmente a partir del siglo XI, en el contexto del crecimiento de las ciudades, pero con un aumento de la población empobrecida. En estas circunstancias se encargaban de organizar la distribución de limosnas entre los necesitados, cuidaban a los enfermos y, en algunos casos, financiaban la construcción de hospitales o albergues. Este papel caritativo era una expresión del ideal cristiano de la caridad como virtud, reforzando la conexión entre la devoción religiosa y el servicio a los demás. La ayuda a los pobres no solo contribuía a mejorar las condiciones de vida de los más desfavorecidos, sino que también era vista como un medio para ganar mérito espiritual y asegurar la salvación personal.

En conclusión, en este periodo analizado prosigue el proceso de evolución y definición de las cofradías conformándose las cofradías litúrgicas y de culto entre finales del siglo VIII y XII. Dicho proceso fue lento y complejo, profundamente arraigado en la evolución de la sociedad medieval y en la creciente importancia de la Iglesia como institución reguladora de la vida cotidiana. Estas asociaciones no solo reflejan la devoción religiosa de la época, sino también la necesidad de los laicos de organizarse y participar activamente en la vida comunitaria y espiritual.

2.2.- Los siglos XII al XVI

Este periodo fue conocido como la primera edad de oro de las asociaciones de fieles. Surgen por toda Europa numerosos grupos, asociaciones, confraternidades, cofradías, etc. e, incluso algunas de ellas siguen existiendo en la actualidad. Durante estos siglos también se desarrollaron órdenes mendicantes, que promovieron el crecimiento de las Terceras órdenes, integrando a las cofradías en una experiencia de espiritualidad compartida, aunque los miembros seguían viviendo en el mundo con sus propias reglas. Vamos a analizar, aunque de forma muy breve y esquemática, cada una de las etapas comprendidas en este tiempo a fin de comprobar la evolución del fenómeno asociativo y, más concretamente de las cofradías.

2.2.1. Las cofradías a finales del siglo XI y su vinculación con la reforma gregoriana

La consolidación de las cofradías a finales del siglo XI no puede comprenderse sin tener en cuenta el contexto de la reforma gregoriana que fue impulsada principalmente por el Papa Gregorio VII (1073-1085) y que marcó un punto de inflexión en la historia de la Iglesia medieval. Su principal objetivo era restaurar la pureza y la autoridad moral de la Iglesia, eliminando prácticas que consideraba corruptas[246]. Además, la reforma buscaba afirmar la independencia de la Iglesia frente a la intromisión de los poderes seculares, como se refleja en la lucha de investiduras, un conflicto entre el Papado y el Sacro Imperio Romano Germánico por el control del nombramiento de obispos. Uno de los pilares clave de esta reforma fue el énfasis en una mayor disciplina eclesiástica y en la promoción de una vida de santidad, no solo para los clérigos, sino también para los laicos. La moralización del laicado fue un componente esencial de la reforma gregoriana, fomentando una piedad más estricta, una mayor participación en los sacramentos (especialmente la confesión y la eucaristía) y una vida en consonancia con los ideales cristianos. En este sentido, las cofradías se convirtieron en un vehículo perfecto para canalizar estas nuevas demandas religiosas y morales, pues reflejaban muchos de los ideales promovidos por el movimiento reformista, especial-

246 Como el nicolaísmo (el matrimonio o concubinato de los clérigos) y la simonía (venta de cargos eclesiásticos) y la investidura laica.

mente en cuanto a la regeneración espiritual del laicado. Ejemplo de ello y, en relación a espiritualidad penitencial, encontramos como las cofradías promueven actos de contrición y prácticas piadosas como las procesiones, rezos en común y la flagelación, particularmente en tiempos de crisis o calamidades. Así, reforzaban el mensaje reformista de redención a través del sacrificio y la renuncia a los placeres terrenales, pues la penitencia no era solo una forma de reconciliarse con Dios, sino también una manera de buscar la purificación personal y colectiva ante una sociedad que se enfrentaba a retos como las guerras y las epidemias. Además, las tensiones entre las estructuras sociales feudales y el creciente poder de las ciudades crearon un ambiente en el que las comunidades urbanas buscaron nuevas formas de expresar su devoción y cohesión espiritual, lo que a menudo tomó la forma de cofradías penitenciales[247].

Fruto de esta nueva forma de devoción y práctica religiosa aparece el término de piedad popular que hace referencia a experiencias surgidas de la iniciativa del pueblo, a menudo fuera del control directo de las instituciones eclesiásticas formales. A partir de finales del siglo XI, esta piedad se expresó de forma directa en las cofradías religiosas, tanto de carácter penitencial como devocional, destacando, como ya hemos indicado, el culto a los santos y las reliquias que tuvo un auge particular impulsado por la creencia en el poder intercesor que fue adquiriendo un papel central en la fe cristiana. Los fieles creían que los santos, al estar en una relación más cercana con Dios, podían interceder en favor de las almas que pedían su ayuda. Esta devoción por la intercesión de santos reflejaba el deseo de las personas de asegurarse una protección espiritual, tanto en la vida como en la muerte, y una relación con lo sagrado[248]. La intercesión no se limitaba a los santos consagrados, sino que también incluía a miembros fallecidos de la comunidad de fieles. Esto significaba que los vivos oraban por los muertos y, en reciprocidad, esperaban la ayuda de aquellos que ya habían fallecido. Así, las cofradías se consideraban en una especie de «comunión de santos», donde los fieles creían en la capacidad de los miembros fallecidos de proteger y guiar a los vivos.

Ejemplos de ese el culto a los santos y las reliquias son las peregrinaciones a lugares como Santiago de Compostela, Jerusalén o Roma[249] y, la venera-

247 García de Cortázar, J .A., *Historia religiosa del Occidente medieval* (Años 313-1464), Akal, Madrid, 2012. .

248 La abadía de Cluny, uno de los centros de reforma religiosa más influyentes de la época, promovió la idea de la oración por las almas de los muertos y el desarrollo de cofradías y fraternidades de oración. Estas reformas impulsaron un fervor religioso que buscaba una mayor pureza espiritual, e influyeron en las cofradías al poner más énfasis en la oración y en la intercesión de los santos como medio de alcanzar la salvación.

249 Calvo Espiga A. *Santo Domingo de la calzada, ingeniero y guía en el camino*, Logroño 2010, pp. 61-64, recoge «La Alta Edad Media fue para el Occidente europeo una época de

ción de las reliquias allí existentes, que se convirtieron en prácticas religiosas populares y eran percibidas como medios de obtener favores divinos, sanación o indulgencia para los pecados. El culto a la Virgen María también creció notablemente durante este siglo, pues María comenzó a ocupar un lugar central en la vida religiosa de los laicos como símbolo de pureza, compasión y protección. Esta devoción fue fomentada por la Iglesia, pero también encontró un profundo arraigo en la piedad popular, expresada a través de la creación de oraciones, himnos y festividades dedicadas a la Virgen.

Además de las prácticas tradicionales, en el siglo XII también surgieron movimientos laicos de renovación espiritual que buscaban una relación más directa y personal con Cofradías de oración y penitencia en apoyo a la reforma de la Iglesia. En definitiva, en el siglo XII, la Iglesia estaba inmersa en un proceso de reforma que buscaba responder a los desafíos de la simonía, la laxitud moral del clero, la injerencia política en los asuntos eclesiásticos y la necesidad de una mayor espiritualidad en las comunidades cristianas.

2.2.2. Las cofradías de oración y penitencia

Emergieron como una respuesta laica a estos desafíos, proporcionando un marco organizado para la participación activa de los fieles en el proceso reformista. Estas asociaciones tuvieron un impacto significativo en la revitalización de la vida religiosa y en la consolidación de los ideales de la reforma eclesiástica. Nacieron con un doble propósito, fortalecer la vida espiritual de los laicos, permitiéndoles vivir una fe activa sin ingresar a una orden religiosa y promover los ideales de la reforma de la Iglesia, ayudando a erradicar prácticas corruptas y fomentar una vivencia cristiana más auténtica y comprometida. Inspiradas en el espíritu de las órdenes religiosas reformistas, como

gran movilidad y de profundos cambios. Si bien es cierto que siempre, a lo largo de estos decenios, el Occidente cristiano había conocido gentes errantes y viajeros inquietos, también es verdad que generalmente se trataba de una minoría privilegiada: guerreros, monjes, nobles y arriesgados o solitarios viajeros. Solo a partir de la segunda mitad del s XI, (...) adquiere en Europa el fenómeno de la movilidad una nueva perspectiva e intensidad, tanto cualitativa como cuantitativamente. A partir de los años 1040-1050 el fenómeno de la peregrinación adquirió unas dimensiones y una diversificación desconocidas hasta entonces, al tiempo que se opera(...) una serie de cambios ideológicos, religiosos y sociales, ayudados, a veces originados, por la irrupción de un nuevo estilo de piedad popular y de una florecimiento tanto en el mundo jurídico como en el técnico y económico (...). Pero, sin duda, el fenómeno que en más alto grado revela y refleja la movilidad y la inquietud de la sociedad de aquel tiempo y que fuerza a todos a caminar, llenándoles de nostalgia y añoranza, es la peregrinación. La maduración del proceso que generalizó la peregrinación en Europa, como ya se ha señalado, se realizó principalmente en los siglos Xi y XII. En este momento, las peregrinaciones aparecen ya como grandes movimientos de masas en una época en que se verifica una profunda transformación interna de la sociedad occidental, causa por un conjunto de cambios generales a los que no fueron ajenos, por una parte, las desavenencias entre el Papa de Roma y el Patriarca de Constantinopla y, por otra, el cese de invasiones de normandos y húngaros como de piratas musulmanes».

los cistercienses, las cofradías adoptaron prácticas de penitencia, oración y caridad como medios para expiar los pecados y alcanzar la salvación. También participaron activamente en la promoción de valores reformistas, como la obediencia al clero, la erradicación de prácticas supersticiosas y la difusión de una vida cristiana más estricta.

Entre las principales características y prácticas de las cofradías de penitencia destacamos las siguientes:

- Las cofradías organizaban reuniones regulares para la oración colectiva, que incluía el rezo de las horas canónicas, letanías y salmos. Los miembros también se comprometían a realizar oraciones privadas por el bienestar espiritual de la Iglesia y la conversión de los pecadores.
- La penitencia era central en estas cofradías. Consistía en ayunos regulares, flagelaciones, peregrinaciones y actos de mortificación corporal. Estas prácticas no solo buscaban la purificación personal, sino que también se ofrecían como intercesión por los pecadores y por la reforma de la Iglesia.
- Las cofradías organizaban procesiones de penitencia que recorrían las calles de las ciudades o aldeas. Estas demostraciones públicas de fe tenían el objetivo de inspirar a otros a adoptar una vida cristiana más comprometida y a recordar a la comunidad la necesidad de la conversión.
- La asistencia a los pobres, enfermos y peregrinos era una actividad común. Esto conectaba las prácticas devocionales con la acción social, reforzando el ideal cristiano de ayudar al prójimo como expresión de la fe.
- Algunas cofradías se dedicaron a la enseñanza de los principios básicos de la fe, especialmente entre los sectores más humildes de la población. Los sermones y las instrucciones religiosas eran frecuentes en sus reuniones.

Como ejemplo de algunas cofradías de oración y penitencia por aquel tiempo podemos citar a las cofradías del Santo Sepulcro que surgieron en varias regiones de Europa, y promovieron prácticas devocionales relacionadas con la Pasión de Cristo, como el rezo del Vía Crucis y procesiones conmemorativas. Estas actividades buscaban fortalecer la espiritualidad de los miembros y fomentar el arrepentimiento. También destacamos las cofradías penitenciales en Provenza y el Languedoc, alineadas con los cistercienses y con movimientos ortodoxos frente a las herejías albigenses. Estas cofradías se distinguieron por su defensa de la doctrina católica, su lucha contra el catarismo y su énfasis en la pureza moral y doctrinal. Por último, las cofradías de las Lágrimas en Italia que eran asociaciones dedicadas a la meditación sobre los sufrimientos de la Virgen María y Cristo. Sus prácticas incluían oraciones y ayunos en recuerdo de la Pasión, así como la organización de actos litúrgicos solemnes.

Todas estas cofradías no solo ofrecieron, como venimos señalando, un medio para la vivencia activa de la fe, sino que también apoyaron la reforma de la Iglesia en varios aspectos a los que nos venimos refiriendo, tales como difusión de los ideales reformistas, fortalecimiento de la autoridad clerical y promoción de una espiritualidad activa entre los laicos.

No obstante lo dicho, debemos señalar que el crecimiento de la religiosidad laica y la piedad popular generó tanto entusiasmo como preocupación en la Iglesia. Si bien muchos de estos movimientos fueron acogidos y alentados, la Iglesia también buscó controlar aquellas formas de devoción que consideraba potencialmente peligrosas o heréticas. Por esta razón, el clero reforzó su supervisión sobre las cofradías y limitó las iniciativas laicas que amenazaban con desafiar la autoridad eclesiástica. Baste señalar grupos como los humillados y los valdenses[250] que surgieron como movimientos de laicos que promovían una vida de pobreza, penitencia y predicación y abogaban por una espiritualidad basada en la lectura de la Biblia, la simplicidad de vida y la predicación laica y, aunque inicialmente no se veían a sí mismos como herejes, la Iglesia los persiguió debido a su desafío a la autoridad eclesiástica. COHN[251] sitúa estos movimientos en un marco histórico marcado por crisis sociales, económicas y espirituales. Recordemos que en estos siglos, Europa vivió una serie de calamidades, como la peste negra, guerras interminables y hambrunas, que generaron un sentimiento colectivo de apocalipsis inminente. Estas condiciones alimentaron la búsqueda de redención espiritual mediante prácticas extremas y la crítica a las instituciones tradicionales. En definitiva, el crecimiento de la religiosidad laica también trajo consigo una proliferación de movimientos que fueron considerados heréticos por la Iglesia y que se alejaron de la doctrina oficial, desarrollando una espiritualidad dualista que rechazaba el mundo material por corrupto y ponía un énfasis extremo en la pureza espiritual. Estos movimientos demostraban el deseo de muchos laicos de una religiosidad más intensa y una mayor independencia de la estructura clerical, aunque a menudo se enfrentaron a la persecución.

Por estas y otras razones la Iglesia, preocupada por posibles desviaciones doctrinales, trató de encauzar estas formas de piedad a través de la predicación y la creación de órdenes monásticas y mendicantes que, en los siglos siguientes, canalizarían el fervor religioso laico hacia vías aceptadas por la ortodoxia católica[252].

250 Fundados por Pedro Valdo en Lyon a finales del siglo XII

251 COHN, N., *En Pos Del Milenio*, Alianza Editorial, Ed. Castellana 1981.

252 VAUCHEZ, A. *La spiritualité du Moyen Age occidenta*l (VIJI•.XJJ• siecles) Traducción: Paulino Iradie Ed. Cátedra. pg. 89-121.

2.2.3. La participación de los laicos a través de las cofradías en el siglo XII

Como hemos relatado en las páginas anteriores, en el siglo XII, la vida religiosa en Europa experimentó una revitalización que involucró no solo a los clérigos y monjes, sino también a los laicos, quienes comenzaron a desempeñar un papel más activo en la fe cristiana. Hasta ese momento la participación laica, y de acuerdo con lo ya indicado, estaba limitada en gran parte. Sin embargo, a medida que los movimientos reformistas se expandieron y las ciudades crecieron, los laicos comenzaron a buscar formas más significativas de vivir su fe. En este contexto, aparecen unas nuevas cofradías como una vía organizada para los laicos, presentando como características principales las siguientes. Solían contar con una regla o estatuto que regulaba las actividades de los miembros, como reuniones, rezos, obras de caridad y penitencia, y estaban dirigidas por líderes elegidos entre sus miembros, aunque bajo la supervisión del clero local. La oración comunitaria era fundamental, con la recitación de salmos, letanías y misas especiales. Las cofradías participaban activamente en festividades religiosas, organizando procesiones, vigilias y ceremonias litúrgicas. y eran responsables de la atención a los pobres, enfermos y huérfanos, así como del sostenimiento de hospitales y hospederías. Además, muchas cofradías se dedicaban a rezar por los difuntos, organizando misas y sufragios para las almas en el purgatorio. Este aspecto era especialmente atractivo para los laicos preocupados por la salvación de sus seres queridos.

Por ello es posible hablar en esta época de cofradías de devoción, cofradías penitenciales, cofradías de caridad o cofradías gremiales.

Como ejemplos de la participación de los laicos a través de las cofradías encontramos la Cofradía de los Penitentes Blancos, originada en el sur de Francia, y que fomentaba la oración y las procesiones públicas como formas de expiar los pecados individuales y colectivos. La cofradía del Santísimo Sacramento, surgida en Italia, que promovía la adoración eucarística y la organización de procesiones del Corpus Christi. Los laicos participaban activamente en la veneración del Sacramento, lo que reforzaba su conexión con la liturgia. Las cofradías de San Nicolás, extendidas en Europa, estas asociaciones combinaban la devoción al santo con actividades caritativas, como el apoyo a los marineros y la asistencia a los pobres. Cofradía de los Hospitalarios de San Antonio (Francia), fundada para el cuidado de los enfermos y peregrinos, gestionaba hospitales y distribuía alimentos a los necesitados. Cofradías de las Almas del Purgatorio (Italia y España) que organizaban sufragios y misas por los difuntos, promoviendo la devoción al purgatorio como una obra espiritual. Y, por último, las cofradías del Rosario, que aunque se desarrollaron plenamente en los siglos posteriores, tuvieron sus raíces en el siglo XII, cuando los laicos comenzaron a adoptar el rezo del rosario como una forma de devoción personal y comunitaria.

2.2.4. Los flagelantes. Su nacimiento y apogeo

Los flagelantes eran grupos de laicos que practicaban la autoflagelación pública como un acto de penitencia extrema. Según el ya citado COHN, los flagelantes nacieron en Italia en el siglo XIII, pero alcanzaron su apogeo durante el siglo XIV, especialmente durante la peste negra (1347-1351). Creían que sus actos de sufrimiento físico podían expiar los pecados de la humanidad y atraer la misericordia divina. Las procesiones de los flagelantes eran espectáculos públicos en los que los participantes se azotaban en sincronía, entonaban cánticos y proclamaban su arrepentimiento. Estos rituales tenían un componente escatológico, ya que consideraban que el fin del mundo estaba cerca. Inicialmente, algunos sectores eclesiásticos toleraron a los flagelantes, viéndolos como una forma genuina de fervor penitencial. Sin embargo, sus prácticas pronto fueron vistas como desviaciones heréticas, especialmente cuando los flagelantes comenzaron a predicar sin autorización clerical y a rechazar los sacramentos tradicionales. En consecuencia, la Iglesia condenó estos movimientos, y las autoridades civiles los persiguieron. El citado Cohn conecta a los flagelantes con una variedad de movimientos heréticos que surgieron en Europa durante la misma época, como los ya citados cátaros, los valdenses y los *fraticelli*. Aunque no todos estos grupos compartían los mismos orígenes ni creencias, coincidían en criticar la corrupción del clero y en proponer formas alternativas de espiritualidad. Los movimientos heréticos denunciaban la riqueza y el poder de la jerarquía eclesiástica. Algunos, como los cátaros, rechazaban completamente la autoridad de la Iglesia Católica, mientras que otros, como los valdenses, buscaban una reforma dentro de la fe cristiana. Los flagelantes compartían ciertos elementos con los movimientos heréticos, como su rechazo al clero corrupto y su énfasis en la purificación personal. Aunque no todos los flagelantes eran herejes, muchos movimientos de autoflagelación evolucionaron hacia posiciones abiertamente heréticas. La Iglesia y los gobiernos locales reaccionaron con creciente hostilidad hacia estos movimientos, y los flagelantes, en particular, fueron percibidos como una amenaza al orden social y religioso, especialmente cuando sus rituales atraían grandes multitudes y fomentaban la desobediencia hacia las autoridades clericales. Así en 1349, el papa Clemente VI condenó a los flagelantes en la bula *Inter sollicitudines*, prohibiendo sus procesiones y ordenando que fueran reprimidos. Este movimiento de persecución se extendió a otros grupos heréticos. Las autoridades civiles también actuaron, encarcelándolos o ejecutándolos como agitadores sociales y religiosos. Podemos concluir indicando que, aunque los flagelantes y otros movimientos heréticos fueron reprimidos, su legado persistió. Estas manifestaciones expresaron un descontento profundo con las instituciones religiosas y sociales de la época, sembrando las semillas para futuras críticas y reformas. En cierto sentido, prefiguraron movimientos como la Reforma Protestante, que canalizaría muchas de las quejas expresadas por estos grupos medievales[253].

2.2.5. Las cofradías en los siglos XIII y XIV: expansión y diversificación

La Baja Edad Media se caracterizó por ser una época de profundas transformaciones sociales, económicas y culturales. Este periodo de transición, que marca el fin de la sociedad feudal y el surgimiento de las primeras estructuras urbanas y mercantiles modernas, fue testigo de cambios en la organización de las comunidades, en las relaciones económicas y en las manifestaciones de la religiosidad. En este contexto, las cofradías, inicialmente concebidas como venimos señalando, como asociaciones religiosas laicas, se expandieron y diversificaron para dar respuesta a las nuevas necesidades de la sociedad medieval. Su importancia radica no solo en su función espiritual, sino también en su capacidad para articular las dinámicas sociales, económicas y culturales de su tiempo.

2.2.5.1. La transformación social en la baja Edad Media y la influencia de las cofradías

Entre el conjunto de factores que transformaron profundamente la sociedad europea tuvo una importancia y trascendencia fundamental, como decimos, el notable crecimiento demográfico debido, entre otros factores, a múltiples medidas facilitadoras en diversos aspectos (por ejemplo, en las técnicas agrícolas fue fundamental el uso del arado de vertedera y la rotación trienal). Este incremento de la población estimuló la migración hacia los centros urbanos, donde se desarrollaron actividades comerciales y artesanales. Ciudades como Venecia, París, Barcelona y Brujas se convirtieron en importantes centros de intercambio económico y cultural. Este urbanismo creciente exigió nuevas formas de organización social, acaparando una vital importancia las cofradías. El comercio de larga distancia, potenciado por rutas como la del Mediterráneo y la Hansa báltica, fue también causa de transformación de la economía medieval, jugando los mercaderes y artesanos un papel crucial en esta nueva economía urbana, consolidando su influencia a través de instituciones como los gremios y cofradías gremiales. Las ferias internacionales, como las de Champaña, y la creciente circulación de monedas facilitaron el auge de una economía basada en el intercambio y el crédito. Las cofradías gremiales se adaptaron a esta dinámica, asumiendo funciones de regulación económica, protección mutua y promoción de la devoción en un marco competitivo.

253 Martínez Gil, Fernando. *La Penitencia Pública y las Cofradías de Disciplina en el Medievo*. Editorial Universidad de Valencia, 1997.

En este contexto, la nueva urbanización y el auge comercial también trajeron consigo tensiones sociales. La aparición de nuevas élites urbanas, como comerciantes y artesanos enriquecidos, contrastaba con la precariedad de muchos campesinos y trabajadores urbanos. Y es ahí donde probablemente podamos encontrar respuesta a la pregunta de cuáles fueron las razones que justificaron el proceso de florecimiento de nuevas cofradías. Aparecen como un medio para equilibrar estas desigualdades, ofreciendo protección, asistencia y un sentido de pertenencia a sus miembros. Además, no demos olvidar situaciones muy puntuales, como la ya citada Peste Negra, que ayudaron a agudizar las tensiones y reforzaron la necesidad de asociaciones solidarias que colaboraran y ampararan a las comunidades cuando se enfrentaban a las adversidades.

Es evidente que en este tiempo las cofradías experimentaron un auge y desarrollo significativo a la par que se produce la trasformación de la religiosidad medieval. El florecimiento de las órdenes mendicantes, como los franciscanos y los dominicos, promovieron una espiritualidad centrada en la pobreza, la caridad y la penitencia. Y este mensaje resonó especialmente en las ciudades, donde las desigualdades sociales y los riesgos de la vida urbana hacían urgente la búsqueda de consuelo espiritual y apoyo. A medida que las ciudades crecían, también lo hacía el número y la diversidad de las cofradías con una importante capacidad para integrar a personas de distintos oficios y clases sociales, fomentando una religiosidad comunitaria que reforzaba los lazos sociales.

Por otro lado, la participación en una cofradía garantizaba a sus miembros indulgencias y misas perpetuas en caso de fallecimiento, lo que resultaba atractivo en un contexto de alta mortalidad.

De todo lo dicho, se desprende que las cofradías jugaron un papel clave en la transformación de la sociedad medieval, funcionando como agentes de cohesión y adaptación frente a los cambios de su tiempo. En un mundo marcado por la incertidumbre, las cofradías ofrecían un sentido de pertenencia y seguridad. Facilitaban la ayuda, organizando sistemas de apoyo en casos de enfermedad, viudez o desempleo. En definitiva, las cofradías sirvieron como puente entre diferentes estratos sociales, promoviendo la integración de mercaderes, artesanos y pequeños propietarios en un mismo espacio de devoción y solidaridad lo que permitió que las nuevas clases urbanas tuvieran una plataforma para fortalecer su identidad y reivindicar su posición social. En el ámbito religioso, las cofradías se convirtieron en vehículos para la enseñanza de la doctrina cristiana y la práctica de una devoción colectiva más participativa. Y desde el punto de vista cultural la actividad de las cofradías contribuyó a la renovación cultural de la Baja Edad Media, patrocinando la construcción de iglesias, capillas y hospitales. También fomentaron la creación artística, encargando obras de arte religioso y promoviendo la música y el teatro sacro.

2.2.5.2. Cofradías gremiales y su función en la vida económica y religiosa

Como venimos poniendo de manifiesto en las páginas que anteceden, las cofradías gremiales desempeñaron un papel crucial en la vida económica y social de las ciudades europeas durante los siglos XIII y XIV. Estas asociaciones, formadas por artesanos y comerciantes de un mismo oficio, regulaban la producción, protegían los intereses de sus miembros y ejercían funciones de tipo religioso y social. Surgieron como respuesta a la necesidad de regular las condiciones de trabajo y garantizar la calidad de los productos. La fundación de las mismas no obedeció al interés del poder establecido, sino al impulso de personas particulares, grupos sensibilizados por la profesión, la beneficencia o, en términos globales, la caridad[254]. Estas cofradías gremiales limitaban la competencia interna, fijando precios y cuotas de producción, controlaban el acceso a materias primas esenciales para sus actividades y tenían el control del aprendizaje y maestría, hecho de especial relevancia pues debemos recordar que solo los aprendices que completaban su formación podían convertirse en oficiales y, finalmente, en maestros. También es interesante señalar que, aunque independientes en su gestión, solían estar bajo la supervisión de las autoridades municipales o señoriales, lo que aseguraba un control político y económico sobre la producción[255].

Por otro lado, el papel religioso de las cofradías gremiales fue esencial en los siglos XIII y XIV, ya que estas organizaciones no solo regulaban actividades económicas, sino que también cumplían funciones espirituales y sociales profundamente vinculadas con la fe cristiana. Así, cada cofradía gremial solía estar consagrada a un santo patrón relacionado con su oficio, por lo que las festividades del santo eran días importantes para el gremio, marcados por procesiones, misas solemnes y banquetes comunitarios.

Otro ejemplo de la función religiosa lo encontramos en que las cofradías financiaban altares en iglesias locales dedicados a su patrón o construían capillas propias, que se constituían como espacios o puntos de reunión para oraciones y ceremonias. Además, los gremios contribuían con importantes donaciones a las iglesias, que incluían obras de arte, decoraciones o incluso la construcción de partes de catedrales, lo que reflejaba tanto su devoción como su prestigio social. Objetivo, finalidad o función, según el tipo de cofra-

254 DIAZ SAMPEDRO, B, «La investigación histórica jurídica de las cofradías y hermandades de pasión en Andalucía», *Foro nueva época* núm. 14/2011 p. 198.

255 DIAZ SAMPEDRO, B, *La investigación histórica jurídica de las cofradías y hermandades de pasión en Andalucía, op. cit* p. 198 cita a Rumeu de armas A, *Historia de la previsión social en España*, en donde el indicado autor hace una distinción entre las cofradías-gremio a las que se pertenecía obligatoriamente por el hecho de realizar un oficio y las cofradías-profesionales en las que se daba cabida de derecho a otros miembros externos no necesariamente incorporados a un mismo oficio, aunque la tendencia de hecho fuera su pertenencia

día y su regulación, era la organización de misas regulares para sus miembros y participación en procesiones religiosas locales, a menudo llevando estandartes o símbolos que representaban su oficio. Y una de las funciones más importantes era rezar por las almas de los miembros fallecidos. Esto incluía la financiación de misas de réquiem y la organización de vigilias. En línea con los valores cristianos de caridad, las cofradías ayudaban a los miembros más pobres o a las viudas y huérfanos de los asociados y realizaban actividades caritativas como el cuidado de enfermos, la fundación de hospitales o la distribución de alimentos a los pobres.

Por último, señalar que las cofradías gremiales imponían normas éticas basadas fundamentalmente en principios religiosos, es decir, realizaban una labor de control moral y espiritual, fomentando el cumplimiento de los sacramentos entre sus miembros.

2.2.5.3. Las capillas gremiales y los patronazgos sobre santos protectores

Las capillas gremiales fueron una manifestación tangible del vínculo entre los gremios y su devoción religiosa durante la Edad Media. Estas capillas, ubicadas dentro de iglesias más grandes o como estructuras independientes, servían como espacios sagrados dedicados a sus santos patronos. Como hemos señalado su papel fue esencial en la vida religiosa, cultural y social de los gremios, fortaleciendo su prestigio público. Las capillas estaban decoradas con símbolos del oficio como herramientas, escenas del trabajo o emblemas del gremio. Los altares frecuentemente incluían representaciones del santo patrón con atributos específicos; por ejemplo, San José con una sierra o un martillo, San Crispín con sandalias o San Lucas pintando a la Virgen. Eran los propios gremios los que costeaban la construcción, decoración y mantenimiento con las cuotas de sus miembros que después se utilizaban para ceremonias religiosas específicas del gremio.

Como ejemplos notables de capillas gremiales tenemos la capilla de los Orfebres en la Catedral de Florencia, financiada por los joyeros, que incluye elaboradas decoraciones que muestran el talento artístico del gremio. La capilla de San Nicolás en la Iglesia de Santa Sofía (Estambul), patrocinada por los mercaderes venecianos, muestra el alcance del comercio gremial, o la capilla del gremio de los Tejedores en Brujas, famosa por sus vitrales que representan escenas de la industria textil.

Finalizamos ofreciendo algunos ejemplos de gremios y sus Santos protectores. En primer lugar, San José (carpinteros), patrono por su oficio como carpintero y figura de humildad y laboriosidad. Como ejemplo la capilla de San José en la Catedral de Toledo, España, financiada por el gremio de carpinteros locales.

San Lucas (pintores e ilustradores) asociado con los pintores porque, según la tradición, fue el primer artista en retratar a la Virgen María. En Brujas, Bélgica, el gremio de pintores tenía una capilla en la iglesia de San Juan.

San Eligio (orfebres y herreros), conocido por ser un hábil orfebre antes de convertirse en santo. Citamos, en París, la Iglesia de Saint-Eloi que tenía una capilla mantenida por los orfebres.

San Crispín y San Crispiniano (zapateros), santos mártires que, según la leyenda, ejercían la zapatería mientras evangelizaban. Encontramos la capilla de los zapateros en la Catedral de Amiens, Francia.

Santa Marta (hosteleros y cocineros) asociada con el trabajo hospitalario y doméstico. Señalamos, como en Burgos, España, el gremio de hosteleros mantenía una capilla en honor a dicha Santa.

Santa Catalina de Alejandría (molineros y escribanos) simbolizaba el conocimiento y el trabajo intelectual, patrona de oficios relacionados con la escritura y la sabiduría. Destaca la capilla dedicada a Santa Catalina en la Basílica de Santa María Novella en Florencia.

San Nicolás (marineros y mercaderes) Patrono de los viajeros y protector contra los naufragios. El gremio de mercaderes poseía una capilla en la Iglesia de San Nicolás en Gante, Bélgica.

San Antonio Abad asociado con los animales, lo que lo vinculaba a los gremios de carniceros y ganaderos. Destaca la capilla de San Antonio en la Catedral de Milán, patrocinada por los carniceros.

2.2.5.4. Breve elenco de cofradías que surgen en la época

Como venimos afirmando, durante los siglos XII al XIV, las cofradías experimentaron un notable auge en Europa. Las razones ya han sido analizadas, por lo que ahora nos permitimos relacionar un breve listado de algunas de las muchas cofradías que emergieron, diferenciadas por países:

España[256]

- Cofradía del Santísimo Sacramento, que promovía la adoración de la Eucaristía. Apareció en numerosas ciudades, vinculada a la devoción al Corpus Christi[257].

256 González de Caldas, C. *Historia de las Hermandades y Cofradías de Sevilla*. Editorial: Fundación Machado, 2001.

257 Barragán, R. *Religiosidad y Sociedad: Hermandades y Cofradías Andaluzas*. Editorial: Almuzara, 2012.

- Hermandad de la Vera Cruz, fundada en Salamanca, extendida por el país. Fue una de las primeras cofradías penitenciales en Castilla, dedicada a la Pasión de Cristo[258].
- Cofradía de Santiago (Compostela) que apoyaba a peregrinos y organizaba servicios religiosos en honor al apóstol Santiago.
- Cofradía de Santo Domingo de la Calzada. La creación de esta cofradía fue, en gran medida, el resultado del creciente fervor religioso que se desarrolló en torno a la figura de Santo Domingo, quien se había convertido en un santo protector de los peregrinos del Camino de Santiago
- Hermandades de San Juan Bautista (Cataluña), asociadas a la devoción a San Juan y a la caridad comunitaria.

Francia[259]

- Confrérie des Pénitents (Provenza), fundada para penitentes laicos, promovía actos de mortificación y caridad[260].
- Cofradías de San Eloy (París y otras ciudades) asociadas a los orfebres y otros artesanos, vinculaban religión y trabajo gremial.
- Confrérie du Saint-Esprit (París) centrada en obras de caridad, como el cuidado de huérfanos y enfermos.
- Confrérie Notre-Dame de Boulogne (Boulogne-sur-Mer) que promovía la devoción mariana y el culto a la Virgen.

Italia[261]

- Confraternita della Misericordia (Florencia) con origen para atender a los enfermos y enterrar a los muertos.
- Confraternita del Gonfalone (Roma) centrada en procesiones y actos de penitencia pública.
- Cofradía de los Flagelantes (Perugia y otras ciudades) que promovía prácticas de mortificación y procesiones públicas.
- Cofradía de San Jorge y San Trifón (Venecia), vinculada a mercaderes y marineros, tenía fines devocionales y gremiales.

---

258 Jiménez Sánchez, J. *Las Cofradías Medievales en Castilla y León*. Editorial: Diputación de Salamanca, 1980.

259 Chiffoleau, J. *Les Justices du Pape: Déviance et Société dans la Région d'Avignon à la Fin du Moyen Âge.* Editorial: Ecole Française de Rome, 1984.

260 Ladurie, E *Le Roy. Montaillou: Village Occitan*. Editorial: Penguin Books, 1975.

261 Fasoli, G. *Le Confraternite Medievali in Italia*. Editorial: Il Mulino, 1967.

Inglaterra[262]

- Guild of St. Mary (Lincoln) dedicada al culto mariano y a actividades caritativas.
- Guild of Corpus Christi (York) que era una cofradía importante asociada con la celebración del Corpus Christi.
- Fraternity of St. John the Baptist (Norwich), actuaba como un vínculo entre la religión y el comercio local.
- Guild of the Holy Cross (Stratford-upon-Avon) asociada a obras de beneficencia y a la espiritualidad popular.

Alemania[263]

- Bruderschaft der Heiligen Dreifaltigkeit (Colonia) que promovía la devoción a la Trinidad y ayudaba a pobres y enfermos.
- Cofradías del Corpus Christi (Augsburgo y otras ciudades) fueron importantes en el contexto de la expansión de la festividad del Corpus Christi.
- Hermandades de San Sebastián (Núremberg) relacionadas con la devoción al santo protector contra la peste.
- Confraternitas Sancti Michaelis (Múnich), dedicada a la veneración del arcángel Miguel y a la asistencia social.
- Flandes (Bélgica y Países Bajos) encontramos la Cofradía del Santísimo Sacramento (Brujas) que organizaba procesiones y fomentaba la adoración eucarística.
- Confraternitas de San Lucas (Gante y Brujas) asociada con gremios de artistas y pintores.
- Cofradía de Nuestra Señora de la Candelaria (Amberes) que promovía devociones marianas y celebraciones litúrgicas.

Portugal

- Irmandade da Misericórdia (Lisboa), precedente de las Misericórdias portuguesas, con énfasis en la caridad.
- Confraria de Santiago (Coímbra) dedicada a la veneración del apóstol Santiago y a la atención a peregrinos.
- Cofradía de Santa Ana (Oporto) asociada a actividades caritativas y religiosas.

---

262 KÜMIN BEAT, A. *The Shaping of a Community: The Rise and Reformation of the English Parish c. 1400-1560.* Editorial: Ashgate, 1996.

263 SCHUBERT, E. *Gemeinschaft und Glaube: Bruderschaften im Mittelalter*. Editorial: C.H. Beck, 1995.

2.3.- Las cofradías y la espiritualidad medieval

Este periodo fue un tiempo de grandes desafíos. Epidemias como la peste negra a la que ya hemos hecho referencia, devastaron a las poblaciones, reduciendo comunidades enteras y generando un ambiente de incertidumbre y miedo. A esto se sumaron las guerras prolongadas, como la Guerra de los Cien Años, y una crisis económica que afectó tanto a los campesinos como a las elites urbanas. En este escenario de sufrimiento y transformación, la religiosidad popular adquirió un carácter particularmente intenso[264]. Las personas buscaban consuelo en la fe, no solo en la liturgia oficial de la Iglesia, sino también en espacios más cercanos y comunitarios. En efecto, estas circunstancias no solo impactaron la vida material, sino también la espiritual. Además, y como consecuencia de lo anterior, la toma de consciencia de la inminencia de la muerte y la percepción de un juicio divino alimentaron una intensa preocupación por la salvación del alma. En este escenario, la espiritualidad cofrade surgió como una respuesta práctica y comunitaria a estas inquietudes[265]. Por lo que es probable que el auge del fenómeno cofrade en este tiempo fuera debido o traiga causa en la búsqueda de la salvación a través de la comunidad. O, dicho de otro modo, la espiritualidad cofrade es un recordatorio de cómo la fe, vivida en comunidad, puede ofrecer consuelo, propósito y sentido incluso en los momentos más oscuros, siendo las cofradías, un ejemplo vivo de cómo las comunidades humanas responden a la adversidad a través de la solidaridad y la espiritualidad. Por ello, en un tiempo de crisis profunda como el que analizamos, estas instituciones se convirtieron en refugios de consuelo, esperanza y cohesión.

Un análisis de las prácticas religiosas promovidas por las cofradías permite explorar con mayor profundidad cómo estas asociaciones dieron forma a la religiosidad popular en la Baja Edad Media. Incorporaremos ejemplos específicos de diversas regiones de Europa, con un enfoque particular en la península ibérica, donde estas prácticas adquirieron características distintivas.

1.- Así, las cofradías desempeñaban un papel esencial en la organización y promoción de oraciones públicas y privadas, contribuyendo al desarrollo de una espiritualidad comunitaria y estructurada.

En muchas cofradías marianas, como las dedicadas a la Virgen del Rosario, se organizaban rezos colectivos que incluían el rosario. En el siglo XV, las cofradías del Rosario comenzaron a ganar protagonismo en Europa, especialmente impulsadas por la Orden de los Dominicos, que promovieron esta devoción como herramienta para la catequesis y la lucha contra herejías.

264 Garrido Aranda, A. *Hermandades y Cofradías: Historia, Sociología y Religiosidad*. Universidad de Córdoba, 1993.

265 Bossy, J. *Christianity in the West, 1400–1700*. Oxford, 1985.

Aunque su auge pleno se produjo en los siglos XVI y XVII, ya en el siglo XV encontramos cofradías dedicadas al Rosario en varias regiones. Una de las primeras cofradías conocidas dedicadas al Rosario fue establecida por los dominicos en Colonia alrededor de 1475 y que tenía como misión organizar a los fieles para el rezo colectivo del rosario, promoviendo la devoción a la Virgen María fomentando una vida de piedad. Esta cofradía fue reconocida por el Papa Sixto IV, quien otorgó indulgencias plenarias a sus miembros, estableciendo un modelo que se replicaría en otros lugares. Y así en Italia, ciudades como Florencia y Venecia albergaron cofradías del Rosario establecidas en parroquias o conventos dominicos. Estas cofradías solían reunir a laicos de todas las clases sociales y organizar eventos como procesiones y rezos colectivos, además de financiar obras de arte religioso. Un ejemplo significativo es la Cofradía del Rosario de San Marcos en Venecia, activa desde finales del siglo XV. En la ciudad francesa de Toulouse, donde los dominicos tenían un fuerte arraigo, se fundó una cofradía del Rosario vinculada al convento de los predicadores dominicos en la última década del siglo XV. Aunque no siempre formalizadas como «cofradías del Rosario», en Castilla se desarrollaron organizaciones parroquiales y vecinales en torno a dicha devoción. En Burgos y Ávila, los dominicos predicaron intensamente esta práctica, sentando las bases para cofradías que surgirían formalmente en los siglos posteriores. Aunque no hay registros completos de una cofradía formal en Sevilla en el siglo XV, sí existían devociones comunitarias organizadas por estos frailes en torno a la Virgen del Rosario. Además, coexistían cofradías que, aunque no específicamente dedicadas al rezo del rosario, si adoptaban la práctica del rezo de las horas litúrgicas, especialmente vísperas y completas, adaptadas al uso laico. Por ejemplo, la Cofradía de Santa María de las Dueñas en Sevilla que promovía la recitación diaria de las vísperas marianas por sus miembros.

2.- Las cofradías tenían un fuerte enfoque en la oración por las almas del purgatorio, reflejo de la importancia de la salvación del alma en la Baja Edad Media. Estas cofradías, conocidas a menudo como Cofradías de las Ánimas, se centraban en ofrecer oraciones, misas y otras prácticas religiosas para liberar a estas almas. Por ejemplo, podemos citar en Florencia la Archiconfraternita della Misericordia que incluyó entre sus actividades el rezo por las almas del purgatorio, en especial durante la festividad de Todos los Santos. Esta cofradía combinaba la asistencia caritativa con la intercesión espiritual. En París, las cofradías de parroquias como Saint-Séverin promovieron el rezo de misas especiales y la iluminación de capillas dedicadas a las ánimas. Los registros de esta cofradía mencionan donaciones destinadas a la compra de cirios para procesiones nocturnas. En Toledo, la cofradía de las Ánimas Benditas del Purgatorio, registrada en documentos eclesiásticos toledanos del siglo XV, se dedicaba a organizar procesiones nocturnas donde los miembros portaban velas en memoria de los difuntos. Celebraban una misa semanal por las ánimas y rezaban responsorios comunitarios al concluir cada encuentro. O también la Cofradía de las Ánimas de Santiago fundada en el entorno de la Catedral de Santiago, y que tenía como misión principal sufragar por las almas de los peregrinos que morían en el Camino de Santiago y cuyos restos eran enterrados en la ciudad. Por último, en Aragón también alcanzaron relevancia algunas cofradías de ánimas como la Cofradía de San Nicolás de Bari y las Ánimas o la Cofradía de San Juan y Santa María Magdalena.

3.- Procesiones, letanías y devociones. Las procesiones penitenciales del siglo XV eran manifestaciones religiosas profundamente emotivas que buscaban expresar arrepentimiento colectivo y propiciar la misericordia divina. Estas procesiones respondían, como hemos repetido, a periodos o momentos de crisis como epidemias, guerras o hambrunas, y muchas estaban vinculadas a las cofradías religiosas, especialmente las penitenciales y del Santísimo Sacramento. Por otro lado, las letanías, especialmente las de la Virgen María, eran recitadas regularmente en encuentros devocionales. En las cofradías penitenciales, las letanías solemnes se recitaban en procesiones nocturnas mientras los cofrades portaban velas o antorchas. En esta época las procesiones organizadas por las cofradías se fueron convirtiendo en eventos clave en la vida religiosa de las comunidades cumpliendo funciones litúrgicas, sociales y simbólicas. A continuación, se presentan ejemplos específicos en Europa y España.

Florencia fue uno de los principales centros de procesiones penitenciales en Italia durante el siglo XV. Organizadas por las Compagnia dei Disciplinati, estas procesiones incluían a participantes autocastigándose mientras entonaban salmos penitenciales. En 1478, tras la Conspiración de los Pazzi y la peste que asoló la ciudad, se realizó una procesión masiva donde miles de ciudadanos, encabezados por el clero, caminaron descalzos desde la Catedral de Santa María del Fiore hasta la iglesia de Santa Croce. En Estrasburgo, las procesiones penitenciales se organizaron regularmente durante las pestes y las hambrunas. En 1439, una gran procesión recorrió la ciudad llevando reliquias de la Santa Cruz para pedir el cese de la plaga. Los participantes vestían túnicas negras y portaban cirios encendidos. En 1477, tras las devastaciones de las guerras en los Países Bajos, los ciudadanos de Lovaina organizaron una procesión penitencial encabezada por la Cofradía del Santísimo Sacramento, rogando por el fin de las hostilidades y la restauración de la paz. Esta procesión incluyó cantos gregorianos y paradas en estaciones de oración.

En España señalamos, entre otras, la procesión del Santo Cristo de Burgos. Durante la peste de 1475, se organizó una procesión en honor al Santo Cristo en la que los cofrades marchaban descalzos y vestidos con hábitos de penitencia. La procesión recorrió las calles principales de la ciudad hasta la Catedral, donde se realizaron responsos y oraciones. También la procesión de la Virgen de la Vega en Salamanca, organizada en 1492, esta procesión penitencial se realizó para implorar buenas cosechas tras un periodo de sequía extrema. Los fieles caminaron desde la Catedral hasta el Santuario de la Virgen de la Vega, llevando imágenes y estandartes marianos, mientras recitaban letanías. En Sevilla, la Cofradía del Santo Crucifijo de San Agustín realizaba anualmente una procesión penitencial en la que los cofrades cargaban una imagen del Cristo Crucificado. Durante la peste de 1487, esta procesión se intensificó, con participantes caminando descalzos y cubiertos con ceniza. Con anterioridad, fue conocida con motivo de la peste negra, la Procesión de Penitencia de Sevilla en 1350. Por ultimo y a título ilustrativo, citaremos la procesión del Cristo de la Sangre en Valencia, en las que los participantes caminaban descalzos, llevaban cruces o incluso se autoflagelaban como muestra de arrepentimiento.

4.- Procesiones de Pasión. En el siglo XV, las procesiones de Pasión empezaron a consolidarse como una expresión pública de la religiosidad cristiana, centradas en la conmemoración de los últimos momentos de la vida de Jesucristo. Estas procesiones se celebraban principalmente durante la Semana Santa y estaban organizadas por cofradías y parroquias locales. Y aunque su estructura no era tan elaborada como lo sería en los siglos posteriores, ya incluían imágenes religiosas, cantos penitenciales y prácticas devocionales que buscaban conmover a los fieles. Veamos algunos ejemplos de procesiones de pasión en el Siglo XV. En primer lugar, la procesión del Monte Calvario (Brujas, Bélgica). En esta ciudad flamenca, las procesiones organizadas por la Confraternidad de la Santa Sangre recreaban escenas de la Pasión. Una reliquia de la Santa Sangre de Cristo era llevada por las calles, acompañada de representaciones teatrales de la Pasión y cánticos en latín. En París, las cofradías religiosas y gremios participaban en procesiones organizadas por la Catedral de Notre Dame. Los participantes representaban escenas bíblicas, como la entrada triunfal en Jerusalén y el camino al Calvario. En el siglo XV, estas procesiones comenzaron a incluir imágenes articuladas de Cristo y la Virgen, que se convertían en el centro de atención de los fieles. En Bolonia, Italia, organizada por las Compagnie dei Disciplinati, existió una procesión en la que los fieles marchaban descalzos, entonando cánticos como el Stabat Mater y llevando cruces como acto penitencial. En Viena, las procesiones de Viernes Santo organizadas por la Orden de los Caballeros del Santo Sepulcro incluían un recorrido solemne con una imagen de Cristo yacente, rodeada de cirios. Estas procesiones culminaban en ceremonias dramáticas en iglesias locales.

En España el auge de las procesiones de pasión es un hecho general en todo el territorio. Solo por citar algunas destacaremos las procesiones penitenciales en Castilla, organizadas por cofradías como las de San Vicente Ferrer, que incluían flagelantes que marchaban en silencio mientras cargaban cruces y se azotaban como penitencia. Estas procesiones no solo recreaban la Pasión, sino que también eran actos de expiación colectiva. También la procesión del Santo Entierro en Zamora, una de las procesiones de Pasión más antiguas documentadas en España, organizada por la Cofradía de Jesús Nazareno, y que ya en el siglo XV, los cofrades recorrían las calles portando una imagen de Cristo yacente en un sepulcro de madera, acompañados por cánticos gregorianos y letanías. En Sevilla organizada por la Hermandad de la Vera Cruz, una procesión recorría las calles sevillanas durante la Semana Santa, portando una cruz. A pesar de su austeridad, esta procesión marcó el inicio de las grandes tradiciones de Pasión en Andalucía. En Toledo, las procesiones de Pasión comenzaban el Viernes de Dolores, cuando las cofradías marianas llevaban imágenes de la Virgen en actitud de duelo, vestida de negro y acompañada por tambores y cánticos melancólicos. En Ávila la procesión del Cristo del Humilladero, donde una imagen de Cristo Crucificado era llevada en un recorrido desde la iglesia local hasta una ermita en las afueras. Los fieles marchaban en silencio como expresión de respeto y penitencia.

5.-Procesiones y devociones marianas. En el siglo XV, la devoción a la Virgen María alcanzó un punto álgido en Europa y, por ende, en España, con numerosas advocaciones marianas asociadas a milagros, protección y auxilio espiritual. Las procesiones marianas, organizadas por cofradías y parroquias, se convirtieron en una de las expresiones más destacadas de esta devoción. Destacamos, por ejemplo, en Italia la Virgen de Loreto, asociada con la traslación milagrosa de la Santa Casa, ya era objeto de veneración en el siglo XV. Procesiones en su honor se organizaban en varias ciudades italianas, especialmente en el entorno de Ancona, donde se celebraban peregrinaciones masivas al santuario. Estas procesiones incluían cánticos del Ave María y letanías, así como la participación de gremios y autoridades locales. En Florencia, la Madonna del Parto (Virgen del Parto) era objeto de devoción entre mujeres embarazadas. Procesiones en su honor rogaban por partos seguros y protección para los recién nacidos. Estas procesiones solían tener un carácter solemne, con altares adornados con flores y velas. En otras zonas, como por ejemplo Bolognia eran muy comunes las procesiones dedicadas a la Virgen de la Misericordia, que eran organizadas por las cofradías de la Compagnia della Misericordia, especialmente en contextos de peste o calamidades. Los fieles llevaban imágenes de la Virgen bajo palio, pidiendo su intercesión. En Francia y, más concretamente en París, la Virgen de Notre Dame fue objeto de veneración especial. Procesiones en su honor se celebraban desde la Catedral de Notre Dame, recorriendo las principales calles de la ciudad. Una de las procesiones más destacadas ocurrió en 1496, para pedir el cese de una epidemia. También destacamos las procesiones organizadas en el Santuario de Notre-Dame du Puy organizadas durante las fiestas de la Asunción y la Natividad de la Virgen. Los peregrinos llevaban estandartes marianos y cantaban himnos como el Salve Regina. En Baviera, Alemania, la Virgen de Altötting era venerada como protectora ante pestes y guerras. Procesiones anuales llevaban su imagen desde la capilla hasta las principales iglesias de la región.

En España, después de la Reconquista de Granada en 1492, las procesiones en honor a la Virgen se convirtieron en una expresión de agradecimiento y victoria cristiana.

6.- Las cofradías participaban activamente en dramatizaciones, como las que representaban la Anunciación o la Asunción, realizadas en iglesias o durante las procesiones, como por ejemplo en Zaragoza, la Cofradía del Pilar llevaba a cabo dichas representaciones teatrales durante la festividad del Pilar, mezclando liturgia y espectáculo. Por otro lado, las procesiones incluían elementos teatrales y musicales, como en las Fiestas del Corpus Christi organizadas por las cofradías en Toledo, en la que los participantes portaban figuras y carros alegóricos que representaban escenas bíblicas; o en Burgos, donde la cofradía de Nuestra Señora del Espino lideraba una procesión anual en honor a su patrona, llevando una imagen de la Virgen a los campos para bendecir las cosechas. Las cofradías también se encargaban de organizar peregrinaciones a santuarios marianos como fue el caso de la Cofradía de Santa María de Guadalupe, fundada en el siglo XV, que reunía a peregrinos de toda Castilla.

2.3.1 Las cofradías y las indulgencias

Las indulgencias fueron un incentivo significativo para la participación activa de los fieles en sus actividades. La relación entre las cofradías y las indulgencias se basaba en la promoción de prácticas piadosas que ofrecían beneficios espirituales, incluidos los ligados a la remisión parcial o total de penas en el purgatorio. Aunque las indulgencias no perdonaban el pecado en sí (que requería confesión), ofrecían una forma de alivio. Las cofradías se convirtieron en canales efectivos para la obtención de indulgencias, que eran concedidas por el Papa o los obispos bajo condiciones específicas, tales como participación en actos religiosos promovidos por las propias cofradías, cumplimiento de obras piadosas como procesiones o peregrinaciones, contribución a la construcción de iglesias o santuarios, o donativos económicos para causas religiosas. Por ejemplo, muchas cofradías penitenciales, como las de los Disciplinantes, recibieron indulgencias por sus procesiones públicas de autoflagelación, especialmente en contextos de peste o calamidades. Otras cofradías como las dedicadas a la Virgen María, especialmente aquellas asociadas al rezo del rosario, eran beneficiarias frecuentes de indulgencias. Baste recordar como en 1475, el Papa Sixto IV concedió indulgencias a quienes participaran en las procesiones del rosario organizadas por las cofradías dominicas, fortaleciendo esta práctica devocional. También las cofradías dedicadas a caridad o a las almas del purgatorio, como la Cofradía del Santísimo Sacramento, recibían indulgencias por sufragios ofrecidos en misas y rezos por los difuntos. También era habitual que las cofradías que financiaban la construcción o restauración de iglesias y santuarios recibieran indulgencias papales como incentivo.

Las peregrinaciones organizadas por las cofradías fueron una de las manifestaciones más visibles de su relación con las indulgencias. Estas actividades no solo fortalecían los lazos entre los miembros de la cofradía, sino que ofrecían una oportunidad para participar en actos penitenciales con beneficios espirituales tangibles. Entre los destinos más importantes para las peregrinaciones cofrades destacaron Santiago de Compostela, Roma y Jerusalén[266], centros de devoción que gozaban de indulgencias plenarias concedidas por los papas. Por ejemplo, las cofradías vinculadas a Santiago promovieron peregrinaciones al santuario gallego. Ya desde el siglo XV, los peregrinos obtenían indulgencias plenarias al visitar la tumba del apóstol durante los años santos jacobeos, es decir, cuando la festividad de Santiago (25 de julio) coincidía con domingo. Muchas cofradías organizaban el viaje colectivo, proporcionaban alimentos y refugio a sus miembros, y velaban por la seguridad durante el trayecto. Las indulgencias asociadas a esta peregrinación no solo otorgaban la remisión de penas, sino que también aseguraban la reputación de la cofradía como un canal espiritual privilegiado.

Como sede de la Iglesia y lugar de martirio de San Pedro y San Pablo, la peregrinación a Roma atrajo a miles de cofrades en busca de indulgencias. En especial, los años jubilares convocados por el papado (cada 25 años) generaban una intensa actividad peregrina. Las indulgencias jubilares, asociadas a la visita de las basílicas mayores de Roma (San Pedro, San Pablo Extramuros, San Juan de Letrán y Santa María la Mayor), eran altamente valoradas. Las cofradías vinculadas a Roma, como la Archicofradía del Santo Nombre de Jesús, promovían estas peregrinaciones entre sus miembros y recaudaban fondos para costear los viajes de los más humildes.

Por último, las cofradías organizaban expediciones a Tierra Santa, vista como la peregrinación más meritoria de todas. Las indulgencias asociadas a la visita de los Santos Lugares, como el Santo Sepulcro y el Monte Calvario, tenían un valor especial, ya que prometían la remisión plenaria de todas las penas temporales. Aunque más costoso y peligroso, este tipo de peregrinaciones fue facilitado por cofradías como las del Santo Sepulcro, que gestionaba permisos y rutas para los fieles. La obtención de indulgencias en Jerusalén no solo beneficiaba al peregrino, sino que también ofrecía legitimidad a la cofradía organizadora.

Las indulgencias no solo fueron un atractivo espiritual para los fieles, pues la promesa de indulgencias actuaba como un incentivo poderoso para involucrarse en las actividades organizadas por la hermandad, sino también un recurso que definió el funcionamiento interno de las cofradías y su capacidad económica, fortaleciendo tanto la devoción como los recursos materiales de las hermandades.

266 Calvo Espiga, *Santo domingo, op. cit.*, pp. 32-33 «Cierto que con anterioridad al siglo XI ya existía el fenómeno de la peregrinación en el sentido que hoy lo tomamos, pero ni las fuentes o tradiciones narrativas, ni las documentales dan cuenta de este fenómeno con anterioridad al siglo XI: «la verdad es que, aún hoy, estamos muy mal informados, desde muchos puntos de vista, sobre los peregrinos de los siglos X, XI y XII (Labande, 97)».

2.3.2. Las primeras procesiones penitenciales

En el siglo XV, las procesiones penitenciales, inicialmente organizadas por las órdenes mendicantes, fueron adoptadas y adaptadas por las cofradías laicas. A medida que las ciudades europeas crecían y la urbanización se expandía, las cofradías comenzaron a organizarse en torno a temas religiosos específicos. Estas nuevas asociaciones adoptaron el modelo de las procesiones penitenciales y lo ampliaron, convirtiéndolo en un elemento clave de su vida religiosa y social. Las cofradías que nacieron en este período, especialmente en el sur de Europa, concretamente en España e Italia, fueron conocidas por diferentes nombres, como «hermandades», «cofradías» o «confraternidades», y eran agrupaciones de fieles que, aunque laicas, tenían un compromiso activo con la iglesia y la sociedad. Además de sus funciones devocionales, estas cofradías continuaban involucradas en la caridad, la ayuda mutua y la protección de sus miembros. Sin embargo, la organización de procesiones penitenciales durante la Semana Santa, con su fuerte componente público, pasó a ser una de sus principales actividades, atrayendo a un mayor número de personas y convirtiéndose en una manifestación pública del poder espiritual de la comunidad. La Penitencia se transformó en un espectáculo público, y las procesiones de Semana Santa se convirtieron en una de las formas más populares de expresión religiosa en los países católicos.

Es a partir de la segunda mitad del siglo XV, cuando la actividad social y religiosa de las cofradías alcanzó una gran intensidad, lo que permitió que su estructura interna empezara a seguir un patrón más organizado. Se establecieron aspectos clave como su ubicación, las advocaciones que las identificaban, sus objetivos religiosos, la estructura de su funcionamiento, su régimen económico, los cargos de liderazgo y sus competencias, así como el perfil de sus miembros. Todo esto quedó reflejado en las reglas fundacionales, que constituían el conjunto normativo que otorgaba a estas asociaciones religiosas un carácter institucional tanto a nivel civil como jurídico, apareciendo los primeros estatutos que se conservan sobre estas organizaciones[267].

Así, por ejemplo, en cuanto a la estructura y organización de las procesiones penitenciales en esta época, como hemos dicho, comenzaron a organizarse con mayor formalidad, marcando el inicio de la estructura que luego adquirirían a lo largo de la Edad Moderna. Sabemos que en principio tenían un carácter más solitario y devoto, pero a medida que pasó el tiempo, comenzaron a adquirir mayor complejidad y estructura, incluyendo obras que representaban escenas de la Pasión de Cristo, tales como la Última Cena, el Camino del Calvario, la Crucifixión y el Descendimiento. Sin embargo, debe ser destacado como la resurrección no era contemplada de manera directa[268]

---

267 Debemos recordar, no obstante, la existencia de innumerables cofradías sin ninguna legalidad, ni civil ni eclesiástica.

268 Aunque no era común que las cofradías penitenciales se centraran en la Resurrección,

y no es hasta los últimos años del siglo XV y, especialmente entrados ya en el XVI, cuando las cofradías evolucionan, y algunas comenzaron a incorporar, aunque de manera aún limitada, la temática de la resurrección. Esto se dio, en parte, por la influencia del Renacimiento, que promovió una visión más optimista y triunfante del cristianismo, y por la creciente popularidad de representaciones más completas de los misterios de la vida de Cristo. Las cofradías, que inicialmente se enfocaban en la pasión, comenzaron a adoptar una visión más holística de la historia cristiana, integrando la resurrección como parte de su devoción y mensaje.

En relación a las escenas que se procesionaban, las obras eran esculturas de madera o de otros materiales, a menudo de gran valor artístico, que los miembros de las cofradías llevaban sobre sus hombros o transportaban en andas, carretas o carrozas. A pesar de ello, no debemos olvidar que la penitencia seguía siendo el eje central de estas procesiones, pues los penitentes, o cofrades, participaban en ellas como una forma de expiación de sus pecados, por lo que a menudo, los participantes desfilaban descalzos y algunos llevaban cadenas o azotes, para marcar el sufrimiento físico como signo de arrepentimiento o, incluso se flagelaban en público, lo que significaba que este acto de penitencia no solo tenía un componente espiritual, sino también social, ya que representaba el deseo de purificación ante Dios y la comunidad. Debemos también señalar que a los penitentes se les reconocía por sus hábitos sencillos, usualmente túnicas y capuchones que cubrían su rostro, para evitar la identificación personal. Este acto era una forma de humillación y de purificación, pues al exponerse públicamente de esta manera, los penitentes se acercaban a la humildad de Cristo.

La música y los cantos litúrgicos también tenían un papel importante en las procesiones de la época, aunque en sus primeras etapas no eran tan elaborados como en siglos posteriores. Las oraciones y los himnos solían ser responsoriales (llamado y respuesta), permitiendo la participación activa de los penitentes y los fieles, quienes se acompañaban de instrumentos sencillos como los timbales o las campanas[269]. Concretamente se solían recitar

algunos elementos simbólicos comenzaron a hacer su aparición. Por ejemplo, en ciertas procesiones, a medida que avanzaba el tiempo, empezaron a incluirse escenas o imágenes que representaban a Cristo resucitado. Sin embargo, el enfoque principal de las cofradías seguía siendo la celebración del sufrimiento de Cristo como acto de redención. Un aspecto clave que conectaba la Resurrección con las cofradías de la Pasión en el siglo XV era la figura de la Virgen María, particularmente en su dolor y sufrimiento junto a la cruz. En muchos casos, las cofradías incluían a María en sus pasos procesionales, y su presencia simbolizaba no solo la compasión por el sufrimiento de su hijo, sino también la esperanza de la Resurrección. Las representaciones de la Virgen, muchas veces bajo la advocación de la Piedad o de la Dolorosa, reflejaban el dolor materno, pero también anticipaban la gloria de la Resurrección.

269 Aunque las procesiones penitenciales solían ser austeras, a veces se usaban instrumentos como el órgano portátil, las chirimías o los sacabuches para reforzar la música vocal.

oraciones, himnos y salmos, y en algunas ocasiones se cantaban «misereres» (cantos de lamento). Los participantes, incluyendo los clérigos, rezaban para conmemorar la Pasión de Cristo, y las procesiones podían culminar en una misa o en un acto litúrgico en la iglesia.

Dicho todo lo anterior, no debemos olvidar, para finalizar este análisis de la época, que en el siglo XV las procesiones penitenciales también tenían un componente de control social, pues eran una forma de disciplinar a la población y de mantener el orden moral, ya que la participación en las procesiones era vista como una forma de cumplir con las normas de la iglesia, y las autoridades eclesiásticas ejercían gran influencia sobre ellas. Por lo tanto, las cofradías no solo eran comunidades de fe, sino que también comenzaron a representar una estructura de poder y de organización dentro de la sociedad.

2.4.- La reforma protestante y el movimiento de contrarreforma

2.4.1. Las cofradías y la Reforma protestante

Los reformadores protestantes, especialmente Martín Lutero, Juan Calvino y Ulrico Zwinglio, se enfrentaron de manera radical a las cofradías penitenciales y sus prácticas. Estas críticas no fueron simples desacuerdos teológicos, sino una confrontación con el sistema de devoción popular católico que, según los reformadores, distorsionaba el núcleo del mensaje evangélico. Tal y como hemos analizado las procesiones penitenciales y la veneración pública de imágenes, crucifijos y relicarios se convirtieron en elementos centrales o esenciales para las cofradías. Sin embargo, los reformadores las consideraban actos de idolatría. Martín Lutero sostenía que el uso de imágenes desviaba la atención de los fieles de la verdadera adoración a Dios y fomentaba la superstición. Las procesiones, donde se portaban imágenes de Cristo, los santos o la Virgen, eran vistas como rituales vacíos. La iconoclasia (destrucción de imágenes religiosas) fue una manifestación violenta de esta crítica en territorios protestantes y en este sentido, las cofradías que dependían de imágenes sagradas para sus ritos fueron disueltas o perseguidas.

Por otro lado, existió una frontal crítica a la teología de las indulgencias y el purgatorio. No debemos olvidar que las cofradías participaban activamente en la promoción y compra de indulgencias, es decir, reducciones del tiempo en el purgatorio mediante buenas obras o donaciones. Lutero, en sus 95 tesis (1517), denunció las indulgencias como un abuso. Afirmó que la salvación no podía comprarse ni ganarse a través de rituales o aportaciones económicas, sino que era un don gratuito de Dios, obtenido solo por la fe (sola fide). La existencia misma del purgatorio fue puesta en duda por los reformadores. Para ellos, las oraciones, misas y procesiones en favor de las almas de los difuntos eran inútiles y contrarias a la enseñanza bíblica.

Además, los reformadores plantearon un rechazo a la justicia por obras que promovían las cofradías al fomentaban prácticas penitenciales como ayunos, flagelaciones públicas y actos de caridad, con la idea de que estos actos contribuían a la salvación personal o la de otros. Los reformadores argumentaban que tales prácticas promovían una falsa justicia por obras, contraria a la enseñanza bíblica de que la salvación solo se alcanza mediante la fe en Cristo. Juan Calvino, en particular, criticó la idea de que los seres humanos pudieran «cooperar» con Dios para ganar méritos. Las cofradías, según él, fomentaban una dependencia de rituales humanos en lugar de la gracia divina.

Por otra parte, los reformadores vieron en las cofradías una manifestación de la religiosidad popular desordenada, alejada del control doctrinal y pastoral de las Escrituras. Desde su perspectiva, las cofradías eran formas de religiosidad colectiva que escapaban al rigor teológico. Consideraban que la participación de laicos sin formación en actos religiosos podía llevar a la corrupción de la fe, ya que éstos desempeñaban un papel central en la organización de ritos, procesiones y actos devocionales. Para ello, la existencia de cofradías promovía una espiritualidad paralela, menos controlada por la jerarquía eclesiástica tradicional, lo que los reformadores juzgaban como una fuente de superstición y error doctrinal. A mayor abundamiento, los reformadores acusaron a las cofradías de alimentar prácticas supersticiosas, como la creencia en milagros vinculados a reliquias, promesas hechas a imágenes, y peregrinaciones con fines expiatorios.

Una crítica recurrente era que los laicos organizados en cofradías estaban más inclinados a seguir tradiciones no bíblicas o prácticas supersticiosas que no se derivaban directamente de las Escrituras. Calvino, en particular, denunció estas prácticas como un retroceso a formas paganas de religiosidad que desviaban al pueblo de la fe pura en Cristo. Los reformadores creían que esto llevaba a una fe emocional y ritualista, en lugar de una fe racional y basada en la Palabra de Dios. Lutero insistía en que el cristiano debía estar capacitado para interpretar la Biblia, y consideraba que las cofradías fomentaban una dependencia en intermediarios humanos (como santos o la Virgen) en lugar de una relación directa con Cristo[270].

La última de las críticas que los reformadores realizaban sobre las cofradías tenía como base que éstas solían acumular riquezas y propiedades, organizaban fastuosas celebraciones, y financiaban obras de arte religiosas. Esto era interpretado como una señal de corrupción y mundanidad, y denunciaban que muchas cofradías no se dedicaban realmente a la penitencia o la caridad, sino a la ostentación y al lucro.

270 La Reforma valoraba una fe más interiorizada y disciplinada, enfocada en la meditación personal y la lectura de la Biblia. Las manifestaciones públicas y multitudinarias de las cofradías se veían como excesivas y contrarias a la sobriedad que, según ellos, debía caracterizar la verdadera fe cristiana.

En definitiva, los reformadores argumentaron que las cofradías, en lugar de ser simples expresiones de piedad, podían ser utilizadas por la Iglesia Católica para controlar socialmente a las masas. Según esta perspectiva, las cofradías mantenían al pueblo en una dependencia espiritual y emocional mediante promesas de indulgencias y beneficios espirituales que en realidad no se basaban en la doctrina bíblica.

En consecuencia, en los territorios donde la Reforma triunfó, como Alemania, Suiza y Escandinavia, las cofradías fueron desmanteladas, sus propiedades confiscadas y sus imágenes destruidas, y la devoción fue redirigida hacia la lectura personal de la Biblia, la oración y la participación en comunidades centradas en la Palabra de Dios, en oposición a los rituales colectivos de las cofradías.

2.4.2. Las cofradías en la Contrarreforma. El papel de las cofradías en la reafirmación católica[271]

La Contrarreforma fue el movimiento de renovación y defensa que emprendió la Iglesia Católica en el siglo XVI para hacer frente a la Reforma Protestante y reafirmar su doctrina, autoridad y prácticas. Este proceso tuvo un impacto profundo en la estructura de la Iglesia y en la vida religiosa, además de influir en la política, la cultura y el arte europeos. La Iglesia buscaba clarificar y reafirmar las enseñanzas fundamentales del catolicismo, frente a las críticas protestantes y, para ello era necesario corregir los abusos y la corrupción que habían facilitado la expansión de las ideas reformistas y recuperar territorios donde la Reforma había ganado adeptos[272].

Así, destacamos algunos elementos clave en la respuesta católica al movimiento reformista.

- La creación de nuevas órdenes fue clave en la Contrarreforma. Destacó especialmente la Compañía de Jesús, fundada por San Ignacio de Loyola en 1540. Los jesuitas se convirtieron en un instrumento crucial para la educación, la defensa doctrinal y la evangelización en Europa y territorios coloniales.
- La Inquisición fue reforzada para perseguir la herejía y mantener la ortodoxia. Se actuó con firmeza en contra de las ideas protestantes,

271 Arias de Saavedra Alías, I y López-Guadalupe Muñoz M.L «Auge y control de la religiosidad popular andaluza en la España de la Contrarreforma», en José Martínez Millán (dir.), Felipe II (1527-1598). *Europa y la Monarquía Católica*, Madrid, Universidad Autónoma de Madrid, 1998, vol. III, pp. 37-61.

272 La Contrarreforma logró recuperar territorios perdidos al protestantismo, especialmente en el sur de Alemania, Austria, Polonia y partes de Francia, y consolidó una mayor uniformidad doctrinal y litúrgica en la Iglesia Católica, con un control más estricto sobre el clero y los fieles.

incluso mediante procesos judiciales. Se estableció el Índice de Libros Prohibidos, una lista de obras consideradas heréticas o peligrosas, que debían ser censuradas o destruidas.

- La Iglesia utilizó el arte barroco como un medio de propaganda visual para reafirmar la fe católica. Las iglesias y obras de arte barrocas, ricas en detalles, buscaban emocionar y conmover a los fieles.
- Las cofradías penitenciales adquirieron un papel destacado en la Contrarreforma, como instrumentos para reforzar la fe mediante la organización de procesiones, devociones marianas y actos penitenciales. Se promovió una religiosidad más disciplinada, alineada con las enseñanzas del Concilio de Trento, pero que mantenía la participación activa de los laicos en la vida religiosa. Las cofradías, por tanto, se convirtieron en instrumentos claves en la lucha contra el protestantismo, utilizando la devoción popular para reafirmar el culto.

Dada la magnitud del fenómeno cofrade, no es sorprendente que la Iglesia, en su proceso de contrarreforma, comenzara a prestar una atención más detallada a estas instituciones, con el objetivo de regularlas, someterlas a la autoridad eclesiástica y revisar algunas de sus prácticas que podrían haber sido consideradas inapropiadas para asociaciones con fines religiosos. Antes incluso del Concilio de Trento, algunos obispos ya mostraban especial interés y preocupación por estas asociaciones, adoptando medidas para controlarlas y, si era necesario, corregir sus excesos. Sin embargo, fue el Concilio de Trento (1545-1563) máximo exponente del esfuerzo por la renovación de la Iglesia católica en respuesta a la Reforma protestante, el que adoptó una postura más clara sobre las cofradías, buscando asegurar que su regulación fuera implementada de manera uniforme en todo el ámbito católico. Es cierto que el Concilio de Trento, al centrarse en cuestiones doctrinales y de disciplina eclesiástica, no dedicó una atención específica a las cofradías. De hecho, en los documentos concluyentes, su mención es mínima y se limita a algunos artículos concretos. Sin embargo, al tratar otros aspectos relacionados con la práctica religiosa y la organización eclesiástica, se pueden encontrar indirectas referencias a las cofradías. Las pocas disposiciones emitidas sobre el tema fueron desarrolladas en los países de la cristiandad, particularmente a través de las acciones del episcopado, encargado de aplicar los principios conciliares, pues una de las principales preocupaciones, como hemos indicado, era poner a las cofradías y otras fundaciones laicas bajo el control directo de los obispos, lo cual se llevaría a cabo a través de visitas periódicas por parte de los llamados oficiales[273]. Como medida concreta el Concilio instituyó el derecho de los obispos a visitar las sociedades seculares y pidió que se instituyeran administradores tanto para la *Confraternite ecclesiali* como

273 En el caso de cofradías con aprobación real, se estipuló que dichas visitas solo podrían realizarse con el permiso de las autoridades reales.

para la secular, instando que se elaborara un informe sobre el estado de cada cofradía que se presentaría anualmente a los Obispos competentes[274].

En base a lo dicho, podemos afirmar con rotundidad que la influencia del Concilio de Trento fue crucial para la consolidación de las cofradías penitenciales[275], pues al promover la reforma de la Iglesia, incidió en la piedad popular y en la regulación de las prácticas religiosas y, las cofradías, como agentes de esa religiosidad popular, fueron un vehículo para implementar muchas de estas reformas, especialmente en relación con la liturgia y la participación activa de los laicos en las celebraciones religiosas. Concretamente el Concilio en sesión celebrada el 4 de Diciembre de 1563 estableció lo siguiente:

> «se deben tener y conservar, principalmente en los templos, las imágenes de cristo, de la virgen madre de dios y de otros santos, y que se les debe dar el correspondiente honor y veneración: no porque se crea que hay en ellas divinidad o virtud alguna por la que merezcan el culto, o que se les debe pedir alguna cosa, o que se haya de poner la confianza en las imágenes, sino porque el honor que se da a las imágenes se refiere a los originales representados en ellas; de suerte que adoremos a cristo por medio de las imágenes que besamos, y en cuya presencia nos descubrimos y arrodillamos, y veneramos a los santos, cuya semejanza tienen. Enseñen con esmero los obispos que por medio de las historias de nuestra redención, expresadas en pinturas y otras copias, se instruye y confirma el pueblo recordándole los artículos de fe y recapacitándole continuamente en ellos; además que se saca mucho fruto de todas las sagradas imágenes no sólo porque recuerdan al pueblo los beneficios y dones que cristo les ha concedido, sino también porque se exponen a los ojos de los fieles los saludables ejemplos de los santos y los milagros que dios ha obrado por ellos, con el fin de que den gracias a dios por ellos y arreglen su vida y costumbres a los ejemplos de los mismos santos, así como para que se exciten a adorar y amar a dios y practicar la piedad»[276].

El auge del fenómeno cofrade lo demuestra el hecho de que a mediados del siglo XVI las cofradías ya formaban una parte consolidada del panorama religioso en muchos lugares de Europa habiendo experimentado un notable apogeo debido, en gran parte, a la restauración y reactivación de hermandades ya existentes, así como a la creación de nuevas asociaciones que proliferaron a lo largo del siglo, preparando el terreno para la expansión del fenómeno cofrade en el Barroco, que alcanzaría su punto máximo en la primera mitad del siglo XVIII.

---

274 Concilio de Trento ses.s. XXU, de ref., cap. VIII et IX, en Canones el decreta Sacrosanctii Oecumenici Tridentini, Romae, ex Typographia Polyglotta S. C. de Propaganda Fíde, 1882, p. 146 y 147.

275 Aunque el Concilio de Trento no abordó cuestiones fundamentales sobre la naturaleza o el papel de las cofradías en el culto, aceptó implícitamente su utilidad al referirse a ciertos aspectos relacionados con su funcionamiento.

276 Concilio de Trento, Sesión XXV

2.5.- Hacia la decadencia

Sin embargo, bien entrado el siglo XVIII, las cofradías religiosas, especialmente las penitenciales, comenzaron a experimentar un proceso de declive en varias regiones de Europa[277]. Este deterioro fue el resultado de una combinación de factores sociales, políticos, económicos y religiosos que afectaron tanto a su funcionamiento interno como a su influencia en la vida pública. Por un lado, la religiosidad barroca, caracterizada por el fervor emocional, la teatralidad de las procesiones y el culto a las imágenes, comenzó a perder fuerza al promoverse una visión más racional y crítica de la religión, restando importancia a las manifestaciones externas de fe. La Ilustración propuso una religiosidad más interna y racional, centrada en la moral y la ética, en lugar de las prácticas públicas y rituales propias de las cofradías. Las procesiones, penitencias públicas y actos colectivos de devoción fueron vistos como formas de religiosidad supersticiosa, lo que llevó a una disminución en la participación y en la legitimidad social de las cofradías. Por otro lado, la intervención de los monarcas ilustrados, impulsaron políticas de control y centralización que afectaron directamente a las cofradías.

A ello debía unirse la crisis económica que afectó a Europa en el siglo XVIII, especialmente en las zonas rurales, que provocó una disminución en las donaciones y en el apoyo financiero que las cofradías recibían para sostener sus actividades. No olvidemos que ya en ese tiempo las cofradías dependían en gran medida de las aportaciones voluntarias de sus miembros, por lo que encontraron cada vez más dificultades para financiar procesiones, fiestas y obras caritativas. En algunos casos, incluso los gobiernos confiscaron los bienes de las cofradías para destinarlos a otros fines, como la beneficencia estatal. Este fenómeno fue especialmente notable en países como España e Italia. Por tanto, la reducción del poder económico de las cofradías minó su capacidad para cumplir sus funciones tradicionales y para mantener su relevancia en la sociedad.

Además, se produjo un cambio en la sensibilidad religiosa ya que la sociedad comenzó a adoptar una actitud más crítica hacia las manifestaciones externas y colectivas de religiosidad, como las procesiones penitenciales, que eran vistas como espectáculos innecesarios o anacrónicos. Y en este sentido el auge de la moralidad individual y de una religiosidad más íntima contrastó con las prácticas de las cofradías, orientadas hacia la expresión pública de la fe. A ello se unía el crecimiento del escepticismo y la secularización pues el pensamiento ilustrado impulsó una visión más secular de la sociedad, lo que llevó a una menor participación en las actividades religiosas organizadas

277 A pesar de que algunas cofradías lograron mantener su vitalidad, en gran parte del mundo católico la influencia y el protagonismo de estas organizaciones fue menguando debido a varios factores, entre ellos las reformas borbónicas, el Iluminismo y una creciente secularización.

por las cofradías. Ese mismo escepticismo incidió de forma tajante y contundente en las indulgencias, las reliquias y las procesiones penitenciales siendo este un motivo más para dejar de pertenecer a estas asociaciones.

No obstante, a pesar del declive, algunas cofradías intentaron adaptarse a los nuevos tiempos, enfatizando su papel caritativo y alejándose de las manifestaciones más ostentosas de la religiosidad barroca. Sin embargo, en muchas regiones, especialmente en Europa occidental, las cofradías enfrentaron una disminución progresiva en la participación y, en algunos casos, su disolución[278].

2.6.- El resurgimiento

El siglo XIX comenzó con las secuelas de la Revolución Francesa (1789) y las guerras napoleónicas, eventos que tuvieron un profundo impacto en la Iglesia Católica. Durante la Revolución, muchas cofradías fueron suprimidas o perseguidas en Francia, y esta tendencia se extendió a otros territorios europeos afectados por las políticas anticlericales napoleónicas. La separación entre Iglesia y Estado, junto con la confiscación de bienes eclesiásticos, debilitó el poder de la Iglesia y de las cofradías. Sin embargo, tras la derrota de Napoleón y la restauración del orden monárquico en varias partes de Europa, la Iglesia Católica experimentó un resurgimiento[279]. Este proceso de restauración, que también afectó a las cofradías, fue impulsado por un renovado interés en la piedad popular y la devoción tradicional, en contraposición a las ideologías liberales y secularizadoras que dominaban el periodo revolucionario. En consecuencia, no pocas de las antiguas cofradías volvieron a florecer y así fueron devueltas a su dignidad original. Este resurgimiento estuvo ligado no solo a cambios políticos como hemos anticipado, sino también a sociales y religiosos que fomentaron una revitalización de la religiosidad popular, en un contexto de reacción ante la secularización y los cambios ideológicos. El Romanticismo, movimiento cultural que floreció en el siglo XIX, redescubrió el valor de las tradiciones populares, las emociones y el misticismo religioso. Este movimiento alentó una mirada nostálgica hacia las costumbres religiosas locales, lo que contribuyó al resurgimiento de las cofradías. Las procesiones y rituales de Semana Santa fueron revalori-

278 Un estudio episcopal de 1761 nos muestra que en Francia, de 7996 parroquias, 5675 no tenían Cofradías o vinculación con ellas, mientras que en Italia el número se redujo de forma muy considerable, incluso algunas se fusionaron en un intento de supervivencia.

279 La Revolución de 1848, aunque fue un momento de inestabilidad política, permitió la reorganización de las cofradías y otras instituciones religiosas que habían sido reprimidas durante los años revolucionarios. El régimen de Napoleón III (1852-1870) fue más favorable hacia la Iglesia, lo que permitió que las cofradías recobraran su protagonismo, sobre todo en áreas rurales y en las ciudades del sur de Francia.

zados como expresiones auténticas del alma de los pueblos, vinculadas a la identidad cultural y nacional[280].

Incidiendo en lo que hemos dicho, la Iglesia Católica y la población más tradicional vieron en las cofradías un medio para reafirmar la presencia de la fe en la vida pública, resistiendo la secularización y promoviendo los valores católicos[281]. A esto contribuyó de forma esencial el apoyo del papado especialmente bajo los pontificados de Pío IX (1846-1878) y León XIII[282] (1878-1903), que promovieron una restauración del catolicismo popular, fomentando las devociones marianas[283], las procesiones y las manifestaciones de fe pública. Las cofradías fueron vistas como instrumentos eficaces para movilizar a los fieles en torno a las enseñanzas católicas y para combatir la influencia de las ideologías liberales y socialistas. La Iglesia promovió las cofradías como vehículos de evangelización, haciendo hincapié en su papel caritativo y devocional. Por ello, se revitalizaron cultos específicos, como el culto a la Virgen María, el Sagrado Corazón de Jesús y las procesiones penitenciales, que encontraron en las cofradías el marco organizativo ideal. En definitiva, las grandes procesiones, con su dramatismo y simbolismo, fueron reinterpretadas como manifestaciones de lo sublime.

En este contexto muchas cofradías renovaron sus estatutos para adaptarse a las nuevas realidades sociales, reforzando su compromiso con la caridad y el apoyo a los más necesitados. Se ampliaron las oportunidades para la participación de los laicos, incluyendo a mujeres en roles más visibles dentro de las cofradías.

Este renacimiento de las cofradías en el siglo XIX estuvo acompañado a su vez por una renovación del arte religioso. Se encargaron nuevas imágenes,

---

280 Frente a la frialdad de la razón ilustrada, el Romanticismo valoró la experiencia subjetiva, el amor, la melancolía y el misterio. Se idealizó la Edad Media, considerada una época de fe profunda y auténtica. Las cofradías, con sus raíces medievales, encajaban perfectamente en esta visión. La naturaleza fue vista como un lugar donde lo divino y lo humano se encontraban, una visión que enriqueció las manifestaciones religiosas populares. En definitiva, el Romanticismo buscó lo sublime, aquello que trasciende lo cotidiano y provoca asombro.

281 En varias partes de Europa, especialmente en los países de tradición católica como España, Italia y Francia, el nacionalismo del siglo XIX estuvo estrechamente ligado a la identidad católica. Las cofradías jugaron un papel crucial en la reafirmación de esa identidad, promoviendo valores religiosos y tradicionales que se contraponían a los movimientos políticos liberales, revolucionarios y republicanos.

282 Decreto «*Ecclesia católica*» ASS 23 (1889), p. 635: Decreto «*Conditae a Christo*» ASS 33, (1990-1901), p. 341.

283 El siglo XIX fue testigo de importantes apariciones marianas, como la de la Virgen de Lourdes en 1858, lo que contribuyó a fortalecer las cofradías marianas y a revitalizar la devoción popular. Estos eventos tuvieron un impacto profundo en la vida espiritual de Francia y de todo el mundo católico, y las cofradías jugaron un papel crucial en la promoción y organización de peregrinaciones a santuarios marianos.

pasos procesionales y altares, que recuperaban estilos tradicionales, pero también incorporaban influencias neogóticas y neobarrocas. Los talleres artesanales dedicados a la creación de imágenes religiosas y ornamentos litúrgicos experimentaron un nuevo auge ya que las procesiones adquirieron un renovado esplendor, con una mayor participación popular y el apoyo de las autoridades locales en muchos casos. No solo en Europa sino en América Latina, tras las guerras de independencia, las cofradías jugaron un papel fundamental en la reconstrucción de la vida religiosa y cultural, como por ejemplo los casos de devoción popular a imágenes como la Virgen de Guadalupe en México o el Señor de los Milagros en Perú, lo que ayudó a revitalizar a las cofradías locales que fueron las encargadas de continuar organizando festividades religiosas y procesiones, que eran fundamentales para la identidad católica y la cohesión social.

CAPÍTULO VI

LAS COFRADÍAS EN ESPAÑA

1.- Contexto histórico

Centramos nuestro análisis en este capítulo en el estudio del fenómeno cofrade en España. Parece unánime considerar que el origen de este tipo de asociaciones debe fijarse en la baja Edad Media[284]. En consecuencia, el contexto histórico en el que surgieron las cofradías en España durante los siglos IX al XII es fundamental para comprender su evolución y su papel en la sociedad medieval pues este período estuvo marcado por una serie de transformaciones políticas, sociales y culturales que influyeron en la creación y el desarrollo de estas instituciones. Comencemos nuestro análisis en el periodo de Reconquista, que fue un proceso prolongado que se inició en el siglo VIII y se extendió hasta el siglo XV, en el que los reinos cristianos del norte de la península ibérica intentaron recuperar los territorios controlados por los musulmanes. Esta lucha no solo fue militar, sino también un esfuerzo por reafirmar la identidad cristiana frente a la dominación islámica. Las cofradías emergieron

284 Sobre los orígenes medievales de las cofradías, destacamos los trabajos de Martín-Viveros Tajuelo, A. «Las cofradías castellanas en la Edad Media. Pasado presente y futuro de la producción historio gráfica», *Espacio, Tiempo y Forma, Serie III, Historia Medieval*, 25 (2012), pp. 285-308; Arboleda Goldaracena, J.C., «La devoción a la Sangre de Cristo y el origen de las cofradías penitenciales a fines de la Edad Media: el caso de la ciudad de Málaga», *Revista Historia Autónoma*, 1 (2012), pp. 73-88., todos citados por Arias de Saavedra Alías I. y López de Guadalupe Muñoz. M.L. «Las cofradías españolas en la edad moderna desde una óptica social. Tres décadas de avances historiográfico» en *CESX-VIII núm. 27* (2017) Oviedo. También. Garrido Aguilera, J.C. *Religiosidad popular en Jaén durante los siglos XV y XVI. Las cofradías, Jaén*, Ayuntamiento de Jaén, 1987; Sánchez Herrero J. *Las cofradías sevillanas. Los comienzos, Las cofradías de Sevilla: historia, antropología y arte,* Sevilla, Universidad de Sevilla, 1985, pp. 9-34, ó Goldaracena Arboleda J.C. «*Creencias y devociones en las cofradías sevillanas de finales de la Edad Media y comienzos de la modernidad*», *Revista de Humanidades,* 29 (2016), pp. 9-36.

en este contexto como agrupaciones que fomentaban la solidaridad entre los cristianos, apoyando tanto la causa religiosa como la comunidad local y, facilitaron como ya hemos repetido en innumerables ocasiones, la cooperación al proporcionar un espacio para el apoyo y la organización comunitaria. No debemos olvidar que a medida que avanzaba la Reconquista, muchas ciudades comenzaron a prosperar, especialmente en el norte y centro. Por ejemplo, citemos los casos de ciudades como Toledo (1085), Zaragoza (1118) y otras que una vez reconquistadas comenzaron a repoblarse con población esencialmente cristiana. Este proceso produjo un importante crecimiento de los núcleos urbanos[285] y, en consecuencia, la necesidad de reorganizar la sociedad, tanto en términos de producción y comercio como también, en el aspecto más social y, en este contexto las cofradías respondieron a esta necesidad al ofrecer asistencia a sus miembros, organizando actividades sociales y religiosas que promovían la cohesión comunitaria. Con el desarrollo de esta incipiente economía urbana, las cofradías laborales surgieron para representar a los oficios y artesanos y, cumplían, como hemos indicado, múltiples funciones; por un lado, se encargaban de establecer normas sobre condiciones laborales y calidad de productos incluyendo la fijación de tarifas y la supervisión de la producción para asegurar que se cumplían los estándares; por otro, representaban a sus miembros ante las autoridades locales, defendiendo sus derechos y negociando condiciones más favorables en el trabajo. Muchas cofradías promovían la formación de sus miembros a través de sistemas de aprendizaje y talleres, asegurando la transmisión de conocimientos y habilidades necesarias para la práctica del oficio. También brindaban apoyo a los miembros en situaciones de necesidad, como enfermedad o desempleo, creando una red de solidaridad que fortalecía a la propia comunidad. En su aspecto más administrativo y de funcionamiento interno, las cofradías de oficios y gremios estaban organizadas de manera jerárquica y funcionaban con un conjunto de normas que regulaban su actividad. Así, cada una de ellas contaba con una junta directiva que incluía un presidente (o prior), un tesorero y otros cargos, responsables de la administración y representación. Establecían sus propios reglamentos, que definían los derechos y deberes de los miembros, las condiciones de admisión y las sanciones por incumplimiento. Estos documentos (a modo de reglas o estatutos) eran ya considerados como fundamentales para garantizar la cohesión y el buen funcionamiento de la organización.

A continuación, se mencionan algunas cofradías de oficios destacadas en esta primera época, como la cofradía de los Tejedores, en torno a ella los tejedores se organizaron para regular la producción textil, asegurando la calidad de los tejidos y protegiendo sus intereses en el mercado. También la cofradía

285 Sobre el crecimiento en núcleos urbanos y el número de cofradías, Arias de Saavedra Alías I. y López-Guadalupe Muñoz M.L.,» Cofradías y ciudad en la España del Antiguo Régimen», *Studia Historica. Historia Moderna*, 19 (1998), pp. 197-228.

de los Mercaderes que regulaban el comercio en las ciudades, estableciendo precios y normas para garantizar prácticas justas en el mercado. Por último, la cofradía de los Carpinteros y Albañiles integradas por quienes se dedicaban a la construcción y el trabajo con la madera, promoviendo estándares de calidad y garantizando la seguridad laboral entre sus miembros.

Las cofradías mantenían relaciones complejas con el poder político local. En algunos casos, se aliaban con las autoridades para fortalecer su posición, mientras que en otros podían entrar en conflicto con ellas, especialmente si las regulaciones impuestas eran percibidas como injustas. El periodo también fue testigo de un renacimiento cultural, con un creciente interés por las artes, la literatura y el conocimiento. Este ambiente cultural enriqueció las prácticas y tradiciones de las cofradías, que empezaron a adoptar elementos de las corrientes culturales de la época.

- La peregrinación a Santiago de Compostela y su importancia como germen de cofradías[286].

La peregrinación a Santiago de Compostela desempeñó un papel crucial en el desarrollo del fenómeno cofrade. En efecto, este camino no solo fue una de las rutas de peregrinación más importantes del cristianismo, sino también un espacio donde las primeras manifestaciones cofrades comenzaron a gestarse, creando una tradición de hermandades y asociaciones religiosas que se expandieron y evolucionaron con el tiempo. No debemos olvidar que las peregrinaciones a Compostela estaban marcadas por un profundo sentido penitencial y comunitario, elementos que luego se trasladaron a las cofradías. Las ceremonias y rituales asociados en todo el camino y especialmente a la llegada al santuario de Santiago influyeron en la liturgia y en las manifestaciones religiosas de las incipientes y futuras cofradías. Por ejemplo, el uso de insignias y estandartes, como la concha de vieira, se convirtió en un símbolo de identidad para los peregrinos y fue adoptado por las cofradías en su iconografía.

Aunque es cierto que con anterioridad a los s. IX-XI ya existía el fenómeno de la peregrinación tal y como hoy la entendemos, lo cierto es que no existen fuentes documentales que narren este fenómeno. Probablemente el Cronicón Albeldense, una crónica histórica escrita en el monasterio de San Martín de Albelda (La Rioja) hacia el año 883, es una de las fuentes más antiguas que menciona el culto a Santiago en Compostela y, por extensión, las primeras noticias sobre las peregrinaciones a este lugar. Este texto es fundamental para entender los orígenes históricos del Camino de Santiago y su contexto en el siglo IX. El Cronicón Albeldense relata el hallazgo del sepulcro del apóstol Santiago en Galicia durante el reinado de Alfonso II el Casto (791-842), rey de Asturias. Según esta fuente, el descubrimiento se debió a una revelación

---

286 Calvo Espiga A., Santo Domingo de la Calzada. El hombre y la obra. Cabildo Catedral de Santo Domingo. 2010, pp. 315-325.

que condujo a Teodomiro, obispo de Iria Flavia, al lugar donde se encontraban los restos del apóstol[287]. Este hallazgo marcó un periodo clave para la consolidación del cristianismo en el norte de la península ibérica, en un momento en que los reinos cristianos buscaban reforzar su identidad frente al dominio musulmán en el sur. El texto subraya el papel del rey Alfonso II, quien visitó el lugar del descubrimiento y mandó construir una iglesia sobre el sepulcro. Este acto no solo confirmó la importancia religiosa del hallazgo, sino que también fortaleció el poder político del reino astur-leonés, al situarlo como protector del principal centro de culto cristiano en la península.

La peregrinación de Gotescalco, obispo de Le Puy-en-Velay, una importante diócesis en el sur de Francia, hacia Santiago de Compostela en el año 950, es uno de los primeros registros documentados de una peregrinación internacional al sepulcro del apóstol Santiago. Su peregrinación es considerada la primera de un obispo extranjero siendo un evento especialmente significativo porque refleja cómo, ya en el siglo X, el culto a Santiago comenzaba a extenderse más allá de los reinos cristianos de la península ibérica, atrayendo a peregrinos de otras regiones de Europa. Por eso el viaje de Gotescalco marcó el comienzo de la conexión de Santiago con los peregrinos europeos, particularmente de Francia, que en siglos posteriores se convertiría en una de las principales fuentes de peregrinos al santuario, pues la peregrinación subrayó la importancia del Camino como una ruta no solo de devoción religiosa, sino también de intercambio cultural y político entre regiones.

Pero no debemos olvidar la peligrosidad e incomodidad de los caminos, por lo cual se fue creando en torno al mismo una red, todavía incipiente de monasterios, iglesias y comunidades locales que brindaban apoyo a los peregrinos. Estos en la mayoría de los casos dependían de la caridad y hospitalidad de las comunidades rurales y urbanas. Los campesinos y habitantes de aldeas ofrecían alimentos, refugio temporal y agua, motivados por la creencia de que ayudar a un peregrino era un acto piadoso que les acercaba a la salvación. También los monasterios y pequeñas iglesias locales brindaban asistencia. Mientras los monjes ofrecían camas simples y alimentos, además de consuelo espiritual, los lugareños a menudo actuaban como guías, ayudando a los peregrinos a orientarse en rutas difíciles o desconocidas, incluso las comunidades cercanas a zonas inseguras, como pasos montañosos o

287 Según la tradición, el sepulcro del apóstol Santiago el Mayor fue descubierto en el siglo IX (alrededor del año 813) en Galicia, en un lugar conocido como Campus Stellae («Campo de la estrella»), que dio nombre a Compostela. Los monarcas del Reino de Asturias y León, especialmente Alfonso II (791-842) y luego Alfonso III (866-910), promovieron el culto a Santiago para reforzar su legitimidad política y religiosa. En el siglo X, el obispado de Iria Flavia, vinculado al sepulcro, se trasladó a Compostela, fortaleciendo la ciudad como centro religioso. En el año 997, el caudillo musulmán Almanzor saqueó la ciudad de Compostela, destruyendo parcialmente la iglesia. construida sobre el sepulcro. Sin embargo, respetó el lugar sagrado del sepulcro en sí, lo que permitió que el culto continuara.

regiones fronterizas, a veces organizaban escoltas para proteger a los viajeros de ataques de bandidos.

Y en torno a ese apoyo espiritual y material, como hemos indicado en líneas anteriores, se fueron generando y constituyendo comunidades que con el paso de los años algunas adoptaron la forma de cofradías.

– La primera cofradía documentada

En ese ámbito de la peregrinación compostelana[288], probablemente en la península la Cofradía más antigua documentada[289] sea la Cofradía del Santo en honor a Santo Domingo de la Calzada. Aunque no se conoce con exactitud la fecha de su fundación, hay documento de 1120 que ya habla de ella y que menciona su existencia y sus actividades con motivo de una donación de determinado inmueble propiedad de la Cofradía al Obispo de Nájera[290], lo que indica que ya desde tiempo anterior existía una estructura formal creada por el propio Domingo y sus seguidores y que tras su muerte continuó en la devoción y continuación de su obra (algunos hablan del 1106). Pues la cofradía fue, en gran medida, el resultado del creciente fervor religioso que se desarrolló en torno a la figura del Santo, quien se había convertido en un protector de los peregrinos del Camino de Santiago.

Dice el texto indicado que trascribimos por su interés y trascendencia[291]:

> «Los cofrades de la Casa de La Calzada, que se llama de Santo Domingo, en el río de Oja la entregan de por vida al obispo de Nájera, Sancho, como prueba de afecto y devoción, con todas sus pertenencias, para que sea su dueño y señor.
>
> ACC Pergamino partido por a.b.c. de 39 x 47 mm S•. 13.
>
> Reproduce: LLORENTE: Noticias históricas..., t. IV, d. 95, pág. 26, deficiente transcripción
>
> Año 1120
>
> (Crismón) In nomine Sancte et Indiuidue Trinitatis Patris et Filii et Spiritus Sancti. Hec est carta donationis et confirmationis quam facimus nos omnes Confratres de illa Domo de Calzata que uocatur Sancti Dominici de riuo de Oiha tibi uenerabili pastori nostro et confratri Sancio Naiarensi episcopo. Placuit nobis cum bono animo et spontanea uoluntate et propter amorem et dilectionem quam erga te habemus, donamus et concedimus tibi illam supra dictam Domum cum omni pertinentia sua et cum omnibus rebus tam mobilibus quam inmobilibus, quas nos

288 A lo largo del Camino se formaron cofradías específicas para asistir a los peregrinos, como la Cofradía de Santiago en Puente la Reina o la de San Juan de Acre en Hospital de Órbigo. Estas agrupaciones gestionaban hospitales, albergues y otros servicios esenciales.

289 Hablamos de cofradía documentada, si bien posiblemente existieran otras con mayor antigüedad, como por ejemplo en Toledo.

290 RODRIGUEZ R de Lama I. *Colección Diplomática medieval de la Rioja*. T2. Documentos (923-1168). Biblioteca de temas riojanos. Instituto de estudios riojanos 1992.

291 RODRIGUEZ R de Lama I. *Colección Diplomática medieval de la Rioja, op. cit.*, 57.

omnes confratres illius Domus ibi concessimus, ut teneas illam et sis inde senior et dominus in omnibus [diebus] uite tue. Preterea sí uenerit causa mutandi ue1 constituendi prelatum in illa supernominata domo, uolu- mus ut istud cum consensu nostro facias et per manum tuam in illa prelatum constituas. Post mortem uero tuam concedimus similiter, ut illi qui post te uene- rint istam nostram constitutionem, guam tecum facimus, firmiter ac fideliter teneant. Nos omnes Confratres qui istam cartam feri mandauimus laudamus et confirmamus et testibus roboramus. Quorum nomina hec sunt:

Diago Diaz de Morales, testis et confirmans. — Galindo Galindez de Maza- nares, testis et confirmans. — [Gar]sia Gonsaluez de Uilla Fauar, testis et confirmans. —(1) Munioz de Leiua, testis et confirmans. — de Alasanco, testis et confirmans... de Castannares, testis et confirmans. — ...uniones de Feruias, testis et confirmans. —Gonsaluez, testis et confirmans. — Petro Gonsaluez, testis et confirmans. — Blasco Munioz, testis et confirmans. — Albar Albarez, testis et confirmans. — Forti Ortiz, ***testis et confirmans. Don Andres, testis et confirmans. — Illo alcalde de Morales, testis et confirmans. — Fortunio Fortunez, testis et confirmans. — Garsia Nunnez, testis et confirmans. — Gomiz Lopharrez, testis et confirmans.***

Facta carta in era MIj C'. L'. VI II'. Regnante rege Aldefonso in Aragona et in Pampilona et in Naiara et in Cesaraugusta cum suis terminis. {Al dorso) «El canónigo Hempudia. Y aquí se nombra obispo de Najera y que era suya la iglesia de Armentia y Alava. Y a este obispo le dieron los cofrades la casa de Sto. Domingo de la Calzada. Donación de la casa de Santo Domingo de la Calzada al obispo de Nájera.

(1) Hay una mancha en el pergamino, la que impide la lectura completa de los nombres de los confirmantes, pero Llorente lee: "Garsia Munioz de Leiua. Lupus Enneci de Cas- tannares, Fortuniones de Feruias... Didacus Andree... Gomiz Lopiz, testis et confirmans"»

A medida que los peregrinos llegaban a la ciudad de Santo Domingo de la Calzada, querían rendirle homenaje, formándose grupos de fieles que deseaban venerar su memoria y seguir su ejemplo de caridad, hospitalidad y devoción. En el caso de la Cofradía de Santo Domingo de la Calzada siguiendo el ejemplo del propio Santo Domingo, los miembros de la cofradía se comprometían a asistir a los peregrinos del Camino de Santiago, una tarea que consistía en proporcionarles alimentos, alojamiento y cuidados médicos, además de organizar actos de caridad para los más necesitados. Además, y acorde con los fines propios de las cofradías medievales, entre los cuales se incluían además de la caridad, la organización de procesiones y la veneración de santos y reliquias, la cofradía tomó entre sus objetivos principales honrar al santo (organizando diversos actos litúrgicos y penitenciales en su honor a través de misas, oraciones y otros actos de piedad) y participar activamente en la organización de procesiones religiosas, especialmente durante la Semana Santa o celebrando la festividad del 12 de mayo, día de su muerte, que era una de las fechas clave para los cofrades.

2.- Las cofradías españolas. Antiguo Régimen y Edad Moderna

Como han señalado ARIAS DE SAAVEDRA ALÍAS y LÓPEZ-GUADALUPE MUÑOZ[292]

> «a finales del Antiguo Régimen las cofradías estaban bien implantadas en España, tanto en el mundo rural como en las ciudades, aunque era en estas últimas donde tenían mayor presencia. (...). Los estudios sobre la realidad cofrade en ciudades concretas son bastante abundantes, destacando los existentes sobre ciudades castellanas con gran implantación cofradiera como Toledo, Valladolid, Madrid o Palencia, y andaluzas como Sevilla, Granada y Córdoba, así como en otras ciudades del norte del país como Santiago de Compostela, o mediterráneas como Barcelona, Valencia y Murcia».

Realicemos un breve recorrido histórico por la época a modo introductorio, dejando para páginas posteriores un análisis más profundo de cada periodo.

2.1.- El auge del movimiento cofrade/procesionista

Como ya hemos indicado, tras el Concilio de Trento (1545-1563), las cofradías fueron reguladas por la Iglesia para evitar desviaciones doctrinales, insistiéndose en la ortodoxia de sus prácticas y en el papel central de los sacramentos. En los siglos XVI y XVII los Austrias[293] apoyaron las cofradías por su capacidad de control social. Jugaron, además un papel crucial en la evangelización del Nuevo Mundo durante el periodo colonial, pues estas organizaciones religiosas, formadas principalmente por laicos, fueron introducidas por los misioneros como parte de la estrategia para consolidar el cristianismo en los territorios recientemente conquistados. Las cofradías servían como herramientas para integrar a los habitantes locales dentro del sis-

---

292 ARIAS DE SAAVEDRA ALÍAS I, y López-Guadalupe Muñoz M.L, *op. cit.*, pp. 11-50. DOI: https://doi.org/10.17811/cesxviii.27.2017.11-50.

293 En la España de los siglos XVI y XVII el apoyo de la Monarquía a las cofradías se debió en parte a su capacidad para promover la moral católica y fortalecer la identidad nacional en un periodo de tensiones religiosas y políticas en Europa. A través de su afiliación con parroquias, cabildos y órdenes religiosas, las cofradías actuaron como extensiones del poder eclesiástico, contribuyendo a la implementación de las disposiciones del Concilio de Trento. Por otro lado, las cofradías también sirvieron como una plataforma para la participación política de los laicos, especialmente de las elites urbanas. Muchos miembros prominentes de la sociedad, incluyendo comerciantes y funcionarios locales, utilizaban estas organizaciones para consolidar su prestigio social y establecer redes de influencia. En este sentido, las cofradías jugaron un doble papel: reforzaban la autoridad de la Iglesia y la Monarquía mientras proporcionaban un espacio para la autonomía y el protagonismo local.

tema religioso católico, proporcionando un marco organizativo que facilitaba la participación comunitaria en actividades espirituales[294].

Volviendo al contexto del Antiguo Régimen, como venimos manifestando, las cofradías reflejaban una realidad diversa y compleja, compuesta por diferentes formas de organización religiosa. Junto a las cofradías propiamente dichas, caracterizadas por una amplia participación de miembros, una estructura jerárquica definida y actividades organizadas a lo largo del año, coexistían unas agrupaciones que fueron llamadas mayordomías y que representaban una de las formas más básicas de organización religiosa dentro de la vida comunitaria. Estas instituciones se caracterizaban por su enfoque limitado y funcional, siendo sus características principales las siguientes: a) en primer lugar, la simplicidad organizativa al carecer de una estructura institucional compleja o de un marco organizativo permanente; b) en segundo lugar, su funcionamiento se activaba únicamente con motivo de las celebraciones anuales en honor al patrón o patrona de la localidad, siendo su principal cometido garantizar la realización de las celebraciones religiosas en su honor; c) en tercer lugar, se caracterizaban por una rotación de responsabilidades ya que los mayordomos, encargados de liderar la organización, eran seleccionados de manera rotativa, por lo general entre los vecinos y, esa elección era vista como un deber cívico y religioso, y los elegidos asumían los costos de las festividades, que incluían actos litúrgicos, procesiones y celebraciones populares. En consecuencia, las mayordomías no se limitaban a un grupo específico de miembros, sino que involucraban a toda la comunidad, convirtiéndose en un punto de encuentro social y religioso. En definitiva, las mayordomías ofrecieron una forma de participación religiosa más accesible y menos formal que las cofradías, lo que permitió a muchas comunidades rurales mantener vivas sus tradiciones religiosas. Por ello, y a pesar de su carácter sencillo, jugaron un papel clave en la transmisión de la fe y en la organización de eventos que unían a la población y, además, reflejaban la capacidad de autogestión local en una época marcada por la jerarquía y el control institucional de la Iglesia y el Estado. En resumen, las mayordomías

294 En América Latina, las cofradías indígenas representaron un fenómeno particular dentro del proceso de evangelización. Estas cofradías surgieron como una adaptación de las estructuras europeas a las realidades culturales locales, incorporando elementos de las tradiciones prehispánicas en sus prácticas y rituales. En muchas comunidades, las cofradías se organizaron en torno a advocaciones religiosas que sustituyeron o reinterpretaron las antiguas deidades locales. Por ejemplo, la Virgen María y diversos santos se asociaron con figuras espirituales precolombinas, creando un sincretismo religioso que facilitó la aceptación del cristianismo. Este proceso también se reflejó en las festividades, donde se combinaban cantos, danzas y ofrendas propias de las culturas indígenas con las ceremonias católicas. Las cofradías también sirvieron como espacios de resistencia cultural, permitiendo a las comunidades indígenas preservar aspectos de su identidad bajo la apariencia de la devoción cristiana. A través de estas organizaciones, se mantuvieron vivas tradiciones artísticas y sociales que de otro modo podrían haber sido suprimidas por las autoridades coloniales.

representaron un modelo simple y práctico de organización religiosa y social que complementaba las funciones más estructuradas y permanentes de las cofradías en el Antiguo Régimen.

Retomando el análisis de estas cofradías más estructuradas debemos repetir que compartían un propósito común cual era el de promover el culto religioso y brindar apoyo a sus integrantes. Sin embargo, se diferenciaban en sus objetivos específicos, permitiendo clasificarlas en varias categorías.

a) Devocionales y penitenciales, Entre las primeras encontramos las dedicadas al culto de figuras religiosas como la Virgen María bajo distintas advocaciones, como el Rosario, la Inmaculada Concepción, los Dolores, la Soledad o la Asunción[295]. También las asociaciones en honor a santos protectores, como San José, San Sebastián o San Isidro Labrador. Estas últimas habituales en zonas rurales, ya que este santo era patrón de los agricultores. Destacamos, también, como cofradías devocionales, las creadas en torno al Santísimo Sacramento muy activas en las fiestas del Corpus Christi. Igualmente merecen mención especial las cofradías surgidas a partir del siglo XVI que promovían el rezo colectivo del Rosario en procesiones y cuya popularidad creció gracias al impulso de la orden dominica.

Por otra parte, las cofradías penitenciales fueron una de las manifestaciones más significativas de la religiosidad en el Antiguo Régimen (siglos XVI-XVIII). Estas hermandades, dedicadas especialmente al culto de la Pasión de Cristo y a la práctica de la penitencia pública, tuvieron un papel destacado en la promoción de actos religiosos, procesiones y ceremonias relacionadas con la Semana Santa. Su organización reflejaba el espíritu contrarreformista de la época, enfatizando el arrepentimiento, la redención y la salvación personal. Este tipo de cofradías adquirieron un auge especial, pues fueron las más extendidas. Como decimos estas cofradías destacaron por fomentar la devoción a los misterios de la Pasión buscando expiar los pecados a través de actos penitenciales, incluyendo autoflagelación o cargar pesados pasos en procesiones. Los cofrades desfilaban portando imágenes sagradas (Cristo crucificado, flagelado, Virgen de los Dolores, etc.) y adoptaban prácticas como caminar descalzos, llevar cruces o cilicios. Era común que algunos cofrades practicaran la disciplina, golpeándose la espalda con cordeles o flagelos como acto de penitencia pública, si bien estas prácticas fueron reguladas o restringidas por la Iglesia en ciertos periodos.

---

295 Arias de Saavedra Alias I y López-Guadalupe Muñoz M.L., *op. cit.,* p. 19 «Aunque no se puede establecer un cálculo exacto, no es exagerado pensar que un tercio de las cofradías existentes a finales del Antiguo Régimen eran cofradías marianas. En ciudades como Murcia o Madrid sobrepasaban el 40 % del total de las cofradías, y en Córdoba y Valladolid estaban muy próximas a estos valores»; Arboleda Goldaracena J.C. «Contrarreforma y religiosidad popular en Andalucía: cofradías y devoción mariana». *Tiempos modernos, Revista Electrónica de historia moderna*, vol.7 20 (2010), pp. 1-23.

Como principales advocaciones de las cofradías penitenciales encontramos las cofradías de la Vera Cruz que fueron las más extendidas en España desde el siglo XV, impulsadas por los franciscanos, y que se centraban en el culto a la Santa Cruz y los Misterios de la Pasión de Cristo. Sirva como ejemplo la Cofradía de la Vera Cruz en Valladolid, una de las más antiguas y activas. También destacamos las cofradías bajo el título de Jesús Nazareno, que promovían la devoción a Cristo cargando la cruz camino al Calvario. Estas hermandades se hicieron especialmente populares entre la nobleza y las clases altas. Nos permitimos resaltar la Hermandad de Jesús Nazareno (Sevilla) reconocida por su solemnidad y su realismo dramático en los desfiles procesionales.

También alcanzaron un rol muy relevante las cofradías del Santo Sepulcro, que se centraban en el entierro de Cristo, siendo este tipo de cofradías las que organizaban procesiones solemnes y dramáticas, enfatizando el duelo y la penitencia. Muy reconocida fue la Cofradía del Santo Sepulcro (Granada) que organizaba ya en aquel tiempo un impresionante cortejo penitencial el Viernes Santo. También surgieron otras series de advocaciones, aunque bien es cierto con un éxito o trascendencia menor en la época, pues promovían un modelo de vida cristiana mucho más exigente basado en la devoción, la moralidad y la caridad. Sirva a modo de ejemplo las del Dulce Nombre, creadas para exaltar la figura de Cristo a través de su nombre, considerado un símbolo de salvación y esperanza y que utilizaban el monograma «IHS», derivado de las primeras letras del nombre de Jesús en griego, como emblema de su fe. Este símbolo se convirtió en un elemento artístico y litúrgico característico. Ejemplos notables de Cofradías del Dulce Nombre de Jesús las encontramos en Sevilla, siendo una de las más activas en Andalucía. También la del Dulce Nombre de Jesús de Toledo asociada a la Catedral y que tuvo un papel importante en la vida litúrgica de la ciudad, participando en grandes celebraciones eucarísticas y procesiones urbana; o la de Salamanca, integrada principalmente por estudiantes universitarios, reflejaba la influencia de la devoción en ámbitos académicos, celebrando actos solemnes en la Universidad y en las iglesias principales de la ciudad.

Y entre las dedicadas a la Virgen encontramos las cofradías en su advocación de los Dolores, imagen que acompañaba los actos penitenciales en las procesiones marianas, como fue el caso de la Cofradía de Nuestra Señora de los Dolores (Málaga) que impulsó el culto a la Virgen Dolorosa y tuvo gran relevancia en las procesiones de Semana Santa. Otras advocaciones como Soledad o el Carmen ayudaron al esplendor de las cofradías marianas.

Debemos, por último, concluir este breve repaso relativo a las procesiones penitenciales señalando que las imágenes procesionales (tallas de Cristo y la Virgen, muchas de ellas de gran realismo) eran portadas en pasos adornados con elementos simbólicos, como clavos, cruces o espinas, y los cofrades vestían hábitos o túnicas con capirotes para cubrir el rostro, simbolizando humildad y anonimato en el arrepentimiento. Los desfiles incluían cánticos como el Miserere, además de rezos públicos para reforzar la dimensión espiritual.

b) Las cofradías gremiales en los siglos XVI-XVIII fueron asociaciones religiosas vinculadas a los gremios o corporaciones de oficios y profesiones[296], y servían no solo como un medio de organización y protección para los trabajadores en una sociedad regida por la jerarquía y el control de los recursos productivos, sino también como expresión de la religiosidad. Las características de las cofradías gremiales en la época, desde el ámbito o finalidad religiosa, podríamos precisarlas o concretarlas con su vinculación o asociación a un santo patrón relacionado con su actividad. Por ejemplo, los carpinteros veneraban a San José, los zapateros a San Crispín, y los pescadores a San Pedro, promoviendo por tanto el culto mediante misas, fiestas religiosas, procesiones y obras de caridad, además de organizar funerales y sufragios por los miembros fallecidos, asegurando entierros dignos y misas en su memoria.

Desde un punto de vista más social las cofradías prestaban ayuda económica a los miembros en situaciones de necesidad, como enfermedad, viudedad o desempleo y facilitaban la formación de aprendices y la transmisión de conocimientos dentro del gremio. Este tipo de cofradías gremiales poseían una organización interna regulada por estatutos, con cargos como el hermano mayor, el secretario, el tesorero y los diputados; y las normas de comportamiento de los miembros estaban ordenadas tanto en la esfera religiosa como profesional.

Citamos a continuación algunos ejemplos de cofradías gremiales. Los carpinteros tenían como patrono a San José y celebraban el 19 de marzo con procesiones y altares en honor a su patrono[297]. Además, en algunas ciudades como Valencia o Sevilla entre otras, estas cofradías adornaban pasos dedicados a Cristo o la Virgen en Semana Santa, mostrando su destreza artística en la creación de andas y ornamentos. En la ciudad de Valladolid los herreros y carpinteros desfilaban portando imágenes o realizando actos de penitencia en la Semana Santa.

Los zapateros tenían como patronos a San Crispín y San Crispiniano, Cofradías activas en ciudades como Toledo y Barcelona, en donde participaban en procesiones llevando imágenes de sus santos patronos, a menudo en tronos trabajados por los propios artesanos.

---

296 Un ejemplo característico lo encontramos en la cofradía de Viñeros de Málaga. PONCE RAMOS J. M. *La hermandad y montepío de Viñeros en la época moderna.* Málaga. Diputación Provincial (1995).

297 EGIDO LÓPEZ T y RODRIGUEZ J.L. «La devoción popular a San José en el Antiguo Régimen». *Estudios Josefinos* XXXVIII, 76 (1984), pp. 159-184.

Los pescadores y marineros veneraban a San Pedro y a Nuestra Señora del Carmen, siendo muchas las cofradías marítimas que protegían a los trabajadores del mar y celebraban festividades en honor a la Virgen del Carmen.

Por otra parte, San Honorato era patrón de los panaderos existiendo muchas cofradías dedicadas a este santo en Castilla. Así, en Salamanca, Valladolid o Burgos, los gremios de panaderos y molineros eran activos en las procesiones del Corpus Christi, portando custodias y representando escenas eucarísticas.

En relación al gremio de los herreros y forjadores existieron numerosas en el País Vasco y Cataluña que organizaban actividades devocionales en el día de su patrón San Eligio. Por ejemplo, en Burgos o Toledo, participaban en las procesiones del Corpus Christi con ornamentos metálicos elaborados por ellos mismos, como cruces o estandartes.

En Barcelona y Valencia, los tejedores y sastres desfilaban en honor a la Virgen de la Asunción, llevando pasos o imágenes decoradas con telas trabajadas por sus gremios.

Y, por último, citemos las cofradías de albañiles y constructores que participaban en las fiestas en honor de san Vicente Ferrer con grandes altares y procesiones.

No cabe duda de que las cofradías gremiales utilizaron las procesiones, además de con el fin religioso, devocional y penitencial como un instrumento que permitía reafirmar su presencia e importancia en la comunidad, siendo una forma de demostración de poder.

A finales del siglo XVIII y principios del XIX, las cofradías gremiales comenzaron a declinar debido a factores como las reformas ilustradas que cuestionaron la estructura gremial, promoviendo la libre competencia y la modernización económica; las desamortizaciones, en las que muchas cofradías perdieron sus bienes e influencia tras la confiscación de propiedades por parte del Estado y, por último, el surgimiento de la producción industrial, circunstancias que provocaron que los gremios y sus cofradías fueran perdiendo relevancia en el ámbito laboral.

c) las asistenciales[298], especializadas en labores caritativas, que extendían su acción más allá de sus miembros, ofreciendo ayuda a los más desfavore-

298 Sobre las cofradías asistenciales hay extensa bibliografía. Aportamos la recogida por Arias de Saavedra I, y López-Guadalupe Muñoz M.L. en Las cofradías españolas *op. cit.*, p. 25 Destacan, entre otros, los estudios de Mariano Pina Rabadán, *El sector sanitario-benéfico de la antigua Zaragoza,* Zaragoza, Institución Fernando El Católico, 1972; Jesús M.ª Palomares Ibáñez, *La asistencia social en Valladolid. El Hospicio de Pobres y la Real Casa de Misericordia (1724-1847*), Valladolid, Diputación Provincial, 1975; Alberto Marcos Martín, «El sistema hospitalario de Medina del Campo en el siglo XVI», *Cuadernos de Investigación Histórica*, 2 (1978), pp. 341-362; Juan I. Carmona García, *El sistema de la hospitalidad pública en la Sevilla del Antiguo Régimen*, Sevilla, Diputación Provincial

cidos, gestionando hospitales, promoviendo la educación, etc.[299]. Ejemplos típicos de las llamadas cofradías asistenciales lo encontramos, aparte de las primitivas en torno a la peregrinación a Santiago de Compostela, en la Cofradía de la Santa Caridad (Sevilla)[300], activa desde el siglo XVI, dedicada al entierro de pobres y ajusticiados, al mantenimiento de hospitales para enfermos desamparados y al reparto de alimentos a personas sin recursos. Realizaban actos públicos de caridad durante la Semana Santa, reforzando su mensaje de servicio cristiano. También existían en Málaga, Valencia, Barcelona Zaragoza, Lorca Soria, Antequera o Valladolid, entre otras ciudades, cofradías dedicadas a la asistencia a presos, incluyendo el pago de sus deudas o redención y a los entierros dignos para pobres y ajusticiados[301]. Destaca, igualmente, la cofradía de San Juan de Dios (Granada y otras ciudades) que inspirada en el espíritu del santo se dedicó a la atención de enfermos y marginados; o la cofradía de la Soledad de Madrid, vinculada a la orden de los Servitas, que tuvo un papel destacado en el auxilio a mujeres desfavorecidas, así como las Hermandades del Refugio y Piedad de Madrid[302] o Caridad y Refugio de Granada[303].

Por último, destacamos en este tiempo, como grupo particular, las congregaciones, que, aunque menos frecuentes, buscaban atender las inquietudes

---

de Sevilla, 1979; Elena Maza Zorrilla, *Valladolid, sus pobres y la respuesta institucional (1750-1900)*, Valladolid, Universidad de Valladolid / Junta de Castilla y León, 1985; Manuel Zamora Bermúdez, *Estructura benéfico-sanitaria en la Málaga de fines del siglo XVII. Hospitales de San Julián y San Juan de Dios*, Málaga, Universidad de Málaga, 1987; Pedro Carasa Soto, *Crisis del Antiguo Régimen y acción social en Castilla*, Madrid, Consejería de Cultura y Bienestar Social, 1988; Pedro Carasa Soto, *Historia de la Beneficencia en Castilla y León*, Valladolid, Universidad de Valladolid, 1991; M.ª del Prado de la Fuente Galán, «Aportación al estudio de los sectores marginados de la población: Pobreza, caridad y beneficencia en la España Moderna», *Revista de demografía histórica*, 18 (2000), pp. 13-28. Para el caso específico de atención a peregrinos, M.ª Victoria Sáenz Terreros, *El Hospital de Peregrinos y la Cofradía de Santo Domingo de la Calzada. Desde su fundación hasta la crisis del Antiguo Régimen*, Logroño, Instituto de Estudios Riojanos, 1996».

299 Callahan W.J. «Caridad, sociedad y economía en el siglo XVIII», *Moneda y crédito 146* (1978), pp. 65-77.

300 Sebastián y Bandarán, J., *Breve noticia histórica de la Hermandad de la Santa Caridad de Nuestro Señor Jesucristo y descripción de su Iglesia y Hospital*, Sevilla :, Imp. y Lib. de Sobrino de Izquierdo, (1921).

301 Bejarano Pérez R., «*La cofradía de la cárcel* (1613-1738)», en *Isla de arriarán, Revista cultural y científica* 7 (1996), pp. 7-16; León Vegas M., «La hermandad de los pobres de la cárcel en Antequera» (s.XVI-XVII) *Baética, Estudios de arte, geofrafía e historia* 23 (2002), pp. 355-376.

302 Gómez Urdáñez J.L. «La Santa, Pontificia y Real Hermandad del Refugio y Piedad de Madrid», *Cuadernos de Investigación Histórica,* N.º 5, (1982), pp. 165-184.

303 Arias de Saavedra Alías y López-Guadalupe Muñoz «Asistencia sanitaria femenina a finales del Antiguo Régimen: el caso del Hospital de la Caridad y Refugio de Granada», *Cuadernos de Historia Moderna, Anejo XIV*, (2015), pp. 33-61.

espirituales de personas devotas mediante prácticas religiosas diarias y un enfoque más individual en la vida de fe. Eran asociaciones laicales o clericales con fines religiosos, educativos, caritativos y espirituales que surgieron como parte del esfuerzo de la Iglesia Católica por promover la vida devota y la formación espiritual entre diversos grupos sociales. A diferencia de las cofradías, las congregaciones estaban más orientadas a la formación doctrinal, el apostolado y el perfeccionamiento moral, aunque también podían desarrollar actividades benéficas. Los jesuitas fundamentalmente propiciaron este tipo de instituciones encontrando como ejemplos destacados de congregaciones en España la Congregación de la Anunciación (Sevilla)[304] fundada para fomentar la adoración mariana y la práctica de ejercicios espirituales; la Congregación de San Felipe Neri activa en ciudades como Sevilla, Madrid y Valencia entre otras, enfocada en la formación espiritual de nobles y burgueses; la Congregación de Nuestra Señora del Rosario (Granada) que promovía el rezo del rosario y la enseñanza de la doctrina cristiana entre jóvenes; y la Congregación de la Purísima Concepción (Burgos) dedicada a la devoción mariana y la caridad, ayudando a pobres y enfermos.

2.2.- La decadencia

Ya hemos adelantado que el siglo XVIII fue un periodo de grandes cambios políticos, sociales y económicos que afectaron profundamente a las instituciones religiosas, incluidas las cofradías que comenzaron a experimentar una fase de declive en muchas regiones de Europa. A pesar de que algunas cofradías lograron mantener su vitalidad[305], en gran parte del mundo católico la influencia y el protagonismo de estas organizaciones fue menguando debido a varios factores, entre ellos las reformas borbónicas, el Iluminismo y una creciente secularización. Intentamos analizar a continuación las cau-

304 La Congregación de la Anunciación en Sevilla está estrechamente vinculada a la Iglesia de la Anunciación y fue fundada en 1565 como iglesia de la Casa Profesa de la Compañía de Jesús.

305 En relación a unos primeros intentos de revocación de las cofradías escribe González Díaz. F.J., «Posición jurídica de las hermandades y cofradías en el nuevo código de Derecho canónico», *Asociación Canónica de Fieles*, Salamanca (1987), p. 248, que dependientes del brazo eclesiástico las hermandades existieron hasta el tiempo de Carlos III «no obstante Enrique IV hallándose en Santa maría de Nieva, en el año 1473, revocará todas las hermandades establecidas desde 1464 sin licencia real y la autoridad del prelado y mandará que en lo sucesivo ninguna se erija sin dichos requisitos. El emperador Carlos I confirmó esta disposición en Madrid, el año de 1534, mandado se llevará a debido efecto; ordenando después en 1552 la extinción de las cofradías gremiales, aunque estuviesen ya aprobadas. Sin embargo, de la doble sanción que obtuviera aquella Ley, estuvo siempre en desuso y en completa inobservancia, autorizando esta corruptela los propios monarcas que más de una vez se dignaron inscribirse en estas corporaciones».

sas que provocaron la decadencia de las cofradías, su situación en distintos territorios, así como los intentos de reforma que se llevaron a cabo durante este periodo.

No debemos olvidar, tal y como comentábamos en páginas anteriores, que los Borbones[306], influenciados por el regalismo y las ideas ilustradas[307], sometieron a revisión los privilegios y actividades de las cofradías y, en consecuencia, en el siglo XVIII, muchas de ellas se enfrentaron a problemas financieros debido a la pérdida de donaciones y a la competencia con nuevas instituciones estatales de beneficencia. A finales del siglo las reformas de los ministros ilustrados (como Campomanes) limitaron su papel, considerándolas anacrónicas o ineficientes. Las reformas también tuvieron un impacto negativo tanto en las funciones tradicionales de las cofradías, como en su número pues se intentó limitar la proliferación de estas asociaciones y asegurar que sus actividades estuvieran alineadas con los objetivos de la Iglesia y del Estado. Se fomentó una mayor supervisión por parte de los obispos, quienes debían aprobar la fundación de nuevas cofradías y vigilar el cumplimiento de sus estatutos. En relación a sus funciones sociales, las cofradías enfrentaron restricciones en la organización de procesiones y festividades, que eran vistas por algunos reformistas como excesivas o contrarias al espíritu de austeridad promovido por la Ilustración[308]. Muchas fueron disueltas, y sus bienes pasaron a manos del Estado para financiar obras públicas. Una

306 Los objetivos de las reformas borbónicas incluían, entre otros, la centralización del poder, el control de la economía y, en el aspecto religioso/eclesial y la racionalización y modernización de las instituciones eclesiásticas.

307 Los Ilustrados promovían el uso de la razón y el conocimiento científico, y veían con desdén muchas de las prácticas religiosas populares que consideraban irracionales o supersticiosas. Esto incluyó críticas a las procesiones, las devociones a los santos y las costumbres penitenciales que eran el centro de la actividad de muchas cofradías.

308 «Lo más destacado (...) es la senda de barroquización que comenzó a transitar la Semana Santa hispana y que es ya muy evidente en la plenitud del siglo XVII. Viejas y nuevas cofradías enriquecieron sus cortejos con la bella imaginería barroca de nuestras escuelas escultóricas, representaciones cargadas de realismo y naturalismo, subrayando la humanidad del sufrimiento de Cristo y el dolor de la Virgen María. Se presentaban en la calle en «pasos» paulatinamente de mayores proporciones y ornamentación. Se completaba el cortejo procesional con profusión de insignias, en las que alcanzó el bordado una justa relevancia. Más característica fue la presencia de elementos figurativos que aparecen como fruto de la teatralidad del Barroco y de su intencionalidad de sorprender, aunque a veces en menoscabo del decoro. Es el caso de los soldados romanos («armaos»), la representación de apóstoles y personajes bíblicos, la introducción de chías (expresivas del dolor, en tierras granadinas), de sibilas, de elementos simbólicos (como el demonio, la muerte, los vicios y virtudes), la presencia militar y el acompañamiento musical, especialmente de música coral. La procesión barroca de Semana Santa se vio cargada de un complejo simbolismo que los cofrades repetían con precisión ritual. Su presencia se rastrea con vigor durante el siglo XVIII, lo que despertó no pocas críticas y restricciones por parte de la autoridad eclesiástica y, desde luego, de los gobiernos ilustrados» ARIAS DE SAAVEDRA ALÍAS, I. y LÓPEZ-GUADALUPE MUÑOZ, M.L., *op. cit.*, p. 40.

medida común en la época fue la reducción o disolución de aquellas cofradías que no se consideraban esenciales o que, desde la perspectiva de las autoridades, no cumplían con los estándares de utilidad pública.

El expediente General de Cofradías (1769-1784)

Como decimos el crecimiento de las cofradías se mantuvo durante gran parte del siglo XVIII, convirtiéndose en un fenómeno de gran relevancia que tanto las autoridades religiosas como las civiles debían considerar. Según señala Díaz Sampedro «el auge y expansión se prolongó hasta el s. XVIII por todo el territorio peninsular, documentándose la existencia de más de 30.000 cofradías[309] convirtiéndose de esta manera en un fenómeno en el orden social y religioso de primera magnitud, digno de ser considerado por las autoridades civiles y eclesiásticas a partir del último cuarto del siglo XVIII».

Su notable influencia, debido a la gestión de importantes recursos económicos provenientes de rentas y patrimonios, llevó al Estado a intentar controlarlas mediante una campaña que las calificaba como instituciones anticuadas y opuestas a las ideas de cambio y progreso promovidas por los gobiernos ilustrados y modernos, como el de Carlos III. Según sus estatutos, como ya hemos reiterado a lo largo de nuestro trabajo, las cofradías en la mayoría de los casos debían tener como principal misión atender a los miembros enfermos y encargarse de los entierros de los fallecidos, destinando sus recursos prioritariamente a estos fines. Solo si quedaban excedentes después de cumplir con estas obligaciones, podían emplearlos en el culto público.

En el propio ámbito eclesial existían corrientes contrarias al excesivo poder económico y los dispendios que se producían en el mundo cofrade. El obispo de Ciudad Rodrigo, Cayetano Cuadrillero, ofreció un argumento para la intervención estatal al denunciar, el 8 de junio de 1768, los abusos cometidos por algunas hermandades en su diócesis. López González y Herrera Pérez[310], en su estudio relativo a la cofradía del Santísimo Sacramento en la fiesta de San Bartolomé de Tejina, ofrecen un estudio riguroso de la situación, indicando que el señalado Obispo de Ciudad Rodrigo expuso lo siguiente:

> «...reconoció el pobre lastimoso estado de sus habitadores, y que contribuían mucho a esta miseria los excesivos gastos que hacían con pretexto de cofradías,

309 Díaz Sampedro, B. La investigación histórica de las cofradias, *op. cit.*, pp. 202-203 «En 1773 el Consejo de Castilla, en la documentación aportada por su contador Manuel de Navarro, sin haber podido computar todas las cofradías existentes, contabilizaba hasta 19.024 en la corona de Castilla y 6.557 en la Corona de Aragón. Es de suponer con cierta consistencia y seguridad que, entre la falta de diligencia de algunos corregidores y arzobispados en trasmitir los datos, y la lentitud con la que se llevó en proceso, ese número total debió llegar aproximadamente a las 30.000, en sintonía con el parecer de algunos historiadores».

310 López González M y Herrera Pérez J.L. *La Cofradía del Santísimo Sacramento: en la fiesta de San Bartolomé de Tejina* https://www.fuentesdetejina.com/uploads/1/7/3/1/17311346/escrito_sobre_la_cofradia_del_santisimo_sacramento.pdf.

sin que hayan bastado a contenerlos varias providencias de mis antecesores dirigidas a la moderación de sus excesos. Con este conocimiento para cortar de raíz semejantes abusos perjudiciales al estado y contrarios a la Ley Santa de Dios y a repetidas sabias ordenes de V.M., prohibí absolutamente toda función, comidas, refrescos y otros gastos que hacían con pretexto de sus mayordomías... con esta recomendación conseguí se abstuvieran en el año pasado, pero en este han continuado en San Felipe teniendo comedias y novillos con su foro de muerte en la víspera de Corpus y día de su octava. Las comedias las ejecutan los mismos vecinos y algunos de sus inmediaciones, y además los grandes gastos que se ocasionan a los mayordomos por las comidas y refrescos que dan a los comediantes en los días de las pruebas y en otros preparativos abandonan sus labores y se dan a la holgazanería, que es otra de las ruinas de estas gentes. En servir las mayordomías, según el pie en que las tienen gasta cuando menos el mayordomo 105 o 20 reales y puedo asegurar que no hay en todo este obispado diez que puedan gastarlo sin que les haga falta, y que dejen de empeñarse, el templo por esto que todos los años se atrasan en el pueblo cuatro o seis vecinos y que muchos de ellos vuelven en sí en algunos años, y están debiendo varias cantidades a las mismas iglesias y cofradías de las que fueron mayordomos, las que a muchos he perdonado reconociendo su miseria»

Así se inició el Expediente General de Cofradías (1769-1784)[311], un proceso que reflejaba la intención tanto política como religiosa de someter a las hermandades y cofradías a las órdenes y normativas establecidas y que tuvo, en síntesis, el siguiente iter.

En un dictamen presentado el 22 de febrero de 1769, el fiscal Campomanes planteó que la solicitud del obispo debía adoptarse como norma general, proponiendo además la disolución de todas las cofradías gremiales[312].

Como consecuencia de ello, se emitieron directrices a los obispados y arzobispados para que proporcionaran informes detallados sobre la situación

311 Romero Samper M., *Las cofradías en el reformismo de Carlos III*, Madrid, Fragua, (1991).

312 Dice el dictamen de Campomanes, en respuesta al Obispo de Ciudad Rodrigo, lo siguiente: «...Exceden también en las alteraciones que suelen suscitar a los párrocos queriendo hacer una comunidad separada, apartándose en sus funciones muchas veces de las otras compatibles con el régimen de las parroquias, de que resultan no pocos embarazos y disturbios, especialmente en procesiones de semana santa, corpus y otras, saliendo a deshoras de la noche o mañana, con riesgo alguna vez del buen ejemplo. Igual exceso se nota en las derramas y contribuciones que imponen a los hermanos o cofrades o congregantes, ya al tiempo de alistarse en las cofradías, ya en las contribuciones o socorros anuales, ordinarios y extraordinarios, siendo así que la ley del reino prohíbe aún a los concejos y pueblos puedan echar derrama o repartimientos sobre el vecindario que exceda de 3.000 maravedíes. Finalmente, el demasiado consumo de cera, funciones de pólvora, comilonas, vestidos de los mayordomos y hermanos mayores y otras superfluidades ruinosas que unos hacen a emulación de otros están clamando por una ley suntuaria, que reduciendo la devoción de los fieles al espíritu del evangelio y de la tradición de la iglesia, reduzca estas congregaciones a un número moderado y a la debida observancia».

real de las cofradías religiosas en sus respectivas jurisdicciones. Durante la recopilación de estos informes, el gobierno continuaba con su política de restringir las manifestaciones de la piedad popular, especialmente aquellas que contenían elementos considerados como paganos o supersticiosos. Un ejemplo claro de esta intervención fue la eliminación de figuras como los gigantones y las tarascas, que formaban parte de las procesiones del Corpus en Madrid en 1772. O también la Real Cédula de 20 de febrero de 1777[313] que afectaba a la Semana Santa de Sevilla y que prohibía para ese año la presencia de disciplinantes, empalados y otros espectáculos semejantes en los desfiles de Semana Santa, Cruz de mayo, Rogativas, etc. Esta medida se extendió a todo el territorio del reino en 1780, como parte de un esfuerzo por controlar y uniformar las prácticas religiosas y populares en todo el país[314].

El 28 de abril de 1783, Campomanes presentó al Consejo su informe final, en el que insistía con firmeza en los argumentos de índole económica que justificaban la intervención sobre las cofradías. En su exposición, subrayaba varios aspectos negativos que, a su juicio, exigían una pronta acción. En primer lugar, señalaba el elevado número de festividades que las cofradías celebraban anualmente, lo que implicaba una considerable inversión de recursos en gastos excesivos y ostentosos. A continuación, Campomanes destacaba los desórdenes y comportamientos inadecuados que se producían en estas celebraciones, los cuales generaban un ambiente caótico y desorganizado. Además, mencionaba los esfuerzos financieros que realizaban los responsables de las cofradías, como los prebostes, priores, mayordomos o hermanos mayores, quienes a menudo contraían deudas y hacían grandes esfuerzos para destacar y lucir sus cargos durante las festividades. Otro de los puntos que Campomanes resaltaba era el impacto negativo sobre los cofrades, quienes perdían jornadas laborales y salarios al asistir a las celebraciones y reuniones. Esto afectaba no solo a su bienestar económico, sino también a sus responsabilidades cotidianas. Por último, el informe hacía hincapié en las cargas adicionales de derramas y contribuciones que se imponían sobre los cofrades, lo cual desviaba sus recursos de las obligaciones más esenciales

313 Díaz Sampedro, B., *op. cit.*, p. 203, cita la Real Cedula de 20 de febrero de 1777 «Hago saber a todos los vecinos de esta ciudad, Triana y sus arrabales, de cualquier clase, calidad o condición que sean, que habiendo llegado noticias de S.M. el Rey, n.s. el abuso acostumbrado en todo lo más del reino de haber penitentes de sangre y empalados en las procesiones de semana santa, Cruz de Mayo, y en algunas otras de rogativas, cuya penitencia más sirven de indevoción que de edificación; como los inconvenientes que traen consigo las procesiones de noche con motivo de la concurrencia, por Real Cédula de Su Majestad su fecha en el Retiro a 20 de febrero de esta año, se prohíbe y se encarga no se permitan disciplinantes, empalados ni otros espectáculos semejantes en las procesiones de Semana Santa, Cruz de mayo Rogativas, etc.».

314 «En ninguna iglesia de estos reinos, sea catedral, parroquial o regular, haya en adelante danzas ni gigantones; y cese del todo esta práctica en las procesiones y demás funciones eclesiásticas, como poco conforme a la gravedad y decoro que en ellas se requiere» Novísima Recopilación, lib. I, tit. I, ley XII, nota 8.

de su estado. Campomanes concluyó que todos estos factores eran razones de peso que demostraban la necesidad urgente de avanzar con el Expediente y tomar medidas decisivas para frenar estos perjuicios. El informe instaba al Consejo a adoptar una resolución general que pusiera fin a estos excesos y considerara justificada la intervención.

El 25 de junio de 1783 se promulgó la Real Orden que abordaba la disolución de aquellas cofradías que habían sido constituidas sin la debida autorización tanto de la autoridad real como de la eclesiástica, al mismo tiempo que se disponía la continuidad de aquellas que contaran con la aprobación correspondiente, así como de las cofradías sacramentales, siempre y cuando se llevaran a cabo reformas que limitaran los excesos que habían caracterizado a muchas de ellas. El dictamen del Consejo de Castilla, redactado y firmado por el conde de Floridablanca, establecía que todos los bienes y fondos de las cofradías no autorizadas pasarían a ser administrados por las cofradías de caridad y por los montepíos sociales, destinados a fines benéficos y de asistencia social. De acuerdo con esta resolución, las cofradías que se habían fundado sin la debida legitimidad, ya fuera por la falta de aprobación real o eclesiástica, serían disueltas por no cumplir con los requisitos establecidos en la norma, y sus recursos serían redirigidos a los fines caritativos mencionados. En cuanto a las cofradías que sí contaban con la autorización de las autoridades competentes se dispuso que podrían continuar existiendo, pero con la condición de que se llevaran a cabo reformas profundas que pusieran fin a los gastos innecesarios, las ostentaciones y otros desórdenes que habían sido comunes en muchas de estas instituciones. Para ello, se ordenó que se elaboraran nuevas normas y ordenanzas que debían ser remitidas al Consejo para su revisión, evaluación y, si correspondía, aprobación. Finalmente, la Real Orden también establecía que las cofradías sacramentales, cuyo fin era el cuidado de los sacramentos y la asistencia a las parroquias, podrían seguir operando debido a la importancia de su función religiosa y social. Sin embargo, si no contaban con la aprobación formal de las autoridades reales o eclesiásticas, deberían obtenerla después de realizar las modificaciones necesarias en sus estatutos, los cuales debían ser aprobados previamente por el Consejo. Una vez aprobadas, las nuevas ordenanzas debían ser transmitidas y las cofradías fijadas en las iglesias parroquiales, para garantizar su cumplimiento y consolidar su existencia dentro del marco legal establecido.

No obstante, y pese a las restricciones, un número considerable de cofradías continuaron desempeñando un papel fundamental en las tradiciones populares, especialmente en las festividades locales y las procesiones. En el caso de América, aunque las reformas borbónicas también llegaron, las cofradías lograron mantener su relevancia en las sociedades coloniales por más tiempo que en España. Las restricciones a las cofradías en América fueron más graduales y, aunque algunas fueron suprimidas, muchas continuaron existiendo y adaptándose a las nuevas circunstancias.

En resumen, el proceso de decadencia de las cofradías en el siglo XVIII trajo causa y fue consecuencia de varios factores interrelacionados. Por un lado, fue esencial la intervención del Estado que limitó la autonomía de las cofradías, pues las reformas administrativas buscaron controlar tanto las actividades religiosas como los recursos económicos de estas organizaciones, lo que afectó su capacidad para actuar independientemente. A esto se le debía sumar la expansión del pensamiento ilustrado, que criticaba las prácticas religiosas populares como el culto a los santos, las procesiones y las penitencias públicas, que erosionó la base espiritual y cultural sobre la que se apoyaban las cofradías. Y, además, no se puede negar que se produjo un cambio de sensibilidad religiosa a medida que la religiosidad popular fue siendo desplazada por formas más sobrias y racionales de devoción y, como consecuencia de ello las cofradías, cuya fuerza residía en las manifestaciones públicas y populares de la fe, comenzaron a perder relevancia.

Como hemos señalado la decadencia fue evidente, pero, aunque muchas cofradías experimentaron un declive a partir de finales del siglo XVIII, no todas desaparecieron, pues muchas de ellas intentaron adaptarse a los cambios reorganizando sus actividades de acuerdo con las nuevas normas impuestas por las autoridades. Y así, algunas cofradías comenzaron a centrarse más en actividades de caridad y asistencia social, limitando las manifestaciones públicas de devoción que habían sido el centro de su actividad en siglos anteriores. Estas cofradías, aunque menos visibles en la vida religiosa cotidiana, lograron sobrevivir y continuar funcionando, especialmente en las zonas rurales, donde la influencia de las reformas estatales y del Iluminismo fue menos intensa. En estos lugares las cofradías siguieron desempeñando un papel importante en la vida religiosa y social y las prácticas tradicionales de devoción continuaron siendo fundamentales para la identidad de las comunidades.

2.3.- Un nuevo florecimiento cofrade

En nuestro país las cofradías vivieron un notable resurgimiento conforme avanzaba el siglo XIX, comenzando tras la Guerra de Independencia Española (1808-1814) contra Napoleón. Este conflicto devastador no solo marcó el final de la ocupación francesa, sino también el inicio de un periodo de restauración religiosa y social. Durante los años posteriores, las cofradías comenzaron a recuperar su protagonismo, influenciadas tanto por el retorno al poder de Fernando VII como por el fortalecimiento de la Iglesia en el ámbito político y cultural. Con la restauración borbónica y las tensiones entre liberales y conservadores, las cofradías encontraron un espacio para reafirmar su papel como defensoras de la identidad católica. Fernando VII, al asumir el trono, impulsó una política de fortalecimiento del poder eclesiástico que, como decimos, favoreció la rehabilitación de muchas cofradías que habían sido suprimidas o perseguidas. Estas instituciones no solo recuperaron sus funciones tradicionales, sino que también se adaptaron a las nuevas demandas sociales, convirtiéndose en guardianas de la fe y en vehículos de cohesión comunitaria.

Las desamortizaciones de Mendizábal y Madoz (1836 y 1855) afectaron significativamente a las propiedades de la Iglesia y, por ende, a las cofradías, por lo que muchas de ellas perdieron bienes y recursos económicos que sustentaban sus actividades. La secularización progresiva de la sociedad, junto con las reformas liberales, debilitó la influencia de la Iglesia y las cofradías en la vida pública. Las guerras carlistas (1833-1876) y las luchas entre liberales y absolutistas influyeron en el papel de las cofradías, que quedaron a menudo asociadas con el conservadurismo y el tradicionalismo. Hacia finales del siglo XIX, en el contexto de la Restauración (1874), se produjo el definitivo resurgimiento de las cofradías, especialmente en el ámbito de las procesiones de Semana Santa, tanto nuevas como reorganizándose cofradías históricas que habían caído en decadencia. Este renacer estuvo impulsado por un renovado interés en las tradiciones y en la cultura local, así como por la acción de la Iglesia, que buscaba revitalizar el sentimiento religioso frente al avance de ideologías laicas. Las cofradías continuaron centradas en la organización de procesiones, no solo durante la Semana Santa, sino manteniendo la devoción a santos y advocaciones marianas. También continuaron con su papel asistencial, aunque reducido debido a la pérdida de bienes, y siguieron promoviendo actividades devocionales como novenas y misas. En Andalucía, las cofradías de Semana Santa en ciudades como Sevilla y Málaga empezaron a recuperar parte de su esplendor hacia el final del siglo XIX, sentando las bases del auge que experimentarían en el siglo XX. En otras regiones, como Castilla, Aragón y Extremadura, las cofradías mantuvieron una actividad más modesta, aunque algunas destacaron por su continuidad y adaptación a los nuevos tiempos. Como hemos indicado el resurgimiento de las procesiones de Semana Santa, organizadas por las cofradías de penitencia, fue uno de los fenómenos más emblemáticos de este renacimiento adquiriendo una renovada importancia. Las procesiones, con su teatralidad y simbolismo, atrajeron a miles de fieles, convirtiéndose en eventos de gran relevancia espiritual y cultural. Podemos afirmar que el papel de las cofradías durante el la segunda mitad siglo XIX y comienzos del XX trascendió lo estrictamente religioso pues estas instituciones asumieron un rol protector frente a las tensiones sociales y económicas de la época, consolidando su lugar como actores clave en la vida pública ya que se convirtieron en plataformas para la negociación entre los diferentes sectores de la sociedad, mediando entre las autoridades eclesiásticas, las élites políticas y las clases populares. Otros factores que ayudaron al resurgimiento fueron tanto elementos culturales, ya que se pusieron en valor los aspectos artísticos y patrimoniales de las imágenes procesionales y de los pasos, como el hecho de que las cofradías fueron vistas como parte esencial de las tradiciones locales, especialmente en regiones como Andalucía y Castilla lo que ayudaba en un momento de cierto auge del nacionalismo.

Otro aspecto destacado del resurgimiento de las cofradías fue la revitalización de la devoción mariana, especialmente a través de las cofradías del Rosario que promovieron la oración y las procesiones en honor a la Virgen María, lo que ayudó a reforzar la identidad católica en un tiempo de secularización creciente.

El resurgimiento de las cofradías en el siglo XIX marcó el inicio de una etapa de consolidación y expansión que se vería plenamente en el siglo XX, con un fuerte énfasis en el aspecto cultural y patrimonial de las cofradías si bien durante los años de la Segunda República Española, las cofradías enfrentaron nuevas dificultades, ya que el ambiente político hostil hacia la Iglesia limitó sus actividades. La Constitución de 1931 estableció una república laica, eliminando privilegios de la Iglesia Católica y prohibiendo la financiación estatal de entidades religiosas, lo que afectó indirectamente a las cofradías. No olvidemos que se estableció un derecho especialmente desfavorable para la Iglesia católica. Se restringieron manifestaciones religiosas en el espacio público, aunque las procesiones de Semana Santa y otras actividades de las cofradías no fueron prohibidas de manera general si necesitaban la preceptiva autorización gubernativa. El clima político estaba marcado por una fuerte oposición a la Iglesia Católica por parte de sectores republicanos, socialistas y anarquistas, que la asociaban con el antiguo régimen monárquico y el conservadurismo. Hubo episodios de violencia anticlerical, como quema de iglesias y conventos, especialmente en 1931 y 1936, que afectaron directamente al patrimonio de algunas cofradías[315]. En algunos casos, las imágenes religiosas y bienes patrimoniales de las cofradías fueron destruidos durante episodios de violencia anticlerical. Ciudades como Málaga, donde el anticlericalismo fue especialmente virulento, sufrieron grandes pérdidas de patrimonio artístico-religioso vinculado a las cofradías. En definitiva, muchas suspendieron sus actividades públicas, especialmente en zonas donde la influencia republicana y anticlerical era más fuerte. En las de menor conflictividad o con una mayor tradición religiosa las cofradías buscaron adaptarse a las circunstancias, continuando con las procesiones, aunque de manera más discreta, y otras se mantuvieron activas en el ámbito privado, enfocándose en la devoción interna y la conservación de su patrimonio.

Con el estallido de la Guerra Civil, las cofradías quedaron atrapadas en la polarización política. En la zona republicana, muchas cesaron completamente sus actividades y sufrieron la destrucción de bienes religiosos, mientras en la controlada por los sublevados, las cofradías recuperaron protagonismo, siendo alentadas como expresión de la España católica que defendía el llamado bando nacional. A medida que se fue acercando el final de la República, las cofradías comenzaron a reorganizarse, sentando las bases para el auge que vivirían durante en décadas posteriores.

315 Algunas cofradías trasladaron imágenes y objetos de valor a lugares seguros o a domicilios privados para protegerlos de posibles actos vandálicos.

3.- Estatuto jurídico vigente de las cofradías y hermandades

Finalizamos nuestro estudio poniendo énfasis en lo que vamos a denominar estatuto de las cofradías y hermandades y que en realidad no es otra cosa que aplicar directamente a éstas la regulación jurídica contenida en el vigente código en relación a las asociaciones públicas de fieles, pues tal y como venimos afirmando a lo largo del trabajo que presentamos, las cofradías y hermandades son asociaciones de carácter público.

Por tanto, se hace necesario en primer lugar comprender el concepto de persona jurídica pública eclesiástica y, como ya avanzábamos en el capítulo tercero, el punto de partida lo encontramos en el canon 116, que, en su primer apartado, establece los requisitos necesarios para que una persona jurídica pueda considerarse pública según el derecho canónico. Dichos criterios son aplicables también a las asociaciones públicas de fieles, complementándose con lo señalado en los cánones 301, 312 y 313 y, en consecuencia, a las cofradías y hermandades.

El señalado c. 116 identifica tres características fundamentales que distinguen a las personas jurídicas públicas de las privadas; en primer lugar la intervención de la autoridad eclesiástica, pues es imprescindible la participación activa de la jerarquía eclesiástica en su constitución, erigiéndolas y supervisándolas; en segundo lugar, el cumplimiento de una misión ya que éstas asociaciones actúan en nombre de la Iglesia, reflejando su dependencia institucional y generando efectos jurídicos de carácter público; y, por último tener una finalidad de bien público, pues su propósito debe orientarse al beneficio colectivo y al fortalecimiento de la Iglesia alejándose de intereses privados, ya que el fin y función de la persona son públicos por su naturaleza y, en consecuencia, el fin y función están reservados por la propia naturaleza canónica a la autoridad eclesiástica que actúa en nombre de la iglesia.

El Código deja claro, tal y como acabamos de indicar, que las asociaciones erigidas por la autoridad eclesiástica reciben el título de asociaciones públicas, lo que subraya la importancia de la intervención de la jerarquía para su existencia y naturaleza jurídica. No obstante, y aunque estas asociaciones dependen de la autoridad eclesiástica, ello no excluye ni minimiza el rol de los fieles, quienes desempeñan un papel activo en su formación, pues las asociaciones públicas de fieles son, en esencia, comunidades de personas que se unen para perseguir fines comunes, los cuales, al ser públicos, están estrechamente vinculados a la misión de la Iglesia lo que implica actuar como una extensión institucional de la misma. En consecuencia, una vez reconocidas canónicamente como asociaciones públicas, las cofradías integran la dimensión pública e institucional de la Iglesia y sus actividades reflejan su misión en el mundo, si bien, este vínculo no elimina su autonomía operativa al poder, entre otras cuestiones, gestionar sus asuntos internos siempre dentro del marco establecido por el derecho canónico.

Habiendo, por tanto, constatado que las cofradías y hermandades son asociaciones públicas de fieles, nos debemos detener en los estatutos que todas deben tener aprobados. En efecto, según dispone el c. 304, entre los requisitos exigidos a toda cofradía se encuentra la obligación de contar con unos estatutos. Éstos, como ya hemos tenido ocasión de comentar a lo largo de este trabajo no son propiamente leyes, sino normas de autonomía que surgen del derecho propio reconocido por el Código de Derecho Canónico, pues según el c. 94, todas las asociaciones, sean públicas o privadas, y, en consecuencia, las cofradías, deben contar con estatutos que reflejen su naturaleza jurídica y estructura. Estos pueden ser otorgados por la autoridad competente o redactados por la propia entidad, pero en ambos casos requieren aprobación para garantizar su legalidad y coherencia. Este proceso asegura que los estatutos respeten el marco normativo vigente, salvaguardando los intereses tanto de la entidad como de terceros. Por tanto, los estatutos representan el fundamento esencial de cualquier entidad, al establecer las normas y directrices que orientan su funcionamiento y definen su propósito institucional. Con fuerza legal, estos documentos no solo obligan a los integrantes y administradores a cumplirlos rigurosamente, sino que también delinean los procedimientos de decisión y el manejo de los recursos en función de los objetivos planteados. En esencia, los estatutos constituyen la identidad de la cofradía, ya que estructuran su organización interna, especifican los derechos y responsabilidades de sus miembros y fijan las metas que persigue. Al ofrecer un marco legal claro, legitiman y sustentan las decisiones y acciones tomadas, asegurando a la vez una gestión coherente y estable.

Acompañando a estos estatutos, los reglamentos complementarios detallan aspectos operativos como procedimientos administrativos, administración de recursos y normas de convivencia y aunque no poseen la misma jerarquía que aquellos, su valor radica en su capacidad para hacer efectivas y prácticas las disposiciones establecidas en ellos. Estas herramientas normativas facilitan la implementación de las directrices, asegurando un funcionamiento eficiente y ordenado. De este modo, los reglamentos abordan cuestiones específicas de la gestión interna, traduciéndose en acciones concretas que promueven un desarrollo fluido de las actividades organizativas.

En conjunto, estatutos y reglamentos ofrecen un marco regulador que orienta las actividades y decisiones de la cofradía, promoviendo estabilidad, transparencia y cohesión entre sus miembros. Al definir derechos y deberes, fortalecen la confianza y el compromiso hacia los objetivos comunes, mientras que su influencia va más allá del ámbito interno, proyectando legitimidad y cumplimiento normativo hacia terceros. En particular en las cofradías los estatutos adquieren un significado aún mayor, pues establecen criterios de participación, competencias de los órganos de gobierno y mecanismos de transparencia, asegurando lógica en sus acciones pastorales y sociales y garantizando su reconocimiento tanto en la Iglesia como en la sociedad.

En base a cuanto decimos debemos detenernos brevemente en una práctica que en los últimos años se ha convertido en común. La mayoría de los obispados vienen estableciendo normas o bases estatutarias para las hermandades y cofradías, cuyo contenido en todo o en parte debe ser recogido literalmente en los correspondientes estatutos, pues de lo contrario no se obtendría la aprobación de los mismos por la autoridad eclesiástica. Al respecto debemos indicar que comprendiendo en muchas ocasiones los motivos de tal decisión no debe olvidarse nunca que el Código tiene establecido el principio de autonomía e iniciativa interna del fiel, que debe siempre ser respetado por la Jerarquía y que según los cánones 94 y siguientes se concreta en los propios estatutos, pues determinan el fin y la propia constitución de este tipo de asociaciones. En nuestra opinión, por tanto, estos documentos deben de aplicarse solo como lo que son realmente, bases o modelos para ayuda de los fieles en la correcta redacción de los estatutos, pero siempre promoviendo y respetando la diferenciación entre las Cofradías, que precisamente quedará reflejada en el contenido de los señalados estatutos.

Volviendo al análisis del contenido de los estatutos, en el caso específico de las cofradías, resulta esencial que cumplan con ciertos requisitos básicos que aseguren su correcto funcionamiento. Entre estos, destaca la necesidad de definir de manera precisa su denominación (se insiste en el Código que el nombre de la asociación refleje tanto la mentalidad del tiempo y lugar en que opera como la inspiración que guía su misión). La elaboración de los estatutos suele comenzar con una sección introductoria destinada al conocimiento particular de la cofradía, seguida por disposiciones más específicas que abordan aspectos clave. Estos incluyen los objetivos y fines, los derechos y deberes de los miembros, la estructura organizativa, la administración de los recursos financieros, los procedimientos para elecciones o renovación de cargos, las cláusulas relativas a la disolución de la entidad, y otros elementos relevantes para su gestión y desarrollo.

Entre los fines, el elemento fundamental, aunque no el único, es el culto público. La pregunta sobre qué se entiende por culto público parece, por tanto, esencial, y la respuesta se encuentra en el propio Código de Derecho Canónico pues según el c. 834 apartado 2.°, el culto es público cuando se ofrece en nombre de la Iglesia, por personas legítimamente designadas y mediante actos aprobados por su autoridad. Este concepto abarca tanto las celebraciones litúrgicas como otros actos realizados en representación de la Iglesia, con la participación de la comunidad de fieles, constituyendo una expresión visible de la fe y un medio para fortalecer la comunión entre éstos y Dios. El Código de Derecho Canónico establece normas específicas para regular la celebración del culto público, garantizando que se lleve a cabo de forma ordenada y en sintonía con las tradiciones y enseñanzas de la Iglesia. En términos jurídicos, promover el culto público implica una serie de responsabilidades que recaen tanto en los ministros de la Iglesia como en los fieles, dentro de sus respectivos roles.

En relación al resto de características que afectan a las cofradías nos remitimos a lo recogido en el capítulo tercero de este trabajo en tanto en cuanto el carácter de asociación pública de las cofradías y hermandades. No obstante, de forma resumida, comentamos algunos aspectos específicos a las mismas y, que son regulados en el vigente Código.

1. Las cofradías, una vez erigida por la autoridad canónica, reciben la misión canónica, c. 313, en la medida en que lo necesite para los fines que se propone alcanzar en nombre de la Iglesia
2. En relación a los miembros de las cofradías, dispone el c. 316 apartado primero, que quien públicamente rechazara la fe católica o se apartara de la comunión eclesiástica, o se encuentre incurso en una excomunión impuesta o declarada, no puede ser válidamente admitido en las asociaciones públicas. El aparado segundo del citado canon se refiere a quienes, estando legítimamente adscritos, cayeran en el caso anterior deben ser expulsados de la asociación, después de haber sido previamente amonestados, de acuerdo con los propios estatutos.
3. En cuanto al nombramiento del presidente o Hermano mayor, a no ser que se disponga otra cosa en los estatutos, corresponde a la autoridad eclesiástica confirmarlo, si bien es elegido por los cofrades, o instituir al que haya sido presentado o nombrarlo por derecho propio, estableciendo la recomendación/prohibición de que en las cofradías no debe encomendarse esta función al capellán o asistente eclesiástico, a no ser que los estatutos determinen otra cosa. Por último, prohíbe el código que, en este tipo de asociaciones públicas de fieles que se ordenan directamente al ejercicio del apostolado, no deben ser presidentes los que desempeñan cargos de dirección en partidos políticos.
4. En relación a la remoción del presidente/hermano mayor de una cofradía, la autoridad eclesiástica que lo nombró o confirmó puede removerlo de su cargo, con justa causa, oyendo antes, sin embargo, a dicho hermano y a los oficiales mayores según los estatutos, e incluso en circunstancias especiales, cuando lo exijan graves razones, la autoridad eclesiástica puede designar un comisario, que en su nombre dirija temporalmente la asociación (c. 318). Respecto a esto último y reiterando lo ya manifestado en el capítulo destinado a las asociaciones públicas si debemos subrayar que la designación de un comisario por parte de la autoridad eclesiástica se justifica siempre ante circunstancias graves que requieren intervención. Aunque el Código de Derecho Canónico no especifica de manera detallada cuáles son estas razones, en la práctica suelen ser motivadas por desviaciones doctrinales, deficiencias en la gobernanza, irregularidades económicas o conductas contrarias a la moral o la legalidad.

El comisario, al ser nombrado por la autoridad eclesiástica, actúa en su representación y debe seguir sus directrices. Su función principal es corregir las situaciones problemáticas, asegurando que las decisiones tomadas sean coherentes con los objetivos y principios de la autoridad que lo ha designado. Sin embargo, su labor no es ilimitada ni arbitraria, ya que existen restricciones que deben respetarse. Por un lado, encontramos los estatutos de la asociación que siguen vigentes y constituyen el marco normativo que el comisario debe observar, ya que fueron aprobados previamente por la misma autoridad eclesiástica; y, por otro, la identidad y propósito de la asociación, lo que implica que cualquier medida tomada debe estar alineada con su misión, visión y objetivos. No se permite ninguna intervención que desvirtúe la razón de ser de la asociación.

Por último, señalar que la intervención del comisario debe ser temporal y limitada a la resolución de los problemas específicos que motivaron su designación. Una vez restablecido el orden y solucionadas las irregularidades, es imprescindible su retiro, ya que su permanencia prolongada podría afectar la autonomía de la asociación. Este principio de autonomía reconoce el derecho de las asociaciones de fieles a autogestionarse conforme a sus estatutos y fines propios (c. 304 y 309), sin injerencias innecesarias.

5. Sobre el nombramiento y participación de los capellanes o directores espirituales en el supuesto de las cofradías compete a la autoridad eclesiástica nombrar el capellán o asistente eclesiástico, después de oír, cuando sea conveniente, al Hermano Mayor y cargos directivos.

6. En relación a la administración de los bienes de la cofradía legítimamente erigida, a no ser que se prevea otra cosa, administra los bienes que posee conforme a la norma de los estatutos y bajo la superior dirección de la autoridad eclesiástica a la que debe rendir cuentas de la administración todos los años. Debe también dar cuenta exacta a la misma autoridad del empleo de las ofrendas y limosnas recibidas.

7. A la hora de determinar el destino de los bienes de las asociaciones extinguidas deberá aplicarse el c. 123 que dispone que cuando se extingue una persona jurídica pública, el destino de sus bienes y derechos patrimoniales, así como de sus cargas, se rige por el derecho y los estatutos; en caso de silencio de éstos, pasan a la persona jurídica inmediatamente superior, quedando siempre a salvo la voluntad de los fundadores o donantes, así como los derechos adquiridos.

Por último y en relación con la supresión de una cofradía debemos recordar que en el código se dispone que la autoridad competente no debe suprimir una asociación pública sin oír a su Hermano Mayor y a los demás oficiales mayores, y siempre debe mediar causa grave.

Por otro lado, nuestro estudio no sería completo si no analizáramos, aunque sea de manera sucinta, la capacidad jurídica y la capacidad de obrar de las cofradías. Partiendo de la base de que estas entidades constituyen asociaciones públicas de fieles con personalidad jurídica propia, es fundamental destacar que poseen una naturaleza dual, que abarca tanto el ámbito religioso como el civil. Esta particularidad exige un estudio desde dos perspectivas normativas diferenciadas: el derecho canónico y el derecho civil.

En términos generales, la capacidad jurídica se entiende como la aptitud para ser titular de derechos y asumir obligaciones, mientras que la capacidad de obrar se refiere a la facultad efectiva de ejercitar esos derechos y cumplir con dichas obligaciones. En el caso de las cofradías, ambas capacidades se configuran bajo un doble régimen normativo.

Desde la óptica del derecho canónico, como hemos tenido ocasión de repetir en numerosas ocasiones a lo largo de este trabajo, las cofradías son reconocidas como asociaciones públicas de fieles. De acuerdo con esta regulación, tanto las personas jurídicas, ya sean físicas o morales, pueden ser sujetos de derechos y deberes dentro de la Iglesia. Para que una cofradía adquiera plena capacidad jurídica y de obrar en este ámbito, es requisito indispensable que sea erigida formalmente por la autoridad eclesiástica competente. Su finalidad primordial es la de contribuir a una vida cristiana más plena, fomentar el culto público y la difusión de la doctrina cristiana, así como desarrollar actividades de apostolado. Por lo tanto, su capacidad de actuación se encuentra orientada al cumplimiento de estos objetivos específicos.

En lo que respecta al derecho civil español, las cofradías deben ser reconocidas como asociaciones de naturaleza religiosa[316]. En este contexto, surge la necesidad de determinar si se amparan en el artículo 16 o en el artículo 22 de la Constitución Española. Mientras que el primero garantiza la libertad religiosa y de culto, el segundo consagra el derecho general de asociación. A mi juicio, las cofradías deberían regirse por el artículo 22 sin que ello implique la pérdida de la especial protección que les confiere el artículo 16. En este sentido, el artículo 22 de nuestra Carta Magna establece el derecho de toda persona a asociarse libremente para fines lícitos.

Este principio constitucional se complementa con la Ley Orgánica 7/1980, de 5 de julio, de Libertad Religiosa, la cual establece que las entidades religiosas adquieren personalidad jurídica civil mediante su inscripción en el Registro de Entidades Religiosas. En consecuencia, una vez que una cofradía

316 Asensio Sánchez M.A. *La personalidad religiosa en el ordenamiento jurídico español*. Valencia 2016 p. 176 «las asociaciones religiosas son asociaciones que, además del sustrato universitas personarum propio de ellas, tiene también un sustrato religioso que les hace merecedoras de un régimen jurídico específico, el de la LOLR, Se trata de una consecuencia del fenómeno asociativo como inherente a la libertad religiosa, de tal modo que el artículo 16 CE se proyecta sobre el 22 y no viceversa».

ha sido reconocida canónicamente, debe proceder a su inscripción en dicho registro, conforme a lo dispuesto en el Real Decreto 142/1981, de 9 de enero. Este decreto estipula en su artículo 2 la necesidad de inscripción de todas aquellas entidades asociativas de carácter religioso que sean reconocidas por las distintas confesiones.

No obstante, es importante precisar que el régimen de adquisición de personalidad jurídico-civil para la Iglesia católica presenta ciertas particularidades. En virtud del Acuerdo entre el Estado español y la Santa Sede de 1979, se establece que algunas entidades religiosas no necesitan inscribirse en el Registro de Entidades Religiosas para ostentar personalidad jurídica civil. Así, las asociaciones, fundaciones y demás entidades religiosas que ya gozaban de dicha personalidad a la fecha de entrada en vigor del Acuerdo mantienen su estatus sin necesidad de cumplir con el trámite registral. Este principio tiene como finalidad salvaguardar los derechos adquiridos por estas instituciones, conforme a lo dispuesto en el artículo 14 del Concordato de 1953, que ya les reconocía personalidad jurídica civil con independencia de su reconocimiento canónico.

Por otro lado, el artículo I.4, párrafo tercero, del Acuerdo sobre Asuntos Jurídicos establece que aquellas asociaciones y entidades religiosas que, aun estando erigidas canónicamente en el momento de la entrada en vigor del Acuerdo, no cuenten con personalidad jurídica civil, así como aquellas que sean creadas en el futuro por la autoridad eclesiástica competente, podrán adquirir dicha personalidad conforme al ordenamiento jurídico estatal. Para ello, será necesario su inscripción en el correspondiente registro mediante un documento auténtico que acredite su erección, sus fines, datos de identificación, órganos representativos, régimen de funcionamiento y las facultades de dichos órganos.

Asimismo, para que esta inscripción tenga validez, deberá presentarse en escritura pública el acta de constitución de la entidad, junto con el documento eclesiástico que acredite su erección, constitución o aprobación. En su caso, se requerirá también la conformidad del órgano supremo de la entidad en España, según lo estipulado en el artículo 7 del Real Decreto 594/2015.

Aplicando este marco normativo a las cofradías, es posible concluir que aquellas que no posean personalidad jurídica civil deberán obtenerla mediante su inscripción en el mencionado registro. Este procedimiento les permitirá operar como sujetos de derechos y obligaciones dentro del ordenamiento jurídico español.

Cabe subrayar que, en este ámbito, la inscripción en el Registro de Entidades Religiosas tiene un carácter constitutivo, lo que significa que es un requisito esencial para que las cofradías adquieran personalidad jurídica civil. Este criterio difiere del establecido en la Ley Orgánica 1/2002, de 22 de marzo, sobre el derecho de asociación, y en el artículo 22.3 de la Constitución Española, que prevén que la inscripción registral de las asociaciones tenga únicamente un carácter declarativo, con fines de publicidad y seguridad jurídica. En definitiva, como vemos el régimen jurídico aplicable a las cofradías exige un análisis detallado de las normativas tanto canónicas como civiles, a fin de comprender plenamente los requisitos y efectos de su reconocimiento legal en ambos ámbitos.

Por último, dedicamos unas líneas a aspectos fundamentales que el derecho canónico establece o presupone en relación con la gestión y administración de los bienes pertenecientes a las cofradías. Uno de los principios esenciales en esta materia es que los bienes de este tipo de asociaciones no pueden ser considerados propiedad privada de sus miembros, dirigentes o responsables, sino que pertenecen a la propia Iglesia, entendida como comunidad de fieles. Esto implica que su gestión debe realizarse con un profundo sentido de responsabilidad y transparencia, siempre orientada al bien común y al cumplimiento de la misión eclesial. Al referirnos a los bienes materiales de las cofradías y hermandades, hacemos alusión a todos aquellos recursos económicos y materiales de los que disponen estas entidades para llevar a cabo su labor pastoral, evangelizadora y asistencial. Estos bienes temporales pueden incluir, entre otros, propiedades inmuebles, bienes muebles, donaciones, herencias, legados y otros activos financieros. Un principio rector en la adquisición y posesión de estos bienes es el de subsidiariedad, lo que significa que los recursos materiales deben considerarse como instrumentos al servicio de fines superiores, tales como la promoción del bien común, la evangelización y la asistencia a los más necesitados. De este modo, la normativa canónica no se limita a establecer disposiciones de carácter meramente técnico sobre la administración de bienes, sino que también enfatiza el propósito pastoral de estos recursos. La correcta gestión patrimonial debe estar siempre alineada con la misión global de la Iglesia, que incluye, entre otras prioridades, la difusión del Evangelio, el auxilio a los pobres y la promoción de obras de caridad. En este contexto el marco normativo que regula todos estos aspectos se encuentra recogido en los cánones 1254-1310 del Código de Derecho Canónico, donde se establecen las disposiciones sobre la titularidad, adquisición, administración y eventual enajenación de los bienes eclesiásticos. No nos detenemos en ellas, sino que nos remitimos a lo que en el cuerpo de este estudio se ha comentado en relación al análisis del régimen económico de las asociaciones públicas de fieles. Si indicar que todas las normas establecidas buscan garantizar que la gestión de los recursos se realice con la prudencia y responsabilidad necesarias, evitando cualquier desviación respecto a los fines espirituales y sociales que deben regir la vida de la Iglesia y sus instituciones.

Llega el momento de poner fin a nuestro trabajo, y lo hacemos como lo comenzábamos en el sentido de reconocer que el fenómeno asociativo constituye una manifestación genuina de la dimensión social inherente a la persona humana. Esta característica esencial del ser humano no solo legitima, sino que también demanda la existencia de asociaciones de fieles dentro de la Iglesia. La tendencia a asociarse no es simplemente una opción, sino una necesidad intrínseca y esencial del ser humano, que surge de su propia naturaleza social. Solo a través de la unión y la cooperación con otros, el individuo puede desarrollar plenamente su potencial y alcanzar sus metas y aspiraciones. De lo contrario, permanecería limitado en sus capacidades, pues difícilmente lograría, por sí solo, los medios adecuados para concretarlas. Desde una perspectiva teológica, dicha realidad se fundamenta en el hecho de que la vida en comunidad y la participación activa en agrupaciones eclesiales responden a la naturaleza relacional del individuo y a su vocación a la comunión, aspectos que encuentran sustento en el propio orden divino Esta misma necesidad existencial de interacción y colaboración fundamenta lo que, en términos jurídicos, se conoce como el derecho de asociación que ha sido reconocido desde tiempos remotos en la mayoría de las civilizaciones y, con el transcurso de la historia, ha sido formalmente regulado dentro del marco del derecho positivo, garantizando así su ejercicio y protección. Y en este contexto han surgido las cofradías como una respuesta a la necesidad del ser humano de vivir su fe en comunidad, ayudarse mutuamente y garantizar ciertos derechos tanto espirituales como materiales dentro de la sociedad. Probablemente hoy, al reflexionar sobre su legado, podemos reconocer en ellas no solo una expresión de fe, sino también un modelo de organización comunitaria que responde a las necesidades más profundas de las personas: pertenencia, apoyo mutuo y trascendencia espiritual.

BIBLIOGRAFÍA

1.- Fuentes y documentos pontificios y de los dicasterios

Acta Apostolica Sedis

Acta Synodalia Sacrosancti Concilii ecumenici Vaticani II

AA.VV, *Código de Derecho canónico*, Edición Bilingüe. Fuentes y comentarios de todos los cánones. EDICEP, Valencia, 1993.

AA.VV, *Código de Derecho canónico*, Edición bilingüe comentada. Facultad de Derecho Canónico. Salamanca 1983.

Benedicto XVI. *Discurso a un seminario de estudio para Obispos organizado por el Consejo Pontificio para los Laicos*, 17.V.2008, en http://www.vatican.va/holy_father/benedict_xvi/speeches/2008/may/documents/hf ben-xvi spe 20080517 vescovi-seminario_sp.html.

— *Discurso a la Asamblea Eclesial de la Diócesis de Roma*, 26.V.2009, en http:// www.vatican.va/holy_father/benedict_xvi/speeches/2009/ may/documents/hf_ben-xvi_spe_20090526_convegno-diocesi-rm_sp.html.

— *Canones et Decreta Concilii tridentini ex editione romana*, 1834, (cánones y decretos del Concilio de Trento 1545-1563, basados en la edición oficial romana de 1834), Napoli, 1859.

Codex Iuris canonici autoritae Ioannes Paulus P.P. II promulgatus, (Código de Derecho Canónico de 1983) in AAA an 75 (1983).

Codex Iuris Canonici Fontes, (Colección de fuentes jurídicas) a cura di Garparri, vol. I Typis Polyglottis Vaticanis, 1923.

*Codex Iuris canonici Pii X Pontificis maximi iussu digestus, Benedicti PP XV autoritae promulgates (*Código de Derecho Canónico de 1917) in AAS an 9 (1917).

Codex Teodosianus (XVI, 2, 43).

Comentario Exegético al Código de Derecho Canónico. Instituto Martín de Azpilicueta. Volúmenes I–VII, Eunsa Pamplona 1996.

CONCILIO VATICANO II, Constituciones:

— *Concilium Vaticanum II, Const. Dog. Lumen Gentium,* (Constitución Dogmática sobre la Iglesia) 1964 nov 21, AAS 58 (1964).

— *Concilium Vaticanum II, Const. Apost. Gadium et Spes*, (Constitución Apostólica-Pastoral sobre la Iglesia en el Mundo Actual,) 1965 dec 7, AAS 58 (1966) 1025-1115.

— Otras constituciones conciliares

» *Sacrosanctum Concilium* (Constitución sobre la Sagrada Liturgia, 1963).

» *Dei Verbum* (Constitución Dogmática sobre la Divina Revelación, 1965).

CONCILIO VATICANO II. Decretos:

— *Concilium Vaticanum II Decretum Ad Gentes* (1965).

— *Concilium Vaticanum II Decretum Apostolican Actuositatem* (Decreto sobre el Apostolado de los Laicos), AAs 58 (1966) 837-864.

— *Concilium Vaticanum II Decreto conciliar Christus Domini* (Decreto sobre el Oficio Pastoral de los Obispos) AAs 58 (1966) 673-701.

— *Concilium Vaticanum II, Decr. Prebisterorum Ordinis*, (Decreto sobre el Ministerio y Vida de los Presbíteros)1965, jul, AAS 58 (1966).

— *Concilium Vaticanum II, Decr. Optantam Toius* (Decreto sobre la Formación Sacerdotal)1965, oct 28, AAS 58 (1966).

— *Concilium Vaticanum II Decr. Unitatis redintegratio*, (Decreto sobre el Ecumenismo), AAS 57 (1965) 90-112.

— Otros decretos del concilio:

— *Optatam Totius* (Decreto sobre la Formación Sacerdotal, 1965).

— *Perfectae Caritatis* (Decreto sobre la Adaptación y Renovación de la Vida Religiosa, 1965).

— *Christus Dominus* (Decreto sobre el Oficio Pastoral de los Obispos, 1965).

— *Unitatis Redintegratio* (Decreto sobre el Ecumenismo, 1964).

— *Orientalium Ecclesiarum* (Decreto sobre las Iglesias Orientales Católicas, 1964).

— *Inter Mirifica* (Decreto sobre los Medios de Comunicación Social, 1963).

Congregación para los institutos de vida consagrada y las sociedades de vida apostólica (civcsva):

— «Instrucción Caminar desde Cristo», 19.V.2002, EV XXI, pp. 311-367.

— «Congregavit nos in unum Christi amor, La vida fraterna en comunidad», 2.II.1994, EV XIV, pp. 220-283.

— «Instrucción Potissimum institutioni. Orientaciones sobre la formación», 2.II.1990, en AAS, 82 (1990), pp. 470-532.

Corpus Iuris Civilis, novella 59, c. 2.

Giovanni XXIII:

— *Enciclica Mater et Magistra,* AAS 53 (1961), pp. 401-464.

— *Enciclica Pacen In Terris*, AAS 55 (1963), pp. 257-304.

— *Motu proprio Superni Dei Nutu*, AAS 52 (1963), p. 433.

Gregorio IX, Bullarium Romanum n. XXXIV, 3, col., pp. 474-475.

Ioanes Paulus II:

— *Constitutio Apostolica*, Sacrae Disciplinae Leges in AAS 75 (1983).

— Angelus 2 Agosto 1987 in OR 3-4 Agosto 1987, 1.

— *Constitutio Apos. «Pastor Bonus»* 28 junio en AAS 82 (1988).

— *Constitutio Apos. «Ex corde ecclesiae»* 15 Agosto en AAS 82 (1990).

— *Exhortación Apostólica Christifideles laici,* n.° 29, en AAS 80 (1989), p. 393-521.

— *Exhortación Apostólica Familiaris* consortio en AAS 74 (1981), pp. 81-191.

Discurso a los movimientos eclesiales reunidos para el coloquio internacional, 2.III.1987, en Insegnamenti Giovanni Paolo II, X, 1 (1987), pp. 477-478.

Audiencia general. *La Iglesia, comunidad de carismas*, 24.VI.1992, en Insegnamenti Giovanni Paolo II, XV, 1 (1992), pp. 1933-1944.

Paolo VI, *Discorso alla Comisione Pontificia per la revisione del Codice di Diritto Canonico*, 20 nov.1965, en AAS 57 1965), pp. 985-989.

Pio XI, L. *Enciclica Quadrigesimo anno* (15 maii 1931) in AAS 23, (1931), p. 177-228.

Pontificia Comision Ecclesia Dei. Rescriptum ex audiencia SS mi quo Card. *Praesidi pontificiae Commissonis «EcclesiaDei» speciales tribuuntur facultates*, foras datur, 18 octubre 1998, en AAS 82 (1990).

Pontificia commissio codici iuris canocici recognoscendo:

— Schema Legis Ecclesia Fundammentalis. Textus emendatus cun relatione de ipso schemata deque emendationibus receptis, Typis Polyglotis Vaticanis, 1971.

— Schema canonum libri li De popolo Dei, Tipys Polyglotis Vaticanis 1977.

— Examen aminadversiorumcirca schema De popolo dei in Communicationes XII (1980), pp. 48-129.

— Schema codici iuris canonici iuxta animadversiones SER Cardinalium, Episcoporun, Conferentiarum, Dicasterium Curiae Romae, Universitatum Facultatumque ecclesiasticarum necnon Superiorum, Institutorum vitae consecratae recognitum. Typis Polyglottis Vaticanis, 1980.

— Relatio complectens synthesim anmadversionum ad Em. mis adque exc.mis patribus commissionis ad novissimun schema Codicis Iuris Canonici exhibitarum, cum responsionibus a secretaria et concultoribus datis. Typis Polyglotis Vaticanis 1981.

— Schema codici iuris canonici iuxta animadversiones SER Cardinalium, Episcoporun, Conferentiarum, Dicasterium Curiae Romae, Universitatum Facultatumque ecclesiasticarum necnon Superiorum, Institutorum vitae consecratae recognitum, E. Civitate Vaticana 1982.

Pontificia Comisión para la Interpretación de los textos legislativos 23 mayo 1988, en AAS 81 (1989).

Sagrada Congregación del Concilio. Resolución «Corrientensis» del 13 de Noviembre de 1920, in AAS 13, (1921), pp. 135-144.

Sagrada Congregación para la doctrina de la fe, Carta Communionis notio. Sobre algunos aspectos de la Iglesia considerada como Comunión, 28.V.1992, en AAS, 85 (1993), pp. 838-850.

Sagrada Congregación de la Doctrina de la fe, Instrucción *Libertatis Conscientia* de 22 de Marzo de 1986, Schema Constitutionis de apostolatum laicorum, Typis Pol. Vaticanis 1962 n.° 80 en AAS 79 (1987) 590.

Schema Constitutionis de apostolatum laicorum, in «Schemata Constitutionum et Decretorum ex quibus argument in concilio disceptanda seligu tur, series 4, Typis Pol. Vaticanis, MCMLIII

Schema Constitutionis de apostolatum laicorum, Typis Pol. Vaticanis 1962.

Schema Constitutionis de apostolatum laicorum, Typis Pol. Vaticanis 1963.

Schema Constitutionis de apostolatum laicorum, Typis Pol. Vaticanis 1964.

Schema Constitutionis de apostolatum laicorum, Typis Pol. Vaticanis 1965.

Sínodo de los obispos, «Mensaje del Sínodo de los Obispos al pueblo de Dios», en L'Osservatore Romano (edición en lengua española), 4 de noviembre de 2012, 5.

2.- Documentos de la Conferencia Episcopal española citados

CEE, Comisión Permanente, *Normas de procedimiento para la inscripción de Asociaciones y Fundaciones en el Registro*, de 11 de julio de 1984: publicado como Anexo en la Instrucción de 1999: BOCEE, 60 (1999), pp. 36-40; también en: BOA de Burgos, 127 (1984), pp. 472-477.

CEE, XLIV Asamblea Plenaria, *Instrucción sobre asociaciones canónicas de ámbito nacional*, de 24 de abril de 1986: BOCEE, 10 (1986), pp. 79-84.

CEE, Comisión Permanente, Instrucción sobre la inscripción de asociaciones y fundaciones de la Iglesia Católica en el Registro de Entidades Religiosas del Ministerio de Justicia, de 5 de febrero de 1999: BOCEE, 60 (1999), pp. 36-40.

3.- Autores

AA.VV. *Laicità nella Chiesa*.Milan (1977).

AA.VV. I *laici nel diritto della Chiesa, a cura de'll Arcisodalizio della Curia Romana*, Città del Vaticano (1987).

Abascal Sánchez, J. M., *Cristianismo y poder en el siglo IV: Constantino y la Iglesia.* Ediciones Clásicas, (1991).

Albertario, «Il concepto della persona guiuridica nel diritto romano», *in miscellánea Vermeersch,* Vol.II in Analecta Gregoriana, Vol X.

Alenda, M., «Modelo registral de las entidades religiosas». Jornadas jurídicas sobre libertad religiosa en España, Centro de Estudios jurídicos, Madrid (2008).

Alföldi, A., *Constantino el Grande y su tiempo*. Editorial Gredos, (1987).

Alonso Ávila, E., *Historia de la caridad cristiana*. Biblioteca de Autores Cristianos BAC, (1967).

Andres D., *Il diritto dei religiosi*, Roma (1996).

Arce Domínguez, J., *Las cofradías cristianas y el patrocinio imperial tras Constantino* Hispania Sacra, vol. 48, (1996), pp. 345-365.

Ardigo A., «Laici e participazione política, in AA.VV»., *laicità, problema e prospecttive*, Milan (1977), pp. 356-377.

Arboleda Goldaracena, J.C., «La devoción a la Sangre de Cristo y el origen de las cofradías penitenciales a fines de la Edad Media: el caso de la ciudad de Málaga», *Revista Historia Autónoma*, 1 (2012), pp. 73-88.

— Contrarreforma y religiosidad popular en Andalucía: cofradías y devoción mariana. Tiempos modernos, *Revista Electrónica de historia moderna,* vol.7 20 (2010), pp. 1-23.

Arias de Saavedra Alías y **López-Guadalupe Muñoz M. L.**, *Auge y control de la religiosidad popular andaluza en la España de la Contrarreforma*, en José Martínez Millán (dir.), Felipe II (1527-1598). Europa y la Monarquía Católica, Madrid, Universidad Autónoma de Madrid, (1998), vol. III, pp. 37-61.

— «Las cofradías españolas en la edad moderna desde una óptica social». Tres décadas de avances historiográfico en *CESXVIII,* n.º 27 (2017), Oviedo.

— «Cofradías y ciudad en la España del Antiguo Régimen», *Studia Historica. Historia Moderna,* 19 (1998), pp. 197-228.

— «Asistencia sanitaria femenina a finales del Antiguo Régimen: el caso del Hospital de la Caridad y Refugio de Granada», *Cuadernos de Historia Moderna, Anejo XIV*, (2015), pp. 33-61.

Arrieta J. I., *Fondamenti della posizione giuridica attiva dei laici nel diritto della Chiesa* in AA.VV. I laici nel diritto della Chiesa, a cura de'll Arcisodalizio della Curia Romana, Città del Vaticano (1987).

— *Jeraquía y laicado*, Ius Canonicum XXVI (1986).

— *Derecho Canónico y Asociaciones Eclesiales*. EUNSA (2012).

Asensio Sánchez M. A., *La personalidad religiosa en el ordenamiento jurídico español*. Valencia (2016).

Aznar F., «Los bienes temporales de las asociaciones de fieles en el ordenamiento canónico, en AA.VV», *Asociaciones Canónicas de Fieles*, pp. 143-213.

— *Los bienes temporales de la Iglesia*, 2.ª ed. Salamanca (1993).

BACARRI R., *Il diritto di associazione dei laici nell'ordenamiento canonico*, in monitor ecclesiasticus 107 (1982), pp. 551-572.

— «Il diritto di associazione nella Chiesa in AA.VV». *I laici nel diritto della Chiesa,* a cura de'Il Arcisodalizio della Curia Romana, Città del Vaticano (1987), pp. 57-72.

BALOUP, D., *Lenseignement religieux dans la Couronne de Castille. Incidences spirituelles et sociales (XIIIème- XVème siècle)*, Casa de Velázquez, Madrid, 2003.

BARRAGÁN, R., *Religiosidad y Sociedad: Hermandades y Cofradías Andaluzas*. Editorial: Almuzara (2012).

BEJARANO PEREZ R., «La cofradía de la cárcel (1613-1738)», en *Isla de arriarán, Revista cultural y científica 7* (1996), pp. 7-16.

BELLINI S., «Lo status di fedele ed il ministerio del laico nell'ordenamiento giuridico della Chiesa», in *Monitor ecclesiasticus 106* (1981), pp. 437-445.

— *La funzione del laici nel nuovo C.I.C.* in monitor ecclesiasticus 107 (1982), pp. 509-550.

— «Pozicione dei laici nella Chiesa. Il diritto di associazione in Guistizia e servicio». *Studi sull nuovo Codice di Diritto Canonico in onore di Mons. Giuseppe De Rosa*, Napoles (1984), pp. 51-71.

— «Il laici nel diritto postconciliare in AA.VV». *I laici nel diritto della Chiesa, a cura de'Il Arcisodalizio della Curia Romana*, Città del Vaticano (1987), pp. 79-107.

BENÍTEZ BOLORINOS M., *Las cofradías medievales en el Reino de Valencia (1329-1458)*, Alicante, 1998.

BENLLOCH A., *Código de Derecho Canónico: Ed. bilingüe, fuentes y comentarios de todos los cánones*, Valencia (1993).

BERTOLINO R., «La tutela dei diritti nella comunitá ecclesiale» in *Ius canionicum* XXIII (1983), pp. 547-577.

BERTONE T., «Persona e struttura nella Chiesa (Il diritto fondamentali dei fedeli) » in AA.VV. *Problemi e prospettive di diritto canonico*, a cura di Cappellini, Brescia (1977), pp. 71-114.

BETTETINI A., «I laici nella Chiesa», in *Il diritto ecclesiastico* 97 (1986) I, p. 641-653.

BEYER J.B., *Dal concilio al Codice. Il nuovo Codice e le istanze del Concilio Vaticano II*, Bolonia (1984).

BIDAGOR R., «Los sujetos del patrimonio eclesiástico y el "ius eminens" de la Santa Sede», en *Revista Española de Derecho canónico*, V., enero-abril (1950), pp. 25-40.

BISIGNANO S., *Formazione (dei laici) in Dizionario di spiritualit'a dei laici*, vol. I Milán (1981), pp. 284-289.

BONNASSIE, P., *Vocabulario básico de la Historia Medieval*, Barcelona, 1984, pp. 58-62.

BONFANTE, *Instituzioni di diritto romano*, Roma (1933).

BONNET P.A., «Il christifidelis recuperate protagonist umano nella Chiesa», in AA.VV. Vaticano II, Bilancio e propettive 25 anni dopo, a cura R. Latourelle, vol. I, Asis (1977), pp. 471-492.

— «De christifidelium consociationum lineamentorum», iuxta schema «De populo Dei» *Codicis recogniti anni* (1979), adumbratione, in *Periodica de re morali canonica liturgia,* 71 (1982), pp. 531-604.

— «De Christifidelibus consorciationibus-adnotactiones» in *Codicem, Roma* (1983), pp. 71-111.

— «Il chierico ed il diritto-dovere di assoziarsi liberamente nella Chiesa», in *Il diritto ecclesiastico* 97 (1986) I, pp. 431-455.

— «Privato e pubblico nell'identita delle associazioni dei fedeli disciplínate dal diritto ecclesiale», in AA.VV., *Raccolta di scritti in memoria di Angelo Lener*, Napoles (1989), pp. 287-309.

— «La didtinzione tra pubblico e privatoin ámbito associazionistico e il problema della riqualificazione delle associazione constituite anteriormente al códice del 1983». *Periodica 92* (2003).

— «De Chistifidelium consociationum lineamentorum, iuxta schema del Populo dei Codicis recogniti anni 1979», adumbratione. *Periodica* 71 (1982).

BOSSY, J., *Christianity in the West, 1400–1700*, Oxford, (1985).

BOTTA R., «Principi conciliari e associazionismo spontaneo del fedeli», in AA.VV. *Scritti in onore di Pietro Agostino D'Avack*, Milán (1976), p. 419-443.

BROWN, P., *La Iglesia Cristiana Primitiva: Desde los orígenes hasta el siglo V*. Cambridge: Cambridge University Press (2010).

— *El auge del cristianismo en el mundo antiguo: de Constantino*, Ediciones Akal (2001).

Bueno Salinas S., *La noción de persona jurídica en el Derecho Canónico. Su evolución desde Inocencio IV hasta el C.I.C. de 1983* (Collectanea Sant Pacia, n.º XXXIII) (1985).

— *La noción de persona jurídica en Derecho Canónico*, Herder, Barcelona (1985).

Burkert, W., *Greek Religion: Archaic and Classical*. Cambridge: Harvard University Press (1985).

Cabrera Sosa J.J., «Los fines estatutarios de las asociaciones de fieles: motor del desarrollo comunitario. Visión comparada entre el derecho nacional y el derecho canónico», en *La acción social de la Iglesia: XIX Congreso Católicos y Vida Pública,* pp. 379-387. Madrid: CEU Ediciones, (2018).

Cabreros de Anta M., «Los estatutos en el Código de Derecho Canónico», *en Revista española de Derecho canónico*, vol. III (1951), pp. 615-641.

Calvo, J.M., *La Naturaleza Jurídica de las Asociaciones de Fieles en la Iglesia Católica*. Editorial San Pablo (1995).

Calvo Espiga A., «De nuevo sobre la naturaleza y lugar del Derecho canónico: derecho confesional versus ordenamiento estatal». *Scriptorium Victoriense* XLIV (1997), pp. 21-91.

— «En torno a la raíz teológica del Derecho Canónico Fundamental». *Lumen 32*, pp. 28-51.

— *Santo Domingo de la calzada, ingeniero y guía en el camino*, Logroño (2010).

— *Implicaciones jurídico-canónicas de la relación entre la Iglesia y la comunidad política*. Vitoria (1984).

— *Santo Domingo de la Calzada. El hombre y la obra*. Cabildo Catedral de Santo Domingo (2010).

— «El derecho de la Iglesia ¿conveniente o necesario? » *Lumen* 39, (1990), pp. 53-61.

Camarasa. J., *La personalidad jurídica de las entidades religiosas en España,* Madrid (1995).

Campanini G., *Il laico nella Chiesa en el mondo*. Bolonia (1999).

Campo Del Pozo F., «Las asociaciones en el derecho canónico y civil», en *REDC* 46 (1989), pp. 489-511.

Campogrossi G., «La certeza del diritto nell'ordeenamiento canonico», in *Ephemerides iuris caninici* V (1949), pp. 9-30.

Callahan W.J., *Caridad, sociedad y economía en el siglo XVIII*, Moneda y crédito 146 (1978), pp. 65-77.

Cananzi P., «Il diritto di associaziones dei edeli visto con particulare riguardo allá comendatio degli aggregati laicali». Roma (1996).

Cantelar Rodríguez, F., «Synodicon hispanum, espejo de la España Medieval», en *Anuario de Historia de la Iglesia*, vol. 17 (2008), pp. 337-341.

Capilla, F., *Las Asociaciones en Derecho Civil, parte general Derecho de la persona*, Valencia (2003).

Cappello F.M., *Summa iuris ecclesiastici*, Roma (1923).

Castillo R.J., *Diritti e doveri dei «christifideles»* in AA.VV. I laici nel diritto della Chiesa, a cura dell'Arcisodalicio della Curia Romana, Città del Vaticano (1987), pp. 21-40.

Castro F., *La persona jurídica*, Madrid (1981).

Catalá S., *El derecho a la personalidad jurídica de las entidades religiosas*, Cuenca (2004).

Cavero Domínguez, G., «Cofradías y beneficencia en la Edad Media: Aproximación a sus fuentes en los archivos de la Iglesia», en *Memoria Ecclesiae*, vol. XI (1997), pp. 455-471.

— Las cofradías impulsoras de la Piedad Popular, en *Memoria Ecclesiae*, vol. XXI (2002), pp. 9-29.

Chadwick, H., *The Early Church*. Penguin Books, (1993).

Chaniotis, A., «Ritual Dynamics in the Eastern Mediterranean: Case Studies in Ancient Greece and Asia Minor», *Harvard Studies in Classical Philology* 103 (2007), pp. 271-293.

Chapinal-Heras D., *La voz de los dioses. Los oráculos y la adivinación en el mundo griego*, Barcelona, Ático de los Libros, (2023).

Chiffoleau, J., *Les Justices du Pape: Déviance et Société dans la Région d'Avignon à la Fin du Moyen Âge*. Editorial: Ecole Française de Rome, (1984).

— «Les confréries, la mort et la religion en comtat venaissin à la fin du Moyen Âge», en *Mélanges de l'École Française de Rome. Moyen Âge-Temps Modernes*, n.º 91 (1979), pp. 785-825.

Ciprotti P., «Il laici nel nuovo Codice di Diritto Canonico», in *Apollinaris*, LVI (1983), pp. 443-453.

Coccopalmerio F., «L'associazionismo nella Chiesa in ottica» al pluralismo, in AA.VV. Chiesa, a cura di A. Caprioli-Vaccaro, Brescia (1982), pp. 133-174.

Cohn N., *En post del milenio*, Alianza Editorial, Ed. Castellana (1981).

Condorelli M., I «fedeli nel nuovo Codex iuris caninici», in *Il diritto ecclea-siastico* 95, I (1984), pp. 782-814.

Congar., *Jalones para una teología del laicado*, Barcelona (1965).

Conte A Coronata M., *Institutiones iuris canonici*, I, Turín (1928).

Contreras J.M., «La nueva Ley del derecho de Asociación y la adquisición del estatuto jurídico de confesión religiosa en el ordenamiento jurídico español», en *Revista General de Derecho canónico y Derecho Eclesiástico del estado*, III (2003).

Corecco, E., I «Laici nel nuovo Codice di diritto canonico», in *La scuola cattolica* 112 (1984), pp. 194-218.

— «Aspetti della ricezione del Vaticano II nel Codice di diritto canonico», en Albergo G., Jossua J.P. (eds) *Il Vaticano e la Chiesa*, Brescia (1985).

Cubillas L.M., «Personalidad jurídica civil de las entidades religiosas. Técnicas jurídicas de conexión de ordenamientos» en *VVAA Nouvi studi di diritto canonico ed eclesiastico.* Salerno (1990).

— «La personalidad canónica y civil de las cofradías» en *Anuario de Derecho eclesiástico,* 11 (1995), pp. 281-286.

Curran, J. R., *Pagan City and Christian Capital: Rome in the Fourth Century*. Oxford University Press, (2000).

Dalla Torre G., Diritti dell'uomo o diritti del cristinao? In AA.VV. *Il dirito fondamentali del critiano nella Chiesa en ella societa* Milan (1981), p. 117-139.

— «Conziderazioni preliminari sui lacii in diritto canonico». Modena (1983).

— *Il popolo di Dio*. In AA.VV. *La nuova legislazione canonica*, Roma (1983), pp. 133-154.

— *Il laici*. In AA.VV. La nuova legislazione canonica, Roma (1983), pp. 155-180.

Delgado Galindo M., «Asociaciones internacionales de fieles», en *Ius canonicum* 50 (99), 2010, pp. 9-29.

De Los Mozos J.L., «Legislación española sobre asociaciones», en *Asociación canónica de fieles*, Salamanca (1989), pp. 267-298.

De Ostilio F., «L'opera di revisione del Codex Iuris Canonici della Chiesa latina» in *Apollinaris* LV (1982), pp. 308-369.

— *La Storia del nuevo Codice di Diritto Canonico* (1983).

Del Giudice V., «Riffessioni sul problema laicologico disscuso al Concilio ecuménico Vaticano II», in *Diritto Ecclesiastico* 75 (1964) I, pp. 3-36.

Del Portillo A., «Ius associationes fidelum iuxta Concilii Vaticani II doctrinan», in *Ius Canonicum* VII (1968), pp. 5-28.

Diaz A., *Derecho fundamental de asociación en la Iglesia*. Pamplona (1972).

Díaz Ibáñez, J., *La organización institucional de la Iglesia en la Edad Media*, Madrid, 1998.

Diaz Sampedro B., «La investigación histórica jurídica de las cofradías y hermandades de pasión en Andalucía», *Foro nueva época* núm. 14/2011.

Dignas, B., «Private Religious Associations» *in Hellenistic Greece. Classical Quarterly* 52, n.º 1 (2002), pp. 3-79.

Dombois, H., «Considerazioni di teología del diritto sulla struttura fondamentales di "lex fundamentalis eccelsiae"» in *Concilium* 8 (1969).

Echeverria L., «Asociaciones privadas en el nuevo código», in *Ecclesia* 44 (1984).

Egido López T y **Rodriguez J.L.**, *La devoción popular a San José en el Antiguo Régimen*. Estudios Josefinos XXXVIII, 76 (1984), pp. 159-184.

Errázuriz Mackenna C.J., «La costituzione delle associazioni dei fedeli» *in diritto canonico en Das konsoziative Element in der Kirche I* coord. por VI Internationalen Kongresses für Kanönisches Recht, (1989), pp. 479-488.

Fasoli, G., *Le Confraternite Medievali in Italia*. Editorial: Il Mulino, (1967).

Fedele P., *Discorso generale sull'ordenamento canonico*. Pádova (194l).

— «Il problema dell'autonomia privata nell'ordenamento canonicoen La norma en el derecho canónico». *Actas del III Congreso Internacional de Derecho canónico*. Pamplona 10-15 de octubre de 1976, vol. 2, Pamplona (1979), pp. 767-785.

— *Lo spiritu del diritto canonico*, Padova (1962), pp. 823-1013.

Feliciani G., *Le basi del diritto canonico. Dopo il Codice del 1983*, Bolonia, (1984).

— *Le associazioni dei fedeli*, in Digesto IV ed. Turín 1(987).

— «Le associazion dei fedeli nella normativa canonica», in *Aggiornamenti social*, 38 (1987), pp. 683-700.

— «Il diritto di associazione e la possibilit'a della sua realizzazione nell'ordinamento canónico», in AA.VV. *Das Konsoziative Element in der Kirche, Atti del VI Congreso Inernacionale di diritto canocico,* Munchen 14-19 septiembre (1987), EOS Verlag Erzabtei, St. Ottilien (1989), p. 403-418.

— *Il diritto di associazione nella Chiesa: autorità, autonimia dei fedele* e comunione ecclesiae, p. 20.

Fernández Conde, F. J., *La religiosidad medieval en España. Plena Edad Media (siglos XI- XIII)*, Gijón, 2005.

Fernández Coronado, A., *Estado y confesiones religiosas; un nuevo modelo de relación (los pactos con las confesiones Leyes 24, 25 y 26 de 1992),* Madrid (1995).

Fiol Chimelis, M.ª P., «Naturaleza y configuración pública o privada de las asociaciones de fieles». *REDC* 48 (1991).

Forte B., «Associazioni, movimenti e missione nella Chiesa locale», in *Il regno/documenti* 28 (1983), pp. 29-34.

Fumagalli Carulli O., «I laici nella normativa del nuovo Codex Iuris Canonici», in *Monitor Ecclesiasticus* 107 (1982), pp. 491-502.

Fuccillo A., *Le nuove frontiere dell'ecclesiasticità degli enti*, Roma p. 28.

Garcia, A., «Significación del elemento asociativo en la historia del derecho de la iglesia» en *Das konsoziative Element in der Kirche VI Internationalen Kongresses für Kanönisches Recht* (coord.), pp. 25-47.

García Martín, J.T., *El derecho de asociación de los fieles y la tutela de sus derechos en la Iglesia.* Comillas (2008).

García Bodini M., *Los collegia romanos y su evolución durante la república tardía* https://repositorio.comillas.edu/jspui/bitstream/11531/29852/1/TFG%20-%20GARCIA%20BODINI%2C%20MIGUEL.pdf, p. 9.

García de Cortázar, J.A., *Historia religiosa del Occidente medieval (Años 313-1464),* Akal, Madrid (2012).

Garrido Aguilera, J.C., *Religiosidad popular en Jaén durante los siglos XV y XVI. Las cofradías*, Jaén, Ayuntamiento de Jaén (1987).

Garrido Aranda, A., *Hermandades y Cofradías: Historia, Sociología y Religiosidad*. Universidad de Córdoba (1993).

Gazzini, M., *Confraternite e societá cittadina nel medioevo italiano*, Bologna, 2006.

— *Studi Confraternali: orientamenti, problemi, testimonianze*, Florencia, 2009.

Gillet P., *Le personalitè juridique en droit ecclésiastique specialmente chez les Decretistes et les Decretaliste et dans le Code de droit canonique*. Malines (1927).

Ghirlanda, G., *Le associazioni nella Chiesa: Conformazione canonica e regime giuridico*. Libreria Editrice Vaticana (2006).

Gismondi P., *Il diritto della Chiesa dopò il Concilio* Milan (1973).

Giuliani P., «La distinzione tra associazioni puibliche e associazione prívate dei fedeli nel nuovo Codice di diritto canonico», In *Quaderni di Appollinaris* 6, Toma (1990).

— *La distinzione fra associazioni pubbliche e associazioni prívate*. (Roma, 1986).

Goldaracena Arboleda J.C., Creencias y devociones en las cofradías sevillanas de finales de la Edad Media y comienzos de la modernidad, *Revista de Humanidades,* 29 (2016), pp. 9-36.

Goldie R., *Laici, laicato laicità*, Roma (1986).

Gómez Urdáñez J.L., «La Santa, Pontificia y Real Hermandad del Refugio y Piedad de Madrid», *Cuadernos de Investigación Histórica*, n.º 5, (1982), pp. 165-184.

González Arce, J D., *Gremios y cofradías en los reinos medievales de León y Castilla. Siglos XII- XV*, Palencia, 2009.

Gonzalez M.E., *Libro II del C.I.C: Pueblo de Dios. Los Fieles*. Valencia (2005).

González De Caldas, C., *Historia de las Hermandades y Cofradías de Sevilla*. Editorial: Fundación Machado, (2001).

González Salinero, R., *Constantino y la Iglesia: la transformación del cristianismo en religión imperial* Antigüedad y cristianismo, vol. 6, (1989), pp. 77-105.

— Caridad cristiana y beneficencia pública en la Antigüedad tardía: los xenodoquios y otras instituciones asistenciales. *Arys: Antigüedad, Religiones y Sociedades*, vol. 12, (2009), pp. 151-169.

Gutierrez J.L., *Comentario al c. 299* en CIC Pamplona.

Hervada J., *Diritto constituzionale canonico*, Milán (1989).

Herranz J., «Parroquias universitarias y asociaciones de fieles», *Liber amicorum Monseigneur Onclin*, Glemboux (1976).

Hevia Ballina, A., «Las cofradías en la vida de la Iglesia: un mundo de comunicación para la piedad popular y la caridad. Un censo de documentación de cofradías de la Iglesia en España», en *Memoria Ecclesiae*, vol. I (1990), pp. 77-108.

Hidalgo de la Vega, M. A., *Constantino, el cristianismo y el imperio*. Editorial Akal (2005).

Jiménez Sánchez, J., *Las Cofradías Medievales en Castilla y León*. Editorial: Diputación de Salamanca (1980).

Kindt, J., «Religious Association and Public Religion in Ancient Greece». *The Journal of Hellenic Studies* 134 (2014), pp. 35-51.

Kümin Beat A., *The Shaping of a Community: The Rise and Reformation of the English Parish* c. 1400-1560.Editorial: Ashgate (1996).

Ladurie, E., Le Roy. *Montaillou: Village Occitan*. Editorial: Penguin Books (1975).

Langlois, C., «Les confréries du Moyen Âge à nos jours: nouvelles approches», en *Les Cahiers du GRHIS,* vol. 3 (1995), pp. 7-21.

Lariccia S., *La rappresentanza degli interessi religiosi*. Milan (1967).

— *Considerazioni sull'elemento pessonale dell'ordenamento giuridico canonico*, Milan (1971).

León-Castro Alonso J., *Personalidad jurídica y capacidad patrimonial de las hermandades,* ed. Ilustre Colegio de Abogados, Sevilla (1997).

León Vegas M., «La hermandad de los pobres de la cárcel en Antequera (s.XVI-XVII) » *Baética, Estudios de arte, geofrafía e historia 23* (2002), pp. 355-376.

Lombardia, P., *Struttura dell'ordenamento canonico*, in corso di diritto canonico I, a cura di E, Cappelini, Brescia (1975), pp. 175-212.

— «Autonomía privada en la Iglesia», in *Ecclesia* 44 (1984).

— «Personas jurídicas públicas y privadas», in *Estudio de Derecho canónico y derecho eclesiástico en homenaje al profesor Maldonado*, Madrid 1983, pp. 321-334.

— *Lezioni di diritto canonico*, Milan (1985).

— «Los derechos fundamentales del fiel», en *Concilium 48* (1969).

— *Personas jurídicas públicas y privadas*, en La persona giuridica collegiale in diritto romano e canónico, Città del Vaticano, (1990), pp. 137-152.

LÓPEZ ALARCON M., La personalidad jurídico civil de las asociaciones canónicas privadas, en *REDC 44* (1987), pp. 383-410.

— *Notas sobre la repercusión de la nueva Ley de Asociaciones en el régimen jurídico de las Asociaciones religiosas en Entidades Eclesiásticas y derecho de los estados*, Granada (2002).

LÓPEZ MARTÍN J., «Las hermandades y cofradías en la vida de la iglesia. fundamentación teológica de la religiosidad popular». *Actas de las I.ª* jornadas de religiosidad popular, Almería (1996).

LÓPEZ SEGOVIA C., «La "debita relatio", consecuencias jurídicas de una interpretación literal en el derecho canónico de asociación» en *Anuario de Derecho canónico* Abril (2013), pp. 129-161.

LLAMAZARES FERNANDEZ D., *Derecho de la Libertad de conciencia II*, civitas, Madrid (1999).

LLOBELL, JAVIER., *La Tutela Jurídica de los Derechos de los Fieles en la Iglesia*. Ediciones Palabra (1997).

MAFESA K., *Genesi formativa delle associazioni eclesiali con particolare riferimento al fini constitutivi (c. 298 CIC83*), Roma (2001).

MAMERTINO V., *Diritto di asociazione*. Tesis de doctorado. Pontificia Universidad Lateranense. Cittá del Vaticano (2000).

MANZANARES J., «Las asociaciones privadas de fieles. Su regulación jurídica, en AA.VV». *Asociaciones canónicas de fieles,* Salamanca (1987), pp. 121-122.

— «Instrucción de la Conferencia Episcopal Española sobre las Asociaciones canónicas en AA.VV». *Simposio sobre Asociaciones canónicas de fieles,* Salamanca (1987), pp. 215-236.

MAROTO PH., *Institutiones iuris caninici ad normam novi codicis*, I Matriti-Romae-Barcinonae (1919).

MARTÍN, J. L., «Hermandades y ligas de clérigos en los reinos hispánicos», en *Cofradías, gremios y solidaridades en la Europa medieval, XIX Semana de Estudios Medievales de Estella* (Estella, 1991), Pamplona, 1993, pp. 135-137.

MARTÍN DE AGAR J.T., «Gerachia e associazioni» *in Apollinaris 62* (1989).

— Brevi cenni sulle fondamenta dei rapporti tra gerarchia e associazioni *in Apollinaris 62* (1989).

MARTÍN-VIVEROS TAJUELO, A., «Las cofradías castellanas en la Edad Media. Pasado presente y futuro de la producción historio gráfica», *Espacio, Tiempo y Forma, Serie III, Historia Medieval*, 25 (2012), pp. 285-308.

Martínez A., «La persona jurídica privada en el ordenamiento canónico». *Carthaginensia 6* (1990), pp. 317-340.

— *Calificación y régimen de los bienes de la persona jurídica privada en el ordenamiento canónico*, en Das *op. cit*., pp. 571-581.

Marcuzzi P.G., «Le associazioni dei fedeli nel nuovo Codice di diritto canónico», In *Apollinaris* LVI (1983), pp. 454-464.

Martínez Díez, G., *Las cofradías y hermandades en la antigüedad cristiana: del siglo I al IV.* Editorial Síntesis (1999).

Martínez Gil, F., *La Penitencia Pública y las Cofradías de Disciplina en el Medievo.* Editorial Universidad de Valencia (1997).

Martínez Jiménez, C., «La evolución de la beneficencia en el cristianismo primitivo: del ágape a los xenodoquios». *Anuario de Estudios Antiguos y Medievales,* vol. 35, (2013), pp. 122-138.

Martinez Sistach L., *Las asociaciones de fieles* (Collectanea Sant Pacia) 4.ª Ed. Barcelona (2000).

— «El derecho fundamental de la persona humana y del fiel a asociarse», *Asociación canónica de fieles*, salamanca (1987).

— «Comentario al Decreto «Las asociaciones de fieles» del *Dicasterio para los Laicos, la Familia y la Vida* de 11 de junio de 2021.

Maslow. A., *Motivación y personalidad*. Barcelona. Sagitario (1954).

— *El hombre autorealizado: hacia una psicología del Ser*. Barcelona (1973).

Maternini M.F., «Le associazioni ecclesiasli tra pubblico e privato», in *Le associazioni della Chiesa. Atti del XXIX Congreso Nazionale di Diritto Canonico*. Trieste 1998. Ed. Editrice Vaticana, Cittá del Vaticano, (1999), pp. 57-58.

Mayordomo García, M., «Asistencia social y xenodoquios en la Antigüedad tardía». *Studia Historica. Historia Antigua*, vol. 28, (2010), pp. 195-208;

Meriño Ferro, X.R., «Las romerías/procesiones y sus símbolos», Madrid, 1987.

Michiels G., *Principi Generalia de personis* in Ecclesia, Paris-Turnacii-Roma, (1955).

Míguez, P., *La Iglesia cristiana y el poder en la Antigüedad tardía: de Constantino a Teodosio*. Síntesis, (2010).

Mirabelli, C., «La protezione giuridica dei diritti fondamentali», in *I diritti fondamentali del cristiano nella Chiesa en ella società*, Atti del IV Congresso Internazionale di diritto canónico, Fribouurg (1989), pp. 397-418.

Molano E., *La autonomía privada*, Pamplona (1974).

Montan A., *Le associacioni dei fedele nel codice di diritto canonico*. Roma, p. 327-328.

Montoya G.A., *Características doctrinales de las asociaciones privadas de fieles laicos*. Disertatio e licentiam P.U.L. Roma (2000).

Moreta P. I., procedimentio amministrativi in AA.VV. *La normativa del nuovo Codice,* a cura di Cappellini E, 2.ª Ed. Brescia (1925,).

Navarro, J., *Las Asociaciones Públicas de Fieles: Marco jurídico y organizativo*. Ediciones Universidad de Navarra (2014).

Navarro L., *Diritto di associazione e associazione di fedeli*, Milan (1991).

— *Persone e soggetti nel diritto della Chiesa*. Temi di diritto della persona, p. 167 ss.

— «El fundamento y contenido del derecho de asociación en la Iglesia», en *Das Konsoziative element in der Kirche*, p. 52.

— «Comentario al c. 299 en AA.VV». *Comentario exegético al Código de Derecho Canónico Vol II*, Pamplona (1996), p. 429.

— «Las asociaciones sin personalidad en el derecho canónico», en *Das Konsoziative element in der Kirche*, pp. 547-556.

— «El derecho de asociación de los fieles y la autoridad eclesiástica, en IV», *Simposio del Instituto Martín de Azpilcueta sobre la dimensión de servicio en el gobierno de la Iglesia*, (1997).

Navarro Espinach G., Las cofradías medievales en España en *Historia 396* n.º 1 - 2014, pp. 107-133.

Nieto Ibañez, J M.ª, *Cristianismo y profecías de Apolo. Los oráculos paganos en la patrística griega (siglos II-V).* Madrid: Trotta, (2010).

— *Historia antigua del cristianismo. Desde los orígenes al Concilio de Calcedonia*, Madrid, Editorial Síntesis, (2019).

Ochoa X., *Index verborum ac locutionum codicis canonici*, II ed. Città del Vaticano (1984).

— *Leges Ecclesiae*, I, n.º 139, col. 336.

Olmos M.E., «La instrucción de la Conferencia Espiscopal sobre inscripción de asociaciones y fundaciones en la Iglesia católica» en *REDC* 57 (2000).

Onclin W., «Principia generalia de fidelium associationibus», in *Apollinaris* XXXVI (1963), pp. 68-109.

— «Relatio universas contrahens generals animadversions ad schema Legis Ecclesiae fundamentalis ab Episcopis propositas», in *Communicationes IV* (1972), pp. 122-160.

Otaduy Guerin J., «Las características jurídicas de los estatutos según el canon 94» en *Das konsoziative Element in der* Kirche / coord. por VI Internationalen Kongresses für Kanönisches Recht, (1989), pp. 313-319.

Pablo Maroto D., *Espiritualidad de la Baja Edad Media*, Madrid, 2005.

Page R., «Les associations de fideles: reconnaissance et erection», in *studia canonica,* 19 (1985).

Panizo S., *Persona jurídica y ficción*, Pamplona (1975).

Parker, R., *Athenian Religion: A History*. Oxford: Oxford University Press, (1996).

Parlato V., *Il diritto dei fedeli nell'ordenamento canonico*. Turín (1998).

Parody Navarro J.A., «Evolución del fenómeno asociativo en la Iglesia. La personalidad jurídica canónica y su eficacia estatal». *Laicidad y Libertades. Escritos jurídicos*. (2008), v. 8, pp. 253-295.

— «El proceso secularizador de la conciencia y el Estado». *Lumen* (2004), v. 53, pp. 439-465.

Paul J., *El cristianismo occidental en la Edad Media siglos V-XV*, Universidad de Valencia, Valencia, (2014).

Peña García, C., «Las asociaciones de fieles: su regulación en la legislación canónica particular española», en *Ius Canonicum*, vol. 50 (2010), pp. 31-82.

Pérez Barjuán R., «Los estatutos y normativa de las asociaciones internacionales privadas de fieles: algunas cuestiones prácticas», *Revista Española de Derecho Canónico.* 1-6 (2015), volumen 72, n.° 178., pp. 215-234.

Pérez González S.M., «Nuevas aportaciones al estudio de las cofradías y hermandades en la Castilla bajomedieval: el ejemplo de Jerez de la Frontera», en *Hispania Sacra*, LXVIII.

Pettinato S., «Associazioni prívate dei fedeli e "debita relatio" con l'autorita ecclesiastica», in *Dirito Ecclesiatico* 97 (1986), pp. 493-515.

— «Les assoziacioni dei fedeli, en AA.VV». *Il Codice del Vaticano II*. Il fedeli laico. Bologna (1989).

Polo Sabau J.R., *La naturaleza jurídica de las confesiones religiosas en el Derecho Constitucional español*, Málaga (2008).

Ponce Ramos J.M., *La hermandad y montepío de Viñeros en la época moderna.* Málaga. Diputación Provincial (1995).

Prada González J., *Personalidad civil de los entes eclesiásticos. Los acuerdos entre la Iglesia y España* Madrid (1980).

Prados L., «La intervención de la autoridad sobre la autonomía estatutaria», en Aymans W.- Geringer K.T.- Schmitz H. (eds) *Das Konsoziative Element in der Kirche.* Akten des VI internationalen Kongresses für Kanonisches Recht, München, 14-19 setember 1987, St. Ottilien (1989).

Preti. L., «Il riconiscimento delle persone morali in diritto cannonico», in *Archivio di Diritto Ecclesiastico* 2 (1940), pp. 319-339.

Primetshofer B., «Il principio del diritto di associazione nel diritto canónico», in *Concilium* 5 (1969) 8, pp. 112-123.

Punzi N., *Gli enti nell' ordenamento canonico*, Padova (1983).

Renzi, F., *La associazione laicali nel nuovo códice de Diritto Canonico* Roma (1999).

Rapp, C., *Holy Bishops in Late Antiquity: The Nature of Christian Leadership in an Age of Transition*. University of California Press, (2005).

Rodes. R., *Strutture nel mondo contemporaneo*, in Concilium 8, (1970).

Rodriguez R de Lama I., *Colección Diplomática medieval de la Rioja*. T2. Documentos (923-1168). Biblioteca de temas riojanos. Instituto de estudios riojanos, (1992).

— *Colección diplomática medieval de La Rioja. Tomo I: Estudio. Instituto de Estudios Riojanos. Logroño,* (1979).

Rodriguez-Sala Gomezgil M.L., «La cofradía gremio durante la baja edad media y siglos XVI y XVII. El caso de la cofradía de cirujanos, barberos y flebotomianos en España y la Nueva España». *Revista castellano-manchega de ciencias sociales,* n.º 10, pp. 149-163.

Romero Samper M., *Las cofradías en el reformismo de Carlos III*, Madrid, Fragua (1991).

Rumeu de Armas A., *Historia de la previsión social en España*, Barcelona (1981).

Sabbarese A., *I fedeli costituiti popolo di Dio Commento al Codice di Diritto Canonico,* Libro II, Parte I, (2000), Urbaniana University Press.

Sánchez-Gil, V., *La Iglesia y el Orden Jurídico de las Asociaciones de Fieles.* Publicaciones de la Facultad de Teología de Granada (2006).

Sánchez Herrero J., *Las cofradías sevillanas. Los comienzos, Las cofradías de Sevilla: historia, antropología y arte*, Sevilla, Universidad de Sevilla, (1985), pp. 9-34.

— «Desde el cristianismo sabio a la religiosidad popular en la edad Media», *en Clio & Crimen* 1 (2004), pp. 301-335.

— «La evolución de las Hermandades y cofradías desde sus momentos fundacionales hasta nuestros días», en *I congreso internacional de hermandades y religiosidad popular. Libro de actas, Arzobispado de Sevilla*, Sevilla, pp. 29-53.

Schubert, E., *Gemeinschaft und Glaube: Bruderschaften im Mittelalter.* Editorial: C.H. Beck, (1995).

Schulz W., «Le norme canociche sul diritto di associazione e la loro reforma alla luce dell'insegnamento del Concilio Vaticano II», in *Apollinaris* L (1977), pp. 149-171.

— «La posizione giuridica de associazioni e la loro funzione nella Chiesa», in *Apollinaris* LIX (1986), pp. 115-130.

— «Le associazioni nel diritto canonico», in *diritto ecclesiastico* 99 (1988) I, pp. 349-378.

Sebastián y Bandarán, J., *Breve noticia histórica de la Hermandad de la Santa Caridad de Nuestro Señor Jesucristo y descripción de su Iglesia y Hospital*, Sevilla, Imp. y Lib. de Sobrino de Izquierdo (1921).

Sesma Muñoz, J.A., «Cofradías, gremios y solidaridades en la Europa Medieval», en *Cofradías, Gremios y Solidaridades en la Europa Medieval, XIX Semana de Estudios Medievales de Estella* (Estella, 1991), Pamplona, 1993, pp. 17-31.

Siniscalco, P., *Laici e laicitá*. Roma (1986).

Sotomayor, M., «Patrocinio imperial y cristianización en el siglo IV: cofradías y asistencia social». *Antigüedad y Cristianismo*, vol. 18 (2001), pp. 139-158.

Suarez, *De legibus* lib V, cap. I n. 7, conimbricae 1612.

Teja R., *Historia del cristianismo primitivo*. Editorial Síntesis, (1995).

— «La cristianización del Imperio: Constantino y Teodosio», *Cuadernos de Historia Eclesiástica*, vol. 35 (2003), pp. 95-120.

Trabucchi, *Institutioni di diritto civile*, Cedam, Roma (2002).

VALDRINI P., «Les personnes juridiques et les communautés associatives en AA.VV». *Droit cannoniques*, Paris (1989).

VAUCHEZ A., *La spiritualité du Moyen Age occidental (VII-.XII siecles)* Traducción: Paulino Iradie, Ed. Cátedra, pp. 89-121.

— «Religion et société dans l'Occident médiéval», en *Revue de l'histoire des religions,* Vol. 199 (1982), pp. 449-450.

VEGA GARCÍA-FERRER, A., «Hospitalidad y cuidado de los pobres: los xenodoquios y su desarrollo en la Edad Media», *Revista de Historia Medieval*, vol. 11, (2012), pp. 233-250.

VICENS, E., «El impacto del Edicto de Milán en las cofradías y asociaciones cristianas». *Revista de Historia de las Religiones*, vol. 22, (200), pp. 99-115.

VILADRICH P.J., *Teoría de los derechos fundamentales del fiel*, Pamplona (1969).

VILLANUEVA MORTE, C., «Cofradías o hermandades de la Sangre de Cristo: una manifestación de religiosidad y devoción popular en España», *en II Jornadas Nacionales de las Cofradías de la Sangre de Cristo* (Rubielos de Mora, 2003), Teruel, 2005.

VIVES, J. *La Iglesia en la sociedad del occidente romano.* Consejo Superior de Investigaciones Científicas (CSIC), (1977).

WERNZ X.; VIDAL P., *Ius camonicum II*, Roma (1923).

ZADI D., *Il diritto di associazione dei Laici nel Concilio Vaticano II*, Roma (1971).

ZADRA B., *I movimenti ecclesiali e i loro statuti*, Roma (1997).

Made in the USA
Monee, IL
05 November 2026

67997598R00125